JOVANA REISINGER

SPITZEN REITER INNEN

ROMAN

Büchergilde Gutenberg

Lizenzausgabe für die Mitglieder
der Büchergilde Gutenberg Verlagsges. mbH,
Frankfurt am Main, Wien und Zürich
www.buechergilde.de
Mit freundlicher Genehmigung
des Verbrecher Verlags, Berlin

*Die Autorin dankt
dem Literarischen Colloquium Berlin
für die Unterstützung.
Der Verlag dankt
Sophie Bölke, Johanna Seyfried und Anouk Spilker.*
Satz: Christian Walter
Einbandgestaltung: Marion Blomeyer, München
Druck und Bindung: CPI books GmbH, Leck
Printed in Germany 2021
ISBN 978-3-7632-7242-6

14. FEBRUAR

LAURA ist erleichtert.
PETRA muss ihr Leben ändern.
BARBARA trifft Gloria.
LISA feiert Geburtstag.
TINA isst zum ersten Mal Austern.

8. MÄRZ

LISA lebt jetzt allein.
PETRA kündigt.
BARBARA trägt Trainingsanzug.
EMMA serviert den Kaffee.
JOLIE protestiert.
LAURA setzt auf den Jungfrauen-Effekt.
VERENA erbt.
TINA schläft früh.

15. APRIL

PETRA fährt Zug.
BRIGITTE braucht Komfort.
VERENA liegt in der Sonne.
LAURA telefoniert.
LISA geht joggen.
TINA geht zum Imbiss.
BARBARA ist einsam.

10. MAI

BARBARA trifft eine Entscheidung.
TINA lebt sich ein.
JOLIE wird entlassen.
LAURA organisiert eine Party.
VERENA besucht eine Party.
BRIGITTE isst einen Eisbecher.
LISA geht schick essen.

21. JUNI

TINA wird überrascht.
PETRA verkündet Neuigkeiten.
BARBARA entspannt sich.
LISA zieht einen Schlussstrich.
VERENA lässt sich zurecht machen.
LAURA traut sich.

14. FEBRUAR

Laura kann ihr Glück kaum fassen. Sie bekam heute zum Mittag nicht nur ein Drei-Gänge-Menü mitsamt Dessert, sondern auch den Heiratsantrag, den sie sich immer gewünscht hat. Mit einem Diamantring in einer dunkelblauen Samtschachtel und einem Glas Champagner und einem Strauß Rosen und einem Mann auf Knien und anschließendem Applaus von Fremden.

Dabei wurde sie von einer Kellnerin gefilmt, damit sie ein Video hat, das sie immer wieder anschauen und herzeigen kann. Denn so ein Moment ist einzigartig, dafür wurden Smartphones erfunden. Laura hatte also, nachdem sie die wichtigste Frage im Leben vernommen hatte, die Hände vors Gesicht gehalten und gestrahlt, und es liefen ihr mindestens zwei Tränen über die Wangen. Eigentlich schon vor der Frage. Die Samtschachtel hatte genügt, in ihr alle Dämme zum Brechen zu bringen. Sie wusste schließlich, wie das läuft. Alle Frauen wissen das. Alle Frauen haben das schon so oft gesehen. Schon so oft mit anschauen müssen. Frauen haben die Prozedur internalisiert und erkennen frühzeitig die Zeichen. Sie wissen, was geschieht und wie eine sich zu verhalten hat in so einer Situation. Das Kramen in der Tasche, Schmuckschachtel, freudestrahlender Mensch, der die Schmuckschachtel hält, ein Kniefall und schwups: verlobt.

Jetzt sitzt Laura in einem Café und erzählt ihrer besten Freundin Verena davon, die artig nickt und die Hand auf ihrem Knie ablegt und monoton über eine Stelle streichelt. Beide Frauen strahlen sich an.

Was bedeutet das, fragt sich Verena, bin ich unfähig, mich an eine Person zu binden, um es auch mal schön zu haben? Sie kriegt wieder alles, was sie will. Und ich kriege nichts. Jetzt hat sie einen Mann.

Unfair! Klammheimlich wird Verena von gewaltigen Gefühlen übermannt. Sie ist geübt darin, diese nicht zu zeigen. Es muss ja nicht jeder wissen, was im Inneren so los ist.

Verena nippt an ihrem Glas, während Laura von Kleidern plaudert und schon Termine arrangiert. Verena zermartert sich hinter ihrer rosigen Fassade das Hirn. Das ist eine Niederlage. Laura gewinnt im Frauengame. So ein Debakel muss mit Fassung getragen werden. Würdevoll nimmt Verena noch einen großen Schluck und schenkt sich nach. Beide wissen in diesem Moment: Laura wird es jetzt schön haben. Noch schöner als ohnehin schon. Beide haben Tränen in den Augen.

Verena greift nach dem Glas, will den Kloß im Hals hinunterschlucken und prustet stattdessen drauf los. Dabei spuckt sie ihrer besten Freundin ins Gesicht. Schnell lachen, einen Witz aus eigenem Scheitern machen, weil es dann erträglicher ist. Gemeinsam über das Unvermögen gackern. Wer will gerade jetzt eine traurige beste Freundin haben? Außerdem sind weinende Frauen in der Öffentlichkeit kein Augenschmaus. Welche weinende Frau sieht denn bitte schön und begehrenswert aus? Und begehrenswert wär Verena gern. Muss sie sein. Schließlich lacht sie ihrer eigenen erfüllten Zukunft nicht eben entgegen.

»Also doch ein Happy End!«

»Gerade noch, würde ich sagen. Schließlich wirst du dieses Jahr fünfunddreißig!«

»Ich werde siebenunddreißig.«

»Wir werden noch mal fünfunddreißig.«

»Hochzeit zehn Jahre später als geplant. Mehr Prosecco?«

»Ja. Den Schampus kann sich nur dein Mann leisten.«

»Wie das klingt, hihi, mein Mann.«

»Ja, gewöhn dich dran. Du hast jetzt einen Mann. Und du bist seine Frau. Da kommen jetzt alle niederen Besitzansprüche hoch! Gehörst jetzt ihm. Er gehört dir. So schön. Wo ist der überhaupt?«

»Termin. Notfall. Irgendwas musste sofort erledigt werden. Kaum waren wir verlobt, Telefonterror. Typisch. Aber ich hab ja auch noch dich. Du rennst mir ja nicht davon.«

»Eher nicht.«

»Eben.«

»Na, er wird's schon wieder gut machen.«

»Oh, ihm fällt bestimmt was ein.«

»Ist er gut im Sich-entschuldigen?«

»Bisher schon.«

Beide kichern, und obwohl keine so genau weiß, worüber, werden sie lauter, bis die anderen Gäste verstummen und irritiert herüberschauen. Für andere Gäste haben sie allerdings keine Zeit. Laura betrachtet den Ring an ihrem Finger. Verena betrachtet den Ring an Lauras Finger und dazu ihre eigenen Hände. Beide Frauen sind gleich alt, sie gingen auf das gleiche Gymnasium, studierten in der Hauptstadt, sind zurück in die heimatliche, gemütliche, niederbayerische Kleinstadt gekommen, um dort in den Büros zu arbeiten, die ihre Eltern aufgebaut hatten. Sie hatten die gleichen Startvoraussetzungen und große Hoffnungen. Eine von ihnen hat jetzt zumindest einen Mann. So hatten sie sich das nicht vorgestellt.

Laura fühlt sich erlöst. Laura schaut in eine neue Zukunft. In eine schöne. Eigenheim, Ehemann, Erbe.

Verena stürzt das nächste Glas. Hilft jetzt alles nichts. Das Leben geht schließlich weiter. »Mehr Prosecco bitte. Ja, noch eine Flasche!«

Andere Gäste schütteln die Köpfe. Ihnen fehlt das Gespür für die Besonderheit dieses Moments. Schade. Gemeinsam feiert es sich noch schöner. Sich für andere freuen können ist eine erstrebenswerte Eigenschaft.

Laura lädt ein Foto von ihrem Ringfinger bei Instagram hoch. Die Likes prasseln darauf wie ein Unwetter.

Verena aktualisiert ihr Tinder-Profil. Irgendeinen muss es hier doch noch für sie geben. Denn darum geht es schließlich. Einen finden, einen behalten und ihn hoffentlich überleben.

Petra weiß, was jetzt kommt. Dafür braucht sie keine weibliche Intuition. Lediglich eine Uhr.

Werktags, früher Nachmittag.

Da stolzieren die Männer nach ihrer Mittagspause durch die große Stahltür, mitten hinein in die Galerie, an deren Empfang sie sitzt, und fordern ihre Pakete und ihre Post. Weil Petra arbeitet nicht nur in einer der angesagtesten Galerien der Stadt, sie ist auch so etwas wie die Postdame der Männer oben drüber. Quasi ihre private Zustellerin. In etwa so etwas wie eine Assistentin. Eine Regelung, die weit vor Petras Einstellung geschaffen wurde. Die wohl so lange bestehen wird, bis es entweder die Galerie oder das Designbüro im Dachboden nicht mehr geben wird. Wenn sie besonders guter Laune sind, fordern die Männer eine Privatführung – mit Augenzwinkern, versteht sich. Petra wird dafür bezahlt, freundlich zu sein. Manchmal muss sie an ihrer Attitüde arbeiten. Das fällt aber nur anderen Leuten auf. Die helfen ihr dann, ihr Benehmen zu korrigieren.

Da sitzt sie also, mit dem letzten Rest Rohkostsalat und ihrer angebissenen Vollkornsemmel und wartet. Eine wartende Frau. Doch worauf wartet sie? Sie wartet darauf, mit unmöglichen Männern in einen unmöglichen Dialog zu treten, tagein, tagaus. Eine ewige Wiederholung, bis es irgendwem irgendwann zu öde wird. Petra wird nicht dafür bezahlt, solche Begegnungen zu hinterfragen, sie wird dafür bezahlt, solche Begegnungen stattfinden zu lassen. Und das ist hier schließlich ein Begegnungsraum. Kunst bringt die Leute zusammen.

14 Uhr. Jetzt wird's Zeit. Sie schlägt ihr Buch auf und ihr MacBook zu. Überlegt. Vielleicht wäre es schlauer, das Buch zuzuschlagen und das MacBook auf, um Gespräche über das Buch zu vermeiden. Ein prüfender Blick in den Innenhof. Andererseits, es spielt schon gar

keine Rolle mehr, was sie anhat, was sie in der Hand hält, was sie in der Galerie zeigen, was die Welt sonst so hergibt, die Typen finden immer was. Vorkehrungen treffen. Maßnahmen im Vorhinein ergreifen, damit es nicht so schlimm wird. Das wurde ihr ebenfalls beigebracht. Was getan werden muss, damit nichts passiert. Oder: Was getan werden muss, damit möglichst wenig passiert. Dass irgendwann etwas passiert, ist schließlich Voraussetzung für das Leben als Frau. Tragisch. Aber so ist das. Frauen wissen bereits als Mädchen, dass es anstrengend wird. Schulterzuckend schaut Petra durch die großen Fenster. Zumindest ein paar Vögelchen tollen davor herum.

»Nicht einmal ignorieren«, findet Petras Mutter. »Die spür'n halt, dass du lesbisch bist, das regt die auf. Madl, Männer sind so. Du bist so fesch, die können das nicht verkraften.« Wenn Petras Mutter so etwas sagt, stutzt sie zugleich über die Unwissenheit ihrer Tochter. »Was regen sich die jungen Frauen immer so auf?«, murmelt sie in ihrem bayerischen Dialekt und schüttelt amüsiert den Kopf. »Warum regst dich überhaupt so auf? Freu dich doch über die Aufmerksamkeit! Ist nicht das Schlechteste! So ein Flirt am Arbeitsplatz? Ich werd schließlich nicht angeflirtet. Schau, wie traurig ist das bitte!«

Dann lachen sie beide. Den Schmerz weglachen. Die Enttäuschung. Die Zumutung. Wie oft haben Elle und Petra schon so miteinander gelacht? Es wurde zu ihrer praktischen Methode. Ein Allheilmittel. Damit lässt sich tagtäglich der nackte Mann im angrenzenden Garten weglachen, der Elle beim Gärtnern beobachtet und gleichzeitig die Hilflosigkeit der betrachteten Gärtnerin. Lachen ist die beste Medizin, sagt Elle. Und Petra weiß, das stimmt.

14:15 Uhr. Petra sitzt wie auf heißen Kohlen. »Auf heißen Kohlen sitzen« ist so ein Satz, den ihre Tante gerne sagt. Tatsächlich sitzt sie auf einem Ikea-Stuhl der nach Eames aussehen soll. Billige Kopie. Sonderpreis.

»Kann ja nicht jeder auf Vitra sitzen, nicht wahr?«, sagte die Chefin, als sie die Stühle hereinbringen ließ.

»Nein, das geht nicht«, stimmte Petra zu.

Auf einem echten Designklassiker sitzt hier nur die Chefin. Das muss sich so eine Galerie nämlich erstmal leisten können. Das Telefon läutet. Jemand erkundigt sich nach den Öffnungszeiten. Petra gibt Auskunft.

Die Kohlen werden heißer. Diese Männer kann Petra nicht so einfach wegkichern. Weglachen fällt ihr schwerer, wenn ihre Mutter nicht dabei ist. Die fängt schließlich immer als Erste an, lauthals zu lachen, und ist dabei so ansteckend. Das Gegenteil einer Spaßbremse.

Petra betrachtet ihre fleckenlose Bluse, kontrolliert im Selfiemodus ihre Zähne nach Essensresten und betrachtet ihre Augenringe. Wieso kommen die jetzt trotz des ultraeffizienten Make-ups so plötzlich hervor? Wer nicht schön ist, hat sich nicht genug angestrengt. Oder nicht genügend Geld in anständige Schminke investiert. Da wurde an der falschen Stelle gespart. Keine gute Grundlage, um zu altern. Darüber muss sich eine dreißigjährige Frau längst Gedanken gemacht haben. Kluge Maßnahmen sollten früh ergriffen werden. Oder es muss mit den Konsequenzen gelebt werden. Keine Frau kommt ungeschoren davon. So viel ist sicher. Mit Sicherheit kann gesagt werden: Andere Mütter haben auch schöne Töchter.

Sie betrachtet ihren Schreibtisch. Ihr Namensschild. Die pflegeleichten Topfpflanzen.

Hier ist sie gelandet, nach einem abgebrochenem Kunststudium in London, einem einjährigen Praktikum in einer Werbeagentur in New York, einem abgeschlossenem Kunstgeschichtestudium in Frankfurt, einer Top-Note auf ihrem Zeugnis, einer Anstellung in einem Museum als kuratorische Assistentin in Amsterdam und nun offiziell als Assistentin in München, tatsächlich jedoch als Aufsichtskraft. In dieser Galerie ist sie nur vorübergehend. Sie sieht gut aus, ist gebildet, ist fleißig, ist idealistisch, ist arm, ist verschuldet und gewillt, sich nach oben zu arbeiten. Wer spärlich lebt, kann bekanntlich schnell die Verbesserung seiner Lebensumstände spüren. Sich durchbeißen können, so wurde ihr beigebracht, ist eine notwendige Charaktereigenschaft, vor allem für Arbeiterkinder. Durchbeißen, Durchhalten, Disziplin, Ausdauer und Geduld. Weil Angeberei wiederum keine gute Eigenschaft von Frauen ist, stapelt Petra eher tief. Wer tief fliegt, fällt nicht so weit. Besonders als eine Frau, deren Fallhöhe immer eine gewaltige sein muss. Petra ist müde. Am Wochenende hat sie wieder ihre Familie besucht. Die lebt praktischerweise nur eine Zugfahrt entfernt.

14:30 Uhr. Die Männer betreten den Innenhof. Endlich. Mit denen wird sie jetzt auch noch fertig. Sie hat schon so viel geschafft in ihrem Leben. Sie muss das hier wie eine sportliche Aktivität betrachten. Es ist anstrengend, verbessert jedoch ihre Kondition. Einatmen, ausatmen und das Gesicht einer Frau aufsetzen, der es wirklich egal ist.

Die Stahltür wird aufgemacht und mit dem ersten Schritt hinein legen sie los.

Mann 1: »Ciao Bella!«

Mann 2: »Hast du was für uns?«

Mann 1: »Petra, Petra, Petra, willst du nicht an diesem zarten Frühlingstag mit uns einen Kaffee trinken gehen?«

Mann 2: »Wir haben noch ein bisschen Zeit.«

Mann 1: »Wär doch schade, wenn du den ganzen Tag hier sitzen müsstest.«

Mann 3: »Bessere Idee, du machst uns Kaffee, und wir setzen uns zu dir?«

Mann 2: »Du schaust so aus, als würdest du richtig guten Kaffee machen.«

Petra: »Hier sind eure Pakete.«

Mann 1: »Oh, schon wieder so zickig.«

Mann 2: »Waren wir schon wieder nicht sensibel genug?«

Petra: »Ich würde gerne, muss aber weiterarbeiten.«

Mann 3: »Deine Arbeit hätte ich auch gern. Sieht so entspannt aus.«

Mann 2: »Musstest du dafür eigentlich studieren, um während der Arbeit Bücher zu lesen?«

Petra: »Ja.«

Mann 3: »Du, stell dir vor: Unsere Putzfrau ist plötzlich nicht mehr aufgetaucht. Weißt schon, die mit dem Alkoholproblem. Wenn du also nichts zu tun hast, könntest du auch für unsere Büroatmosphäre sorgen. Kriegst auch ihren Stundenlohn.«

Mann 2: »Was meinst du, ist das mehr als dein regulärer?«

Mann 1: »Hahaha.«

Mann 3: »War ja nur ein Spaß. Die Petra versteht das, oder?«

Mann 2: »Klar, die Petra ist eine von den Coolen. Nicht so spießig wie die Anderen.«

Mann 1: »Aber grab nicht meine Freundin an, gell? Scherz!«

Mann 3, Mann 2, Mann 1: »Also, tschüss Petra. Bis morgen.«

Unbesonnen und von jeglichen Sorgen befreit schlendern die Männer durch die Ausstellung, tragen dabei ihre Post mit sich und die Aura blanker Unbekümmertheit. Einer streckt sich kurz, die Wirbel knacken. Petra schlägt ihr Buch auf. Sie beneidet diese Selbstsicherheit. Mit dem Zufallen der Tür, die aus der Ausstellung in die oberen Stockwerke führt, fällt ihr ein Stein vom Herzen oder die Anspannung von den Schultern. Es fühlt sich gut an, etwas weggearbeitet zu haben. Für heute sind die Männer erledigt. Auf zum nächsten Punkt im Tagesablaufplan.

Petra macht das hier nicht mehr lange. Das ist nur die Notlösung. Sie hat einige Bewerbungen offen, in anderen Städten, in anderen

Ländern, sie ist flexibel, kann überall hin. Sie erfüllt, was von ihr gefordert wird, keine Bindung, kein Ballast kann sie von dem richtigen Jobangebot abhalten. Petra ist hoffnungsvoll und hoffnungslos unterbeschäftigt. Neun Stunden am Tag, zehn Euro pro Stunde, fünf Tage die Woche und das im teuren München.

»Du weißt, Schatzerl«, schiebt da die Tante Bella hinterher, »es hat jede noch so dumme Situation auch immer etwas Positives. Du kannst nicht wissen, wofür diese Erfahrung einmal gut sein wird. Wirst schon sehen. Wenn es dann so weit ist, denkst du an mich. Weil du was gelernt hast und feststellen musst, dass ich Recht hatte.« Die Tante hat so oft Recht. Die Tante Bella kennt das Leben und die Leute. Die Tante Bella ist eine Frau, mit der gern geplaudert wird. Denn die Tante Bella kann gut zuhören. Und das ist schließlich das A und O, wenn etwas herausgefunden werden will.

Ein weißer Defender fährt in den Innenhof. Petra weiß, was jetzt kommt. Ihre Chefin. Genauer: die Frau vom Chef. Die scheint jetzt die Fäden endgültig in der Hand zu haben. Ihr Mann ist schon länger nicht mehr aufgetaucht. Es gab keine Mitteilung, kein Teammeeting, nicht einmal ein öffentliches Statement. Er blieb plötzlich aus, sie räumte sein Büro um, und jetzt macht sie die Ansagen. Gut für sie, denkt sich Petra. Mehr Frauen in Führungspositionen. Vor allem im Kulturbetrieb. Da will Petra schließlich auch mal hin. Immer dranbleiben. Immer nach den Möglichkeiten Ausschau halten.

Der Motor verstummt. Die Chefin steigt aus, öffnet die Hintertür, ein kleiner Dackel springt aus dem Auto und läuft direkt zur Eingangstür, in der mittlerweile Petra steht, weil sie freundlich ist und weiß, dass die Chefin gern begrüßt wird. Die Chefin weiß nicht, dass das ein Automatismus ist. Das Auto, der Hund, der Job, die Stadt. Petra findet das toll. Fehlt nur noch der Jagdschein, die Chefin ist allerdings Vegetarierin.

»Hallihallo Petra! Wie geht es dir heute?«

»Maxi! Gut. Es riefen ein paar Leute an, hier ist die Telefonliste.«

»Ahhh, hmmm, danke. Und sonst?«

»Sonst hat sich wenig getan, später kommen die Akademiestudenten – die führst du durch die Ausstellung, nicht wahr?«

»Ja. Sehr gut. Sehr, sehr gut. Die brauchen wir nämlich.«

»Wen?«

»Die Kunststudenten!«

»Aha.«

»Petra, Liebes, die Kunststudenten sind unsere Zukunft. Sag, kannst du Grazia nehmen? Sonst zieht sie wieder die ganze Aufmerksamkeit auf sich und das mag Mami nicht, wenn sie gerade eine Führung gibt, nicht wahr?«

»Natürlich, wir können eine Runde gehen.«

»Stell auch das Telefon stumm, nicht dass es läutet, während ihr fort seid. Wär auch blöd. Die Leute können schließlich E-Mails schreiben, wenn sie was von mir wollen. Die wichtigen Leute haben eh meine Privatnummern. Der Rest kann warten.«

»Wie lang sollen wir fort sein?«

»Eine Stunde. Am besten du gehst, kurz bevor sie kommen. Sonst wissen sie nichts mit dir anzufangen, und das sorgt nur für Verwirrung.«

»Ist gut.«

»Weißt du was, geh sofort! Dann kann ich mich in Ruhe vorbereiten.«

»Ist gut, Maxi.«

Petra hat eine These in Bezug auf Hunde und Kinder: Wenn den Leuten nichts anderes mehr einfällt, kommt eins von beiden. Für den Sinn im Leben. Weil um den geht's, den zu finden gilt's. Sinnlos scheint ein Leben ohne Aufgabe. Eine Möglichkeit ist dabei, sich etwas Sinnstiftendes anzuschaffen. Etwas, worum sich gekümmert werden kann, nur dies sind gute Eigenschaften: Selbstaufopferung, Opferbereitschaft und hingebungsvolle Fürsorge. Mütterliche Eigenschaften. Fraueneigenschaften. Pflegende Eigenschaften. Die Eigenschaften, die die Welt beieinander halten. Fürchterlich findet das Petra.

Petra möchte keine Kinder. Wenn sie das sagt, sagt ihre Mutter, dass sie ihren Muttertrieb schon noch entdecken werde, und ihre Freundinnen, dass das mitnichten eine natürliche Entscheidung sei. Petra hat gute Gründe, keine Kinder zu wollen, aber wird nicht danach gefragt. Nicht einmal ihr Coming-Out scheint noch eine besondere Hürde darzustellen.

»Die biologische Uhr tickt, Petra, du wirst sie schon noch spüren und dich dann befruchten lassen«, säuselte die Tante Bella und griff weise in sich hineingrinsend nach ihrem Aperol Spritz. Befruchten lassen, als würde ihr ein netter, harmloser Herr eine Obstplatte reichen. Oder sie mit einem Smoothie einseifen. Prost!

Petra und Grazia spazieren los. Schön vorbei an den alten Prachtbauten, vorbei an den Wohnhäusern und endlich hinein in die belebteren Straßen. Da sitzen die Leute draußen vor den Cafés, gierig nach Sonne, in ihren Daunenmänteln und ihren Winterstiefeln und ihren Wollhauben, die angesichts der Wetterlage bereits überflüssig sind. Den Leuten hier geht es gut, die Leute hier sehen gesund aus. Froh und munter. Vergnügt und nett. Rote Bäckchen, weiße Zähne, pralle Portemonnaies. Status, Status, Status. Petra wird richtig warm ums Herz, auch dank der gnadenlosen Sonne.

Die Galerie befindet sich in einem beliebten Viertel unter Gutsituierten, ist jedoch ausgerechnet in der Nebenstraße einer Nebenstraße gelandet. Sie wird nicht allzu häufig zufällig gefunden. Ein echter Geheimtipp. Nur für Kenner. Nur für wirklich Interessierte.

Nur für die, die Bescheid wissen. Es sind naturgemäß eher ruhige Arbeitstage.

»Was für ein Luxus!«, sagt dazu die Tante. »Dass es solche Jobs überhaupt noch gibt. Bemerkenswert!« Solche Jobs, meint sie, seien völlig überflüssig, weil sie nur von wenigen Menschen in Anspruch genommen werden. Was zählt, sind die Jobs, die viele Menschen glücklich machen, nicht einige wenige. Ihrer zum Beispiel. Zugegeben, hin und wieder weint eine Frau, wenn sie nach einer faltenreduzierenden Spritze entgegen ihrer Warnung zu lange in der Sonne war und nun anstelle der Falten eine Narbe trägt. »Aber die fangen sich dann schon«, sagt die Tante. »Was bringt die Galeristin einer Gesellschaft?«, fragt die Tante und zieht dabei die Augenbraue hoch. »Und was bringt deren Assistentin der Gesellschaft?«, schiebt sie hinterher. »Eben«, schließt die Tante, »niemand weiß, dass es dich gibt. Meine Schusterin ist relevanter als du.«

Autsch. Das saß. Der Petra wird ganz schwindelig bei so einem Gespräch. Nicht weil Petra glaubt, sie sei etwas Besseres als eine Fachkraft für Sohlen und Schuhwerk, nein, weil Petra sich selbst so sieht. Petra, die viel Zeit und Geld in ihre Ausbildung gesteckt hat, fühlt sich wie eine Bilderbuch-Versagerin, denn, so viel ist sicher, mit dreißig fängt die große Karriere nicht mehr an. Das Sorgenkind der Familie. Erst Langzeitstudentin, dann ohne Geld und ohne Einbauküche, mit einem Beruf, den niemand versteht, und obendrauf noch lesbisch. Oh weh! Ihre Mutter und ihre Tante lachen darüber. Bella und Elle sind immer fleißig am Sorgen-weglachen. Was einen nicht angreift, tut einem nicht weh. Was einem nicht weh tut, kann schnell vergessen werden. Immer schön weich bleiben. Harte Frauen wirken doch eher abschreckend, und verhärmte Frauen sind am allerabschreckendsten. Sanft soll sie sein, die Frau, sanft und lieb und nett. Ein gepflegtes Äußeres und ein außerordentlich liebreizendes Inneres. So ist's recht.

Petra lässt den Hund von der Leine. Grazia weiß zunächst nicht recht, wie ihr geschieht und rührt sich nicht vom Fleck. Sie betrachtet ihr Teilzeit-Frauchen und wartet auf deren Aktion. Aktion, Reaktion. Affirmation ist die bessere Strategie im Job. Freundlich nicken, freundlich lächeln, zustimmen. Ja und ja und ja! Petra ist darin geschult. Sie schaut den Hund an, geht in die Hocke und strahlt aufmunternd. Der Hund weiß immer noch nicht so recht. Da wirft sie ein Stöckchen tiefer in den Park. Und Grazia tut, was von ihr verlangt wird, und läuft dem Stöckchen hinterher. Petra kommt mit, und so gehen sie weiter in die Natur hinein. Die Vöglein zwitschern und das Bächlein sprudelt, und die Autos werden leiser, und die anderen Menschen sind auch ganz stumm. Endlich Ruhe. Die Enten schnattern, weil der Hund dahergerannt kommt und wenn Grazia endlich kackt, zögert Petra keine Sekunde, um die Plastiktüte aus der Jackentasche zu ziehen, die Scheiße aufzuklauben und geschickt das Tütchen zu verknoten. Petra ist geduldig.

»Denn Geduld ist etwas, das wir Frauen brauchen«, gab ihr die Mutter mit auf den Weg, »Geduld und die Fähigkeit, nachsichtig zu sein.« Dabei zwinkerte sie und deutete auf ihren Mann, der lässig auf dem Sofa fernsah und dessen Hand im Hosenbund steckte. Typische Fernsehpose. Geduldig trägt sie die rote Tüte minutenlang durch den Park, bis endlich der nächste Mülleimer auftaucht.

Als die Ehe für alle entschieden wurde, rief Petras Mutter ihre Tochter erleichtert an, denn auf die Hochzeit ihrer eigenen und einzigen Tochter wollte sie nun wirklich nicht verzichten müssen. Lesbisch oder nicht. Petra entfuhr nur ein schrilles Lachen. Schwamm drüber!

Der Hund hat keine Lust mehr und rennt keinem Stöckchen hinterher. Zeit für eine Pause. Petra setzt sich, nimmt Grazia neben sich auf die Bank, sie warten. Auf bessere Zeiten. Auf noch besseres

Wetter. Auf bessere Gründe, wieder zurückzugehen. Schwierig wird's, wenn alles egal ist. Petra lässt Grazia auf ihren Schoß. Beide machen erschöpft die Äuglein zu.

Barbara sitzt auf einer nigelnagelneuen, dunkelgrünen Liege mit cremefarbenen Polstern, auf deren Waschzettel das Wort »Luxus« steht, und schaut starr geradeaus, über ihren Körper und den Pool hinweg, hinein ins Gebüsch, als wäre da was, doch da ist nichts. Sie zieht zur Beruhigung an ihrer dünnen, pastelllilafarbenen Zigarette der Marke Vogue, woraufhin ihr ein tiefer, aufgebender Seufzer entkommt, als wüsste sie, dass sie gleich erledigt ist und zwar so richtig.

Die unbegründete Ahnung einer nahenden Katastrophe hat von ihr Besitz ergriffen, und Barbara ist darüber erleichtert, weil sich überhaupt was regt. Barbara lässt die Angst nicht mehr los, besser als sich an gar nichts mehr klammern zu können. Wenigstens eine Konstante im Leben. Und weil es mit der Angst als Begleiterin nie langweilig wird, steigert sie sich in besonders faden Momenten in sie hinein bis ins Unermessliche. Hinter jedem Schatten vermutet sie einen Mörder, von jedem Baum könnte sie in der nächsten Sekunde erschlagen werden, und in ihrem eigenen Pool sieht sie eine Todesfalle.

Die Zigarette geht aus, sie steckt sich eine neue an. Jetzt ist es auch schon egal, ob der Krebs noch kommt. Vielleicht wär's sogar besser. Die Vorsorgeuntersuchung hat sie abgesagt. Jetzt will sie auch nicht mehr gerettet werden. Wenigstens ist es angenehm mild. Klimawandel sei Dank sitzt sie heuer schon im Februar draußen.

Im Gebüsch raschelt's. Barbara ist bereit und wackelt nervös mit dem rechten Bein, das sie über das linke geschlagen hat. Sie schaut so angestrengt, dass sich ihr Oberkörper langsam nach vorne bewegt und sich ihre Augen dabei verengen.

»Barbara! Jetzt sei nicht peinlich!«, schallt es da, »Es kommt kein böser Geist, um dich zu holen, der Postbote kommt gleich, das ist alles, und da vorn sitzt wahrscheinlich eine Amsel drin und du scheißt dich gleich an. Was soll denn das! Du bist doch eine erwachsene Frau!« Endlich, denkt sich Barbara, die zutiefst erschrak und eine erholsame Gänsehaut am ganzen Körper spürt, da ist sie wieder, die scheltende Stimme vom D. – sie wusste doch, dass gleich was kommt. Sie hat es immer schon gewusst. Dass der sich nicht abschütteln lässt, denkt Barbara und zieht an der Vogue. Im Gebüsch raschelt's weiter. Und dann: absolut nichts zu sehen. »Sag ich's doch! So eine Aufregung wegen nichts!« Der D. ist tot und zetert trotzdem in ihrem Schädel herum – das Leben ist wirklich ungerecht.

Doch Barbara ist erleichtert, die Stimme ihres toten Mannes hört sie immer noch so klar. Warum war der eigentlich immer so lästig? So leicht reizbar? Das Wippen ihres Beines wird langsamer, bis es schließlich aufhört. Barbara ist sich gar nicht mehr sicher, ob es überhaupt im Gebüsch geraschelt hat. Denn es ist schön ruhig hier auf der Terrasse, eines Morgens stand sogar ein Reh vor den Büschen. So eine Idylle nennt Barbara ihr Heim. Dass das Reh heimlich die Jungpflanzen frisst, ist ihr noch gar nicht bewusst.

Da der Pool, da die zweite Liege – völlig unbenutzt. Da blühen später die Rosen, und da hinten haben D. und Barbara einmal den Kater und die Katze beerdigt. Der Kater war dick, ein wandelnder Hocker auf vier Beinchen, so sah der aus mit seinen langen Haaren, ein Quadrat, und mit einem Schnurren so laut wie ein Motor. Und die Katze war grazil, irgendwie elegant und wenig verschmust, die wollte mehr Action. Ganz wie D. und Barbara, er ein Hocker, sie so abenteuerlustig. Sie weiß gar nicht, wann die Tiere verstorben sind. Zeit ist für Barbara weniger greifbar denn je. Die Zigarette geht aus, sie steckt sich eine neue an. Was soll's. Ist eh schön. Mir geht's gut, denkt sich Barbara. Schöner wär's nur, wenn die Sonne noch ordentlicher scheinen würde. Heute hängt so ein diesiger Dunst, gänzlich unattraktiv. Spuken kann's auch bei Sonnenschein. Es muss nicht immer trüb sein.

Sie lehnt sich zurück und wackelt wieder nervös, ihre Hand streift über den Poolliegenaufsatz. So gemütlich. Die Zigarette hängt ihr von den Lippen, der Blick hängt an ihren lackierten Fingernägeln.

Mit einem Satz und einem Jauchzen springt ein weißer Spitz aus dem Gestrüpp, rennt schnurstracks auf sie zu und hechelt aufgeregt. Wer weiß, ob vor Freude oder Durst oder Tollwut, und tut dabei so, als wär das ein ganz gewöhnlicher Vorgang. Als wären sich die beiden schon längst bekannt.

Barbara, die sich so gern fürchtet, hat sich nicht erschrocken, betrachtet den freudig umherhüpfenden Spitz, nimmt erst mal lässig die Kippe aus dem Mund und drückt sie im winzigen Marmoraschenbecher aus, der auf dem Tischchen neben ihrer Liege steht. Der Hund gibt sein Bestes. Er setzt sich artig zu Barbaras Füßen und schaut sie an. Mund auf, Mund zu, Zunge raus, hechel, hechel, die Zunge fährt über ihre Hand. Barbara ist erst in diesem Moment völlig überwältigt und stößt einen spitzen Schrei aus. Jetzt begreift sie erst: Ist die Strafe Gottes ein kleiner, weißer Zuchthund? Der Hund hat keine Ahnung von der tiefen Angst, die sich in Barbara breit zu machen scheint, ist er nur Entzückung und Lobhudelei gewohnt, er schleckt ihr deshalb sanftmütig über das Bein, um ihr die benötigte Zuneigung zu entlocken. Das erinnert Barbara an ihre Krampfadern, und sie lässt die Zuneigung über sich ergehen, als wäre das die verdiente Folter. Sie versucht, sich dran zu erinnern, in welchen Gestalten der Teufel sonst immer auftaucht. Sie hat wohl völlig vergessen, dass sie längst aus der katholischen Kirche ausgetreten ist und sich eigentlich gegen den Glauben entschieden hat. Aber in so einer Gegend, da am Starnberger See, da kann wirklich gut an einen Gott geglaubt werden, so schön ist es da. Und so ein Hund, so ein herangezüchteter, ist ja auch wirklich nicht von dieser Welt.

Der Hund hat keine Zeit für solche Erwägungen, der braucht Nahrung und setzt auf mitleiderregendes Winseln, was sogar die Barbara zurück in die Realität bringt. Kirche! Jesus! Gott!, sie schüttelt den Kopf und wundert sich mehr über sich selbst als über ihren neuen Begleiter. Endlich kommt der Sinn fürs Wesentliche zurück. Sie leert den Aschenbecher in den Pool, den wird sie so schnell eh nicht mehr betreten und steht auf, der Hund springt in die Höh, Barbara geht zur Terrassentür, öffnet diese, geht hinein, nickt dem Hund zu, der keine Einladung mehr gebraucht hätte, und so verschwinden die beiden im Haus. Barbara weiß, was zu tun ist: Küche, Kühlschrank, Fleisch von gestern.

Sie weiß, wie sie das Gewinsel ums Essen abstellen kann.

Das hat sie ihre ganze Ehe lang gewusst. Gefressen wird doch immer gleich.

Dem Hund ist alles Wurst, der stürzt sich auf den Teller, den Barbara just auf den Boden stellt, und frisst in Windeseile alles auf. Sie steht neben ihm, die Hände ineinander geschlagen und ganz gerührt von so einem Appetit. Ein vergessenes Glücksgefühl. In der Zwischenzeit macht der Postbote am Briefkasten herum, und Barbara schaut auf die Uhr. Erst elf. Der Tag ist noch so lang. Der Briefträger ist pünktlich. Brav und vorbildlich. Langweilig und vorhersehbar. Sie schneidet dem Hund noch ein bisschen mehr Fleisch auf. Der Hund liebt sie gerade sehr. Und das fühlt sich gut an.

Also, was ist jetzt zu tun? Wo wird ein fremder Hund gemeldet? Kann schon sein, dass er einer Villentante von einem Seegrundstück abgehauen ist, da würde ich auch fliehen, so ausgschamt san die da drüben – aber dann kommt der ausgerechnet hier an? Das ist ja viel zu weit weg. Hinter dem Gebüsch ist nichts. Ganz lange nichts. Und auf der anderen Seite, also vor dem Haus, da kenn ich mich aus. Da hat niemand so einen Hund. Noch nie gehabt. Der war auch noch nie zu Besuch, des hätt ich doch mitbekommen. Der wird ja nicht an der Loisach entlang spaziert sein bis hierher. So ein Schoßhündchen überlebt doch nicht in der echten Welt. Ach, Schmarrn! Ein bisserl dreckig ist er, aber nicht dreckig genug. Geh, Blödsinn, der ist doch ned durchs Unterholz geirrt. Vielleicht hat ihn jemand an der Bushaltestelle ausgesetzt. Oder einfach hinausgschmissen ausm Auto. Ja, freilich. Was meinst, was der frisst. So ein Rassehund. Sicher nur das Allerfeinste. Irgend so eine Wohlstandsverwahrloste wird den schon verhätschelt haben. Naja, jetzt sagen wir's mal so: Der Hund kam aus freien Stücken hier an, dann darf er auch bleiben. Jawoll. Ich helfe, wo ich kann. Mei, jetzt schaut er wieder so liab. Vielleicht no a Radl Wurst?

Sie stellt ihm die neu gefüllte Schüssel hin, und der Hund macht keine Anstalten, irgendetwas anderes zu wollen. »Da schau her, Hundi, feines Fleischi!« Der Hund weiß, was feines Fleisch ist. Vielleicht hat er auch tatsächlich ein gutes Gespür fürs Timing, weil lange hätte es Barbara nicht mehr ausgehalten, dann hätte sie vor lauter Langeweile erst ernsthaft Angst und dann wohl doch noch einen Vogel bekommen – und hätte sich wahrscheinlich selbst niedergestreckt. Sie erwartet so sicher eine Bestrafung, dass sie sich permanent selbst bestraft. Eine Bestrafung, weil sie noch lebte, den D. beerdigte, weil sie nicht zuckerkrank ist, weil sie sich auch ein bisschen freut, allein zu sein, den D. nicht mehr im Haus zu haben. Der Ehegatte hat sich überfressen. Passiert. Das ist kein Einzelfall. Und dem hat's immer geschmeckt. Der D. hat bis zum Schluss versichert, wie fein alles schmeckt. Sie hat ihn zu nichts gezwungen, nein, es war eher umgekehrt: Er hat das Essen eingefordert. Sonst war er noch lästiger. Und wer will freiwillig so einen Grantler zuhause sitzen haben?

»Jetzt muss einmal die Kirche im Dorf gelassen werden. D. war ein erwachsener Mann, der sich selbst in den Tod gefressen hat. Barbara ist lediglich ihrer fraulichen Pflicht nachgegangen und hat für ihn gekocht – das fordert ihr doch von euren Frauen! Ich würd euch alle vergiften!« Das hat Jolie gesagt, kurz nachdem sie auf den Tisch geschlagen hat wie ein Kerl, als die Männer Barbara als Todes-Köchin, als Todes-Gattin verhöhnten. Dann blieb es für einige Minuten mucksmäuschenstill im Wirtshaus. Jolie atmete schwer und setzte sich aufrecht hin, die Männer schauten bedröppelt und erschrocken. So wie Emma, die gar nicht wusste, wie ihr geschah. Jolie reiste ein paar Tage später wieder ab und damit verstummten auch die empörten Männer, die so eine freche Aktion überhaupt nicht gutheißen konnten, aber da hatte die freche junge Frau längst einen Keim in Barbara und in Emma gepflanzt. Barbara merkte, dass sie der Tod des eigenen Mannes auf ungeahnte Weise auch erleichterte. Der Keim sprießt. Die Realität als Witwe. Eine einsame Frau ohne Chance auf eine neue Liebe, denn die gibt es für Frauen in ihrem Alter nicht noch einmal.

Der Spitz ist fertig mit Fressen und möchte jetzt den Bungalow inspizieren, den er sich als neues Heim ausgesucht hat. Barbara folgt ihm und ist zufrieden über die Abwechslung, auch etwas verunsichert, wer weiß, ob der überhaupt stubenrein ist.

Sie greift nach dem Telefon, denn wenn sie eins nicht kann, ist das, gute Neuigkeiten für sich behalten: »Emma, pass auf: Da steht der plötzlich auf meiner Terrass'n, hab ich mich erschrock'n, kannst dir vorstell'n. Hüpft der da aus dem Gebüsch heraus, wie ich nichtsahnend auf der Liege lieg und mich entspanne. Ja, na freilich, was soll ich denn sonst tun? Aber schau in sei liabs G'sicht, da zergeht dir's Herz! Ja, eh, wart, ich schick dir gleich ein Foto, gleichzeitig geht das nicht. Du, ganz ehrlich: Ich hab keine Kinder, ich hab Geld auf dem Konto, ich nehm den Hund schon auf, das darfst mir glauben!

Mein neuer Freund wird das. Treuer Begleiter, oder? Mei, so liab. Naaa, ich weiß nicht, wem der gehört. Ja, wenn ich's dir doch sage, da ist keine Hundemarke. Na, die Polizei, so ein Schmarrn, als würden die sich jetzt mit so einem Schoßhündchen herumschlagen wollen, die haben wirklich was Besseres zu tun. Ins Tierheim? Bist narrisch. Das überlebt doch so ein feiner Hund gar nicht. Wenn du den jetzt sehen könntest, würdest nicht so damisch reden. Ich schick dir jetzt ein Bild, weil ich muss sowieso auflegen. Wir hören uns, gell? Ja, freilich sehen wir uns am Freitag. Na, sofort passt's mir eigentlich nicht. Heute hab ich wirklich gar keine Zeit für einen Besuch. Na geh! Hör auf. Wirklich? Mei, das ist ja schad. Woher weißt du das? Na, sowas aber auch. Du, das tut mir jetzt wirklich leid, aber ich muss wirklich auflegen, weil der Hund ist jetzt irgendwo, und der kennt sich hier nicht aus. Ja, genau. Alsooooo, bis dann! Ja. Na, eh. Durchhalten, gell? Servus!«

Barbara ist stolz darauf, wie gut ihr schon wieder die Telefonate gelingen und wie gut sie diese Mitleids-Besuche abwimmeln kann. Sie braucht jetzt kein Mitleid. Sie braucht Abwechslung, und die hat sie jetzt. Dank dem Herrn. Sie lacht. Haha, als würd ich an den Herrgott glauben. Fröhlich spaziert sie durch ihr eigenes Haus und schaut in jedes Zimmer wie an Ostern, wie ein Kind auf der Suche nach der versteckten Süßigkeiten.

Dann entdeckt sie das süße Unschuldslamm: Der Hund liegt schon auf dem Bett und hebt kurz den Kopf, als Barbara ins Zimmer tritt. Der Hund weiß allerdings eh, dass er nicht vom Bett gestaubt wird, und legt den Kopf wieder ab. Barbara tätschelt sein Köpfchen und da kommt ihr erst, dass sie sein Fell noch gar nicht berührt hat. Meine Güte, ist das weich. Und fluffig. Wo ist denn da der Körper, fragt sich Barbara, der Hund, der ist ja weniger als nichts. Sie legt sich auch auf's Bett, lässt sogar die Schuhe an. Wozu liegt da denn eine Tagesdecke, wenn nicht dafür. Hündchen und Frauchen schauen sich zufrieden an. Gut ist's. So könnt's bleiben. Schade, dass so ein Hund nicht schnurren kann. Irgendein Geräusch der Zuneigung wär jetzt schön. Barbara flüstert Liebkosungen in die Stille. Das Hündchen schmatzt zufrieden.

Dass Barbara mal einen so prächtigen Zuchthund hätte, das hat wirklich niemand geahnt. Frauchen und Hündchen schließen die Augen und dösen, bis sie beide einschlafen. Den Luxus eines Schläfchens am helllichten Tage hat sich Barbara bis vor D.s Tod kein einziges Mal in ihrem Leben gegönnt. Wie gut sich das anfühlt, einfach himmlisch, denkt sie sich und schlummert ein.

Dass Barbara nicht im Himmel angekommen ist, wird ihr klar, als sie vom Kratzen an der Terrassentür, in Verbindung mit dem ihr noch nicht geläufigen Winseln geweckt wird und in ihr sofort Alarmbereitschaft herrscht. Der Hund muss pieseln. »Obacht! Jetzt aber raus, sofort, mach mir ja nicht auf den Teppich, sonst war's das mit uns beiden, Freundchen. Weißer Flokati. Wehe, du scheißt mir in die Bude!«

Sie springt aus dem Bett, reißt eine andere Terrassentür auf. Der Hund schießt sofort in Richtung des Gebüschs, aus dem er vorhin heraussprang und verrichtet sein Geschäft. »Hast mir eh nicht ins Bett, oh weh, lieber gleich nachschauen.« Sie tastet die Bettwäsche ab. »Puh, Glück gehabt. So ein Braves!« Barbara ist dermaßen erschrocken, erst über eine potenziell nasse Tagesdecke, dann weil sie befürchtet, ihr neuer Begleiter rennt jetzt einfach denselben Weg zurück, dorthin, woher er eben gekommen ist, und sie würden sich nie wieder sehen, so rennt sie in die Küche und greift nach einer Packung Wurst, eilt auf die Terrasse, reißt das Papier auf und lockt das Hündchen so, wie sie einst ihren Mann anlockte: mit dem Versprechen auf eine Gaumenfreude, auf ein bequemes Leben, auf nie enden wollende

Bedienung. Auf puren Mittelstandsluxus. Sie raschelt und ruft und müht sich ab, völlig überflüssig.

Der weiße Spitz kommt dahergetappt und schnappt gierig nach der Wurst, Barbara lässt ihn hüpfen und springen, und es erfüllt sie mit so einer großen Freude, dass sie erst jetzt bemerkt, wie spät es eigentlich ist. Sie manövriert den Hund ins Haus, legt ihm noch ein paar Scheiben unterschiedlichen Aufschnitts auf seinen Teller wie einst D. und verlässt den Bungalow. Seit Langem war sie nicht mehr so motiviert, in die Welt hinauszutreten.

Heute aber. Endlich eine Aufgabe. Und zwar eine große.

Eilig marschiert sie zum Auto, steckt sich eine Vogue an, fährt aus der Einfahrt und in Richtung Industriegebiet. Nächster Halt: Haustierbedarf. Im Radio kommen Powerballaden der 80er. Oh, sie fühlt sich gut und singt mit. Wann hat es so etwas zuletzt gegeben? Das fragen sich nicht nur die Nachbarn, die sie so eilig davonbrausen sahen, sondern auch diejenigen, die sie singend an Ampeln angaffen.

Den Weg kennt sie blind. Durch die Wohngebiete, über die Brücke, an der Gärtnerei, am Möbelhaus mit großem Sonderverkauf vorbei, an den Fast-Food-Ketten entlang zum Baumarkt, dahinter der Discounter, das Back-Center, und da kommt er auch schon, der Laden für Mausi, Katzi, Hundi und alles Mögliche dazwischen, neben dem Schuh-Outlet, dem Mega-Action-Markt und den Billig-Kleiderläden, aus denen der Plastikgeruch über den gemeinsamen Parkplatz weht. Hier reihen sich auf der einen Ortshälfte die Konsumtempel aneinander, damit auf der anderen die Villen mehr Platz und Strahlkraft haben. Diese Verteilung kommt bei den Einheimischen gut an. Auch die Touristen, die sich gar nicht erst in den geschmacklosen Bereich außerhalb des historischen Ortskerns und der guten Viertel mit Seezugang verirren, schätzen diese Klarheit an dem sauberen altbayerischen Städtchen. Doch die, die hier leben müssen, die sind der Hässlichkeit und der Tristesse schonungslos ausgeliefert. Arme Hunde. Arme Säue, hat D. sie genannt.

Fast am Ziel kommt ihr plötzlich ein Polizeikonvoi entgegen mit Blaulicht, Sirene, allem, was dazu gehört. Barbara weiß, wie sie sich zu verhalten hat. Am liebsten würde sie umdrehen und der Polizei hinterher, schauen, was sich zugetragen hat, wie früher, als D. und sie noch gemeinsam ins Auto gesprungen und der Sirene hinterher sind. Ohne D. macht das Gaffen keinen Spaß, weiß die Witwe und fädelt sich stattdessen in die Linksabbiegerspur ein, um in den Parkplatz vom Mega-Center zu rollen. Die Zeiten sind vorbei, jetzt lebt sie ein neues, ein anderes Leben. Da weht schon der Duft vom Grillhendl-Stand herüber. »Nimm mich mit!«, steht da drauf. Heute nicht, sagt Barbara zu sich selbst.

Während sie das Auto verriegelt und zur großen automatischen Schiebetür blickt, denkt sie über das Glück nach, das ihr so ein Tier bringen wird. Die unbedingte Liebe, der Gehorsam, die Liebkosungen, die Abhängigkeit.

Zur Sicherheit holt sie sich einen großen Einkaufswagen und strebt sofort nach Betreten des Tiercenters in die Hundeabteilung. Die Musik ist ausgesprochen gut gewählt, und alle Besucher erscheinen grundsätzlich glücklich. Kinder suchen Spielzeug für ihre Vierbeiner, ein Paar steht vor den Vogelkäfigen, also Vögel im Käfig, das ist wirklich Tierquälerei, und da sieht sie eine sehr elegante Frau, die einen Spitz an der Leine führt. Barbara pocht das Herz. Auch sie wird so aussehen. Die Dame lacht herzlich. Der Hund wird von ihr hochgehoben, beide knuddeln sich, und da bellt der einmal – zuckersüß! – und die Frau wirft einen Ball, das Hündchen läuft los. Das Video über Hund und Frauchen läuft auf einem kleinen Monitor am leeren Info-Counter. Als nächstes wird ein Mann mit einem Bernhardiner gezeigt. Der Hund ist viel zu groß.

Das Tier braucht ein Schlafkörbchen, eine Decke, einen Fressnapf, Spielzeug. Barbara kann sich bei allem zügig entscheiden und greift stets zur drittteuersten Ausführung. Das ist nicht so protzig und doch besser als der Durchschnitt. Ihr neuer Liebling darf schon was kosten, aber angeben muss sie auch wieder nicht. Vor den Tierfutterregalen bleibt sie zum ersten Mal ratlos stehen. Sie möchte keinesfalls einen Fehler machen, entschließt sich schließlich für eine Marke, die einen weißen Spitz auf ihrer Verpackung abbildet. Die müssen's ja wissen. Und kehrt noch zwei Mal zurück, um mehr Futter in den Wagen zu werfen, wer weiß, was der frisst.

Sie stattet sich aus, als hätte sie eine Spitzzucht eröffnet. Erst bei den Halsbändern realisiert sie, dass sie das Geschlecht ihres Hündchens nicht kennt. Barbara ist enttäuscht. Sie wünscht sich so sehr ein Mädel, mit einem rosa Band, einer rosa Leine und für besondere Tage vielleicht sogar das strassbesetzte Exemplar. Sie wählt ein Set in schwarz und eins in braun, wirft im letzten Moment aber das rosafarbene in den Einkaufswagen. Dem Hund is doch egal, was er trägt. Am allerliebsten würde sie auch noch so ein herziges Namensschildchen gravieren lassen, greift stattdessen zu einem Ratgeberbuch für Hundenamen. Kurz soll der Name sein und die edle Ausstrahlung des Wesens erfassen.

Gloria würde passen, weil der Hund so neugierig ist und Barbaras Rätselheft so heißt. Wahrscheinlich hat der Hund einen saudummen Namen, so was wie Madame, Bella oder Mini. Ich werd den schon umbenennen können. Nur eine Frage der Erziehung. Eine Frage der Fürsorge. Meine kleine Gloria wird gar nicht mehr weg wollen von mir. Nein, die wird es so gut haben wie der D.

Sie legt den Ratgeber zurück und lässt sich ihre Grundausstattung in Tüten einpacken, schaut gar nicht auf den Preis, reicht nur die EC-Karte, schiebt anschließend den Einkaufswagen über den Parkplatz und kann es kaum erwarten, zuhause anzukommen und Gloria zu beschenken. Wie der Hund schauen wird, wenn sie ihm die Leckerli bringt und das schöne ergonomische Hundebett, das intelligente Spielzeug und die weiche Decke.

Raus aus dem Parkplatz, blaue Stunde. Sie fährt durch die Ortschaft, wieder vorbei an den unzähligen Einkaufsmöglichkeiten, lässt den Industriepark hinter sich und will auf die Landstraße abbiegen, da wird sie von der Polizei weitergewunken und muss einen Umweg in Kauf nehmen.

Na sowas, was ist denn jetzt schon wieder passiert? Heute wird es ihr wirklich nicht leicht gemacht, doch sie kann widerstehen, bleibt nicht stehen und fragt nicht nach dem Grund. Auf dem Land kennen sich alle, nicht wahr? Da darf jeder ein bisschen neugieriger sein. Und das kann auch schnell gefährlich werden. Nicht dass der Polizist fragt, was das ganze Hundezeug da soll. Freundlich winken und weiter geht's.

Der Umweg beschert ihr einen Blick auf die Berge, die heute viel näher erscheinen, als würden auch sie diesen Tag zu etwas ganz Besonderem machen wollen. Die Greifvögel sitzen erhaben am Straßenrand, und kaum ein Auto kommt ihr entgegen. An was für einem wunderschönen Fleck Erde ich lebe, denkt sich Barbara, das hier ist das Paradies. Kein Wunder, dass die Gloria ausgerechnet zu mir gekommen ist. Logisch!

Und schon biegt sie ab, in die eigene Idylle und parkt ihr Sportauto vor dem Bungalow. Sie trägt Tüte um Tüte zur Haustür, blickt sich um, niemand zu sehen. Wo steckens denn alle? Und mit dem Öffnen der Haustür kommt auch schon Gloria dahergelaufen und springt eifrig dem neuen Frauli die Beine hoch. Barbara spürt in diesem Moment, dass der weiße Spitz gar keine Intention hat, wieder zu gehen. Die beiden gehören zusammen, das Schicksal hat sie zusammengeführt. Das hier ist nicht die Ausgeburt des Teufels, das ist vielleicht der Hund gewordene D.! Sie bringt die Einkäufe ins Haus und setzt sich erst einmal in die Küche. Verschnaufpause. Der Spitz schnuppert an den Tüten. Fernseher an. Der Spitz springt auf die Eckbank und legt sich hin auf den alten Platz vom D. Das ist ein Zeichen. Aber darüber kann Barbara nicht weiter nachdenken. Jetzt kommen die Nachrichten. So mag es Barbara. Schön stillhalten, wenn die Neuigkeiten verkündet werden und sie sich ordentlich über die Anderen wundern kann.

Die Ruhe und Entspannung sind nur von kurzer Dauer. Die Moderatorin berichtete soeben noch vom Aktionsplan Wolf, die vom Bauernverein geforderte Tötungserlaubnis, da schwenkt die Kamera auch schon auf ein stattliches Grundstück aus Barbaras erweiterter Nachbarschaft. Freilich, das Haus hinter der polizeilichen Absperrung ist nicht gerade einen Katzensprung entfernt, aber es gehört zum gleichen Landabschnitt, genauer gesagt zum selben Landkreis. Ein schönes Haus, eine alte Villa mit privatem Seezugang, muss ein Vermögen gekostet und jährlich noch eins verschlungen haben. Das Bild zeigt Polizisten, Spurensicherung, eins der Autos, das zum Haus gehört. Typische Tatortaufnahmen. Die Moderatorin spricht von Überfall, Raubmord, Todesopfern, eingeschlagenen Scheiben, Blut, gestohlenen Gütern, gestohlenem Barvermögen, bittet um Informationen. Sie zeigen ein Archivfoto: Mann mit breitem Lächeln und Escada-Golf-Käppi. Dann ein anderes: Frau im Kostüm mit Hut und, jetzt erschrickt sich Barbara, mit einem weißen Schoßhündchen. Um dringende Tathinweise wird gebeten, schließlich handelt es sich bei dem Paar um ruhige, angenehme Nachbarn, die seit Jahren hier ihre Wochenenden und Ferien verbrachten. Hoffentlich, so die Moderatorin, ist das nicht der Anfang einer Überfallserie. So was Tragisches, Mord aus Habgier, aus Eifersucht, aus Tobsucht, aus Versehen? Und das wäre auch in der eigenen Nachbarschaft möglich, hier ist das alte Geld, huch, Barbara wird es ganz klamm ums Herz. Zur Aufmunterung ein Bericht über die Rückkehr der Goaßmaß, der Weltrekord im Maßkrugstemmen und die Frage, warum die Österreicher mehr Rente kriegen. Es folgen Sport, Wetter und ein lustiger Spruch aus dem Bauernkalender. Das waren die Tagesnachrichten, schönen Abend, bis morgen, Mahlzeit, gesund bleiben und nach vorne schauen!

Barbara schaut abwechselnd den Hund und den Fernseher an. Der Hund döst. Es rattert im Hirnkastl. Der Hund merkt nichts. Dann endlich Freude, Barbaras Mund verzieht sich zu einem Lächeln, wie es schon lange nicht mehr durchkam: Ja, das ist sich jetzt super ausgegangen. Die alten Besitzer sind tot. Keiner wird nach dem Hündchen suchen. Es wurde nicht einmal über dich gesprochen. Außerdem sind's, was sag ich, waren's Wochenendler! Des war'n gar keine von uns!

Es läutet das Telefon, Emmas Name wird angezeigt. Barbara hebt ab, die Freundin redet, Barbara hört kaum zu, Emma hat soeben die Nachrichten gesehen, ist das der Hund?, Barbara schaut den Hund an, Emma sagt, sie müsse den Hund jetzt sogar behalten, sonst käme er ins Tierheim, Barbara stimmt ihr zu, Emma sagt, sie möchte morgen vorbeikommen, Barbara hat nichts mehr dagegen, Emma freut sich für Barbara, Barbara freut sich auch, Emma sagt, der Hund wird ihr helfen, nicht dumm zu werden oder ungeduldig oder gemein. Barbara verabschiedet sich. Barbara ist unermesslich glücklich. Manchmal trifft's die Richtigen, jawoll! Da gibt's gleich noch ein Leckerli fürs Hundi.

Sie setzt sich zu ihrem Hund an den Küchentisch, streichelt das weiße Tier und holt den Erdbeerschnaps aus dem Schrank in der Eckbank. Um ein Glas bemüht sie sich erst gar nicht und trinkt einen kräftigen Schluck aus der Flasche. Gloria legt den Kopf auf ihren Schoß, Barbara greift nach den schönen Zigaretten und raucht genüsslich. So hat sie sich ihr Leben vorgestellt. Wenn das nur der D. sehen könnte. Wenn der wüsste, was er verpasst. Sie streichelt das Köpfchen des Hündchens und lässt sich das Gesicht abschlecken. Gierig nach Zuneigung, streckt sie sogar ihre Zunge ein Stück weit heraus. Fast wie ein Kuss, denkt sich Barbara und desinfiziert ihren Mund mit einem Schluck Selbstgebranntem. Danke D., denkt sie sich.

Lisa sitzt im Restaurant, weil sie nicht wusste, was sie sonst mit ihrer Zeit anfangen sollte. Sie hat einen kleinen Beilagensalat gegessen, ausführlich die extra kitschige Tischdekoration betrachtet, Bleikristallkerzenständer mit rosa Kerzen, rosa Servietten und in der Mitte eine Vase mit roten Rosen, hat zwei Gläser Prosecco getrunken und bestellt sich jetzt, um diesem Tag irgendeine Art von Schönheit zu geben, ein weiteres Glas Champagner. Es ist 18 Uhr, und heute ist ihr das Geld egal.

Dem Kellner ist ihr Verhältnis zu Geld ebenso egal, weil hier – im Spezialitätenrestaurant für Meeresfrüchte – immer gut Geld ausgegeben wird. Der Kellner ist das Geld gewöhnt und weiß, dass oft die Leute das Geld haben, die gar keinen Geschmack und Stil vorweisen können. Lisa sieht heute nicht besonders aufregend oder schön aus. Lisa hat heute viel geweint, ihr Gesicht ist verquollen, und bei genauerem Hinsehen ist ihr Outfit abgetragen. Lisa weiß all das und schämt sich, weiß jedoch nicht, wohin mit sich. Das teure und traditionsreiche Spezialitätenrestaurant war der erste Laden, in den einzutreten sie sich entschließen konnte. Sie irrte zuvor ziellos durch die Stadt und wusste nur, dass sie unter keinen Umständen nach Hause will. Es musste ein Etablissement sein, in dem sie noch nie war und in dem garantiert niemand säße, den sie kennt. Und wie kann eine besser eine Fehlgeburt vergessen als in einem Spezialitätenrestaurant für Austern?

Das Glas Champagner kommt an den Tisch, und Lisa, die gewissenhaft seit Wochen keinen Alkohol trank, ist jetzt – schon vor dem dritten Glas – beschwipst. Der Kellner möchte, dass die Frau etwas Richtiges isst, um nicht zu betrunken zu werden, und empfiehlt daher wärmstens die Spezialität des Hauses: eine Austernplatte. Frische

Austern und leckere Saucen, mit köstlichen Schnecken in den unterschiedlichsten Variationen und als kleines Bonbon kommen sogar noch zwei Garnelen dazu: »Dafür kommen die Leute von weit her. Zu den Gästen zählt nicht nur die Prominenz, sondern auch die einfachen Leut, und das ist unserem Restaurant schon immer wichtig gewesen: die Klassenunterschiede einfach ignorieren. Weil, die Preise sind hier unschlagbar, der Service ganz klassisch, wie Sie sehen, und die Lage sowieso: top. Unsere Küche können sich auch die einfachen Menschen leisten.«

Lisa findet sein Bemühen schön. Lisa schlägt zu. Sie wird sichtlich aufgeregt: »Wenn nicht heute, wann dann? Sie haben Recht! Her damit! Und noch mehr Champagner – ich zahle mit Kreditkarte, schließlich habe ich Geburtstag ...«, und so kramt sie auch schon in ihrer Handtasche nach ihrem Portemonnaie und darin nach ihrer Kreditkarte, die irrsinnigerweise mit einem Zebramuster bedruckt ist, und wedelt damit in der Luft herum. Stünde der Kellner noch da, hätte er ihren glücklichen, gelösten Gesichtsausdruck erhaschen können, der sich wieder zu einer Grimasse verzieht. Ihre Kreditkarte funktioniert. Sie ist kreditwürdig. Sie hat Geld auf dem Konto. Lisa trinkt. Ihr Lidstrich ist verschmiert. Niemand hat sie darauf hingewiesen. Mit dem ganzen Leid allein.

Der Kellner bringt artig einen Kühler, platziert die Flasche Champagner und gratuliert mit einem kleinen Stück Schokotarte. »Geburtstagsgruß aus der Küche. Und das am Tag der Liebe, wunderbar!«, säuselt er angenehm glaubwürdig.

Lisa trinkt ihr Glas schnell leer und beantwortet lieber gleich die Frage nach ihrem Alter, bevor sie saudumm gestellt wird: 44.

»Prächtig! Eine Schnapszahl! Herzlichen Glückwunsch«, erwidert der Kellner, der es vergisst, als er sich vom Tisch wegdreht, der einfach Mitleid hat mit einsamen Frauen, die sich in sein Restaurant verirren, die sich dorthin flüchten, sich ihrem Schicksal ausgerechnet hier hingeben wollen. Generell liebt er Menschen, die am Katalog der luxuriösen Eigenheiten festhalten, an Dingen, die irgendwann einmal für Glanz standen, für Erfolg und jetzt, schon bis zur Peinlichkeit zum Gemeingut geworden, immer noch gelten. Kaviar, Austern, Champagner, gibt's alles beim Discounter. Aber hier ist es noch echt, hier war es schon immer authentisch. Der Kellner hat eine Schwäche für Menschen, die sich von den Versprechen eines besseren Lebens manipulieren lassen, und genießt ihre Anwesenheit. Wenn sie unbeholfen den Hummer zerlegen und nicht genau wissen, wie das geht, mit dem Krabbencocktail, dann geht ihm das Herz auf. Nicht aus Überheblichkeit, nein, aus ehrlichem Mitgefühl.

Der letzte Schimmer längst verschwundenen Glamours. Er hängt an dem Kitsch. Aber die Menschen, die sich diese Extravaganz leisten können, werden immer weniger. Die Superreichen kommen schon lange nicht mehr her.

Lisa nimmt einen großen Schluck und schenkt sich wieder nach.

Da sitzt sie also, nach außen hin zusammengehalten von einer gesund anmutenden Hülle, hat immerhin alles, was ein Körper braucht, und im Innern ein Schlachtfeld. Das Telefon klingelt, sie schaut dem leuchtenden Bildschirm zu, bis es aufhört zu vibrieren, 17 Anrufe in Abwesenheit, meine Güte, nervt der Typ. Lisa schafft es nicht ranzugehen, aber auch nicht, das Telefon in ihrer Tasche zu verstauen und starrt auf den Bildschirm, überfliegt die Nachrichten. Er will immer etwas regeln. Seine Regeln gelten dann. Er findet, er brauche jetzt Zeit, und legt den Schlüssel auf den Küchentisch. Er findet, das sei eine gute Idee. Es wäre gut für beide.

Zum Glück hat Lisa keine Zeit, sich dem nächsten Gefühlsschwall hinzugeben und in Tränen auszubrechen, sich selbst zu hassen und die Schuld auf sich zu nehmen, denn da kommt der Kellner und das

Objekt, das er trägt, ist nicht gerade das, was Lisa sich unter einer ordinären Austernplatte vorgestellt hat. Eine dreistöckige Etagere, zum Überquellen belegt mit Schnecken in jeglicher Größe, Austern und auf der obersten Stufe in jeweils ein Gläschen getunkt zwei Riesengarnelen. Lisa trägt's mit Fassung, der Kellner mit einem Glücksgefühl. Das ist die Spezialität. Das ist der Stolz des Hauses.

»Genießen Sie, Madame, auf diese drei Stockwerke feinsten Genuss kommt es an. Herzlichen Glückwunsch zu dieser phänomenalen Wahl. Und zum Ehrentag selbstredend. Was für eine herrliche Idee, sich selbst so zu feiern! Es kommt niemand mehr, nehme ich an?«

Lisa legt sich die Stoffserviette auf den Schoß und weiß gar nicht, wo sie anfangen soll, greift nach der erstbesten großen Schnecke und dem dazugehörigen Besteck. Der Kellner stellt noch ein Dutzend Saucen auf den Tisch, wünscht guten Appetit, und beide sind erleichtert, weil Lisa jetzt eine Weile lang beschäftigt sein wird. Der Kellner ist verzückt bei ihrem Anblick, kümmert sich nun allerdings um die neu eintrudelnden Gäste, würde ihr aber gern weiterhin Gesellschaft leisten. So ein schöner Tag, denkt er sich, denn da kommt eine Familie aus Niederbayern herein, mit einem München-Reiseführer in der Hand und einem ordentlichen Dialekt im Mund.

Der Kellner ist ein hundsgemeiner Typ und setzt die Familie an Lisas Nebentisch. Die ganze Familie staunt nicht schlecht über die dreistöckige Etagere, und der Vater kann seine Augen gar nicht mehr abwenden. Lisa fühlt sich in ihrer Wahl bestätigt und lobt freundlich die Qualität des Essens. Ehe der Kellner die Karten ausgeteilt hat, stürmt auch schon eine neue Gruppe ins Restaurant.

Heute geht's aber zu, das kann ja heiter werden, Fest der Liebe, Liebe geht durch den Magen! Klassisches Theaterpublikum, das sieht der Kellner sofort. Die Herren im Anzug, die Frauen im Kleidchen und allesamt in den guten Ausgehschuhen. Die niederbayerische Familie liest aufmerksam die Karte und hat den München-Führer schon längst verschwinden lassen. Die Theaterbesucher setzen sich und reißen die Hände in die Luft, als die Verabredung den Laden betritt.

»Endlich sehen wir uns wieder!«

»Ich freu mich so!«

»Ich mich auch!«

»Na wunderbar, setz dich doch hierhin.«

»Wein?«

»Ja, unbedingt! Und eine Flasche Wasser, aber ohne Gas.«

»Haha, nein, nein, ganz unaufgeregtes Wasser bestellen wir jetzt.«

»Nicht, dass noch eine Katastrophe passiert, hihi.«

»Meine Güte, lang ist's her!«

Die Theaterbesucher wissen schon, was sie wollen, und deuten hin zu der einsamen Frau, die sich heute offensichtlich mal was gönnt, was ein Gefühl der Zugehörigkeit bei den Theaterbesuchern auslöst: »Eine solche Etagere – aber mit Hummer!«

»Und eine ohne Hummer, aber dafür mit doppelt so vielen Austern.«

»Eine kleine Vorspeise?«

»Nein, nein, wir haben auch gar nicht so viel Zeit.«

»Sehr schön, perfekte Wahl. Darf's ein Aperitif sein?«

»Ja, unbedingt!«

»Bitte, was empfehlen Sie?«

»Jawoll, das nehmen wir.«

Die Familie versteht, was bestellt werden muss und winkt den Kellner heran.

»Bitte, wir hätten a gern so eine Platte.«

»Mit Hummer?«

»Na, den nicht.«

»Mit den kleinen schwarzen Schnecken?«

»Ja, freilich, und mit den großen, so wie bei ihr.«

»Vorzügliche Wahl. Sind Sie zum ersten Mal bei uns?«

»Ja, schon.«

»Ach, wie wunderbar, Sie werden begeistert sein von unseren Köstlichkeiten!«

»Wie viele brauch' ma denn da, für uns vier?«

»Ich würde Ihnen zwei empfehlen und eine Portion Austern extra, sieben Stück?«

»Ja, guad.«

»Darf es noch das passende Glas Champagner dazu sein? So wird der Genuss erst perfekt.«

»Na dann, freilich!«

»Für die Erwachsenen, versteht sich.« Gelächter. Zum Glück ist die erste Hürde überwunden, das Essen ist bestellt, der Kellner ist freundlich.

Der Mann, die Frau, die Tochter, der Sohn nicken und legen sich die Servietten auf die Schöße. Jetzt heißt es abwarten und die Vorfreude aushalten.

Lisa nickt zustimmend und schlingt weiter die Meerestiere, als wäre sie bei einem Wettbewerb. Wann hat sie zuletzt gegessen und auch noch so gut? Lisa schenkt sich nach, sie säuft, sie stößt auf, sie wischt sich mit der fettigen Hand das Gesicht ab. Kräuter zieren ihre Mundwinkel und Wangen. Wo ist die ordentliche Frau hin? Das Handy vibriert. Nein, sie ist noch nicht so weit. Sie kann selbst noch nicht glauben, was heute passiert ist. Sie schlürft an der nächsten Auster und wird zusehends gieriger.

Die Theaterbesucher amüsieren sich herrlich über diesen Anblick und prosten ihr zu. Der Kellner kriegt von dem ganzen Spaß leider nichts mit, es strömen die Gäste nur so herein in die Stube. Diesmal stürmen sie sogar voraus und lassen sich erst gar nicht platzieren.

Die scheinen hier richtig zuhause zu sein, denkt sich der Familienvater, das muss ein Leben sein! Seine Frau schaut lieber den anderen Frauen zu, unsicher, ob lustvoll oder abgestoßen.

Schon wieder wird die Tür aufgerissen, und zwei Paare suchen sich jeweils die romantischsten Ecken für ihre Rendezvous. Schließlich ist heute Valentinstag. Dieses Restaurant schreit nach Romantik, die Gewölbe, die Polster mit ihrem schönen Muster, die Auswahl! Die Tische füllen sich, und bald gibt es kaum noch freie Plätze.

Lisa kann ihr Glück kaum fassen und ruft nach einer neuen Flasche Schampus. Seit Stunden sitzt sie hier und endlich kommt Leben in die Stube. Der Kellner rennt hin und her. Freudig und gierig werden die Etageren der Tischnachbarn begutachtet, und es wird stets eine noch größere bestellt.

»Mehr Hummer!«

»Mehr Austern!«

»Mehr Garnelen!«

»Mehr Schnecken!«

»Mehr Saucen!«

»Mehr Eis!«

Da kommt endlich die Schneckenplatte zur niederbayerischen Familie, für die seit ihrer Reise in die Provence solch eine Schnecke eine unvergleichliche Delikatesse ist. Ein Staunen schreibt sich in ihre Gesichter, und Lisa wünscht einen guten Appetit, malt sich aus, sie könnte noch einmal mit dem Essen von vorn anfangen. Das traurigste am guten Essen ist ja der Moment, wenn es vorbei ist und der Bauch zu voll. Es erfüllt sie der Neid. Sie blickt auf ihren Tisch, reißt die Hand in die Luft: »Champagner!«

»Jawoll!«, rufen die Theaterbesucher zurück.

Der Kellner bringt ihr eine neue Flasche. So wie Lisa ausschaut, mit Öl-, Fett- und Saucenflecken auf ihrem weißen Hemd, mit ihren müde herunterhängenden Gesichtszügen, in der Art, wie sie konzentriert einatmen muss, bevor sie ernsthaft sprechen kann, mit der Schlaffheit in den Händen, die das Besteck halten, bräuchte sie vielmehr ein Gespräch, frische Luft oder ein Bett. Stattdessen bekommt sie, wonach sie verlangte. Sie findet das lustig. Hier bekommt sie alles, was sie will.

Lisa schenkt sich nach, verschüttet, fängt an zu lachen. Es ist kein freundliches, peinlich-berührtes Damenlachen, es ist ein lautes, tief aus dem Inneren kommendes, ein dreckiges Lachen. Die Theaterbesucher erschrecken sich förmlich, dass so etwas aus einer so zierlichen Frau herauskommen kann und stimmen sich dann selbst in ein Gelächter ein – allerdings in ein feindliches. Die haben sich auf das Betrachten anderer eingestellt, das Aburteilen. Warum nicht auch hier damit beginnen? Der Familienvater schaut entsetzt, und die Blicke, die Lisa gerade auf sich zieht, sind entwaffnend boshaft. Doch Lisa sieht diese Blicke nicht. Sie sieht die beinah verputzte Edelplatte Meeresfrüchte, die sie sich an diesem scheußlichen Tag bestellte, um sich besser zu fühlen, sieht die Champagner-Flasche, in der es schön aufregend prickelt und die sie kichern lässt. Sie sieht ihr Telefon, das ständig aufleuchtet, und sie sieht an ihrem Körper herunter. Mit großer Geste greift sie sich die nächste Auster, bemüht sich erst gar nicht um ein Besteck, sondern saugt und schlürft und schlabbert, holt sich die nächste, jetzt werden noch die letzten Reste gegessen, hergeschenkt wird nichts. Und warum Zeit mit Formalitäten verschwenden, wie Besteck und Etikette? Wen interessiert das schon? Wen interessiere ich schon? Ich bin nichts. Nichts wert, nicht vorhanden. Schaut mich an, ich bin eine Versagerin, alles an mir ist falsch.

Das Paar links von ihr betrachtet sie, und die Frau lästert ungeniert in einer hörbaren Lautstärke. Lisa schaut zu ihnen rüber, plötzlich eine enorme Klarheit in ihrem Blick, fährt mit der Zunge über die

Auster und wirft im nächsten Moment die Schale einfach rechts neben sich, direkt auf den Tisch der nichts ahnenden Familie.

Der Vater bekommt einen Spritzer ins Gesicht, blinzelt, greift erhaben nach der Serviette, reinigt sich und sagt anschließend laut genug, um durch die Spannung des Restaurants zu peitschen: »Kinder, schaut sie euch an, diese Frau ist verrückt.«

Verrückt. Ich bin verrückt. Stille.

Was er demonstrieren möchte: Schaut, der Mann weiß sich zu beherrschen, die Frau nicht. Schaut, ich stehe drüber. Ich lass mich nicht so einfach provozieren. Seine Frau betrachtet ihn, als wäre er ein Gespenst. Sie ist in Alarmbereitschaft.

Lisa steht auf und geht unter strenger Beobachtung zur Toilette. Verrückt, krankhaft, deppert, dumm, pervers, schwachsinnig, anormal, lächerlich, geistesgestört, meschugge, damisch, idiotisch, wahnsinnig, irre, unzurechnungsfähig, unfähig, dumm, hässlich, unbrauchbar, unzulänglich. Wann ist sie all das geworden? Wer hat sie zu all dem gemacht? Sie fühlt sich schuldig. Immerzu möchte sie sich entschuldigen. Der Klügere gibt nach. Pardon, die Klügere gibt nach. Dabei trägt sie keine Schuld.

Sie betrachtet sich im Spiegel. Hält ihre Handgelenke unter das kalte Wasser, Kreislauf stabilisieren. Ich bin schuld. Ich bin nicht schuld. Nein, ich bin nicht schuld daran. Dass mir das passiert ist, ist nicht meine Schuld. Niemand ist schuld daran.

Das Wasser kühlt ihre Hände, kühlt ihren erhitzten Kopf. Schritt für Schritt. Hände trocknen. Zähne im Spiegel kontrollieren. Kräuter aus den Zahnzwischenräumen entfernen. Handtasche aufmachen. Gut, alles dabei. Neu anfangen.

Sie tupft sich das Gesicht mit diesem angenehm weichen Handtuch ab, zieht ihr Make-up nach, kaschiert – zum ersten Mal an diesem Tag – ihre Augenringe, tuscht ihre Wimpern, trägt Rouge auf und sogar Lidschatten, nimmt den zart rosafarbenen Lippenstift. Sie betrachtet sich. Der Selbsthass weicht aus ihrem Körper. Sie kann tief einatmen. Ihr Brustkorb löst sich, und mechanisch korrigiert sich ihre schlaffe Körperhaltung. Ich bin nicht verrückt. Ein letzter Blick in den Spiegel, ich bin nicht hässlich, der Weg zurück zu ihrem Platz, ich bin nicht kaputt, erhobenen Kopfes. Stolzer Gang.

Ich bin eine Frau. Sie fühlt sich wie ausgewechselt. Ich bin nicht defekt.

Sie wird beäugt, aber wohlwollend ignoriert. Ihre Erscheinung hat sich gebessert, das lässt die anderen Gäste aufatmen. So, jetzt reißt sie sich zusammen, sehr schön. Lisa fühlt sich frei. Zum ersten Mal seit einer langen Zeit. Vielleicht zum ersten Mal, seit sie die Frau mimt, die sie werden wollte, und jetzt erneut kläglich an der eigenen Vision scheiterte. Eine Frau, das ist ein Mensch, dachte Lisa bisher, die einmal im Monat ihre Periode bekommt, durchschnittlich 456 Mal in ihrem Leben, die Zähne zusammenbeißt, denn das bedeutet bei jeweils fünf Tagen Blutung umgerechnet sechskommazweifünf Jahre Periode am Stück, und mindestens ein Kind zur Welt bringt. Schöner wären zwei, ein Bub und ein Mädchen. Oder Zwillinge. Mehr war es nicht. Es schien so einfach. So natürlich. Etwas, worum sie sich nicht kümmern musste. Etwas, das ihr einfach geschah. Eier, Sperma, Baby.

Oh, sie hat die Zähne zusammengebissen, und sie hat die Periode bekommen. Sie hat viel Geld ausgegeben. Sie hat auf sich geachtet. Aber das Kind, das Kind kam nicht. Sie hat noch besser auf sich Acht gegeben. Sie hat noch mehr Geld ausgegeben. Doch das Kind verliert sie ein ums andere Mal. Und die Enttäuschung wurde ein ums andere Mal größer. Und die Verletzung unerträglicher und der Mut geringer. Sie ist keine echte Frau, weiß Lisa jetzt sicher, wenn sie kein Leben gebären kann, und als unechte Frau hat sie sowieso keinen echten Platz in dieser Gesellschaft. Sie hat ihn sich weder verdient, noch wird er ihr unter diesen Umständen angeboten. Sie ist gescheitert.

Nein! Sie schaut sich um. Nein, so einfach gebe ich nicht auf. Zu diesen Menschen will sie nicht gehören. Die schmatzenden Münder, schlürfend, schürzend, lachend, Kräuter zwischen den Zähnen, gelbe Zähne, falsche Zähne, Zahnlücken. Nein! Ich bin nicht schuld. Die Hände, wie sie verkrampft das Glas halten, zum Mund führen, abstellen, wie sie auf dem Schoß liegen, mit dem Telefon spielen, eine andere Hand festhalten, sich am Kopf kratzen. Zu all diesen Händen wollte sie nicht gehören. Der Schmuck. Ohrringe baumeln, Ketten hängen, Uhren blitzen im Licht, Ringe, so viele Eheringe an einem Ort. Lachen, immer wieder dieses Lachen, warum sind die alle so glücklich? Das Lachen gehört nicht zu ihr. Lisa nimmt sich ein kleines, schwarzes Schneckenhaus und betrachtet es ausführlich. Wie unfair, mitsamt dem eigenen Häuschen verkocht zu werden. Traurig.

»Hmmm, lecker!«

»Vorzüglich!«

»Ganz wunderbar!«

»Es hat mir sehr gut geschmeckt, danke sehr.«

»Sie haben nicht zu viel versprochen.«

Diese Wörter. Das sind nicht ihre Wörter, sie will nicht mit diesen Worten angesprochen werden, nicht von den Stimmen. Lisa ist betrunken und angriffslustig. Ihr bisheriges Leben zerfällt mühelos vor ihr, und sie kann nichts dagegen tun. Am Geburtstag verlassen werden, wegen der dritten Fehlgeburt, und das Ganze auch noch am Valentinstag. Wie viel Unglück für eine Person.

Das kleine schwarze Schneckenhäuschen landet im Haar einer schönen Frau, die einem nicht sonderlich schönen Mann gegenübersitzt und ihn mit ihren perfekten Zähnen anlächelt, während er redet, gestikuliert und dominiert. Die Frau, die kaum zu Wort kommt, hat die Schnecke nicht bemerkt, ebenso wenig ihr Gegenüber. Das ist für das erste Kind. Lisa fühlt sich angestachelt, provoziert. Sie greift nach der nächsten Schnecke und funkelt in die Stube. Ihr Blick verändert sich zu einem abgrundtief bösen. Sie hat alles verloren, was kann sie jetzt noch ruinieren? Dieses Haus landet im Dekolleté einer sehr jungen Frau, mit sehr tiefem Ausschnitt. Die Frau brüllt herüber. Das ist für das zweite Kind. Die nächste Schnecke landet im Cocktail einer Frau, die gerade am Strohhalm saugt und über die Attacke fürchterlich erschrocken ist und sich den Cocktail über den Körper schüttet. Das ist für das dritte Kind.

»Schau mal, wie die schaut. Die schaut ganz wahnsinnig, so eine macht mir Angst!«

»Sie hat wahrscheinlich ihre besonderen Tage im Monat. Hahahaha! Da sind die ja immer alle so hysterisch!«

»Jetzt reiß dich aber zusammen!«

»Ja, du eh nicht, Schatzi. Hast ja schon Menopause!«

Lisa ist jetzt bester Laune. Die nächste Schnecke landet in einem Glas. Sie greift nach dem nächsten Häuschen und wirft es in eine Saucenschale. Sie trifft einen Mann am Hinterkopf, der sich anschließend kurz kratzt. Ist das wirklich alles? Alle sind so sehr damit beschäftigt, keine Szene zu machen, kein Aufsehen zu erregen. Lisa braucht jetzt genau das Gegenteil. Sie will Aufmerksamkeit. Sie will im Zentrum der Geschichte stehen. Sie greift mit der Hand nach den letzten Resten ihrer Platte, pult das Fleisch aus den Häuschen, aus den Panzern und steckt sich die Finger tief in den Mund, um sie dann langsam abzuschlecken. Sie wirkt überraschend ordinär und schafft es, bemerkenswert laut zu essen. Die Reste landen auf Tellern, Tischen, in Handtaschen, Blumenarrangements, Dekoartikeln, in Gesichtern, auf Körperteilen.

»Wieso frisst die Frau so unangenehm?«

»Die benimmt sich ganz fürchterlich.«

»Die soll gehen. Das möchte ich nicht anschauen müssen.«

»Bitte, jetzt tu doch was.«

»Was soll ich denn tun, die ist halt besoffen. Der kann ich jetzt auch nicht helfen.«

»Du sollst ja auch nicht ihr helfen, sondern mir. Wie soll ich denn mein Essen genießen?«

»Ja, die muss doch einfach rausgeschmissen werden.«

»Hallo, Kellner, bitte, bitten Sie doch die Frau zu gehen.«

»Die hat doch eh schon aufgegessen.«

»Sie hat mich mit einer Auster getroffen, ich glaube ich blute!«

»Schauen Sie sich dieses Kasperltheater einmal an, also wir haben das doch jetzt lange genug mitgemacht.«

»Was soll denn das? Wirklich so gar keine Manieren.«

»Ist das Unterhaltungsprogramm im Preis mit inbegriffen?«

Lisa genießt die Beschwerden. Sie schaut in jedes vorwurfsvoll dreinschauende Gesicht. Schaut sich jeden Gast sehr genau, sehr bewusst an und greift demonstrativ nach der Flasche, schenkt sich den letzten Rest ein. Der Abend ist gelaufen. Mehr kann ich mir nicht leisten. Das ganze Leben ist gelaufen. Wo soll ich denn jetzt hin? Trauer übermannt sie.

»Ach herrje, jetzt weint sie auch noch. Muss das denn sein?«

»Wieso weint sie denn?«

»Ach, das hat keinen besonderen Grund. Ihr seid halt so, ständig wird geheult und getobt.«

»Wie peinlich, wenn Frauen ihre Emotionen nicht im Griff haben.«

»Ich fühle mich persönlich angegriffen.«

»Jetzt entschuldigen Sie mal, ich zahle viel Geld für dieses Abendessen.«

»Bedienung!«

»Jetzt beruhigen Sie sich doch. Sie machen ein Spektakel aus sich selbst und das gehört sich nicht, ein bisschen Benehmen kann ja wohl verlangt werden.«

»Schämen Sie sich!«

»Hören Sie sofort auf, mit Austern nach mir zu werfen. Ich hau Ihnen gleich eine rein, Fräulein, das sage ich Ihnen.«

»Hören Sie sofort auf. Was ist denn in Sie gefahren, ich kenne Sie überhaupt nicht? So, jetzt reicht's. Ich habe schon ganz andere zur Vernunft gebracht! Noch eine Auster und Sie werden sich noch wundern. Gut, Sie haben es nicht anders gewollt!« Eine Watsche. Lautes Klatschgeräusch. Luft wird angehalten.

Da steht der gut gebaute Mann an Lisas Tisch, hält ihre Handgelenke fest, zieht sie nach oben, und währenddessen fallen ihr die Essensreste aus den Händen. Ihr Frauenkörper stößt gegen den Tisch, das viele Zeug darauf klimpert, irgendwas fällt zu Boden, geht zu Bruch. Scherben. Keiner sagt etwas. Ihre Hände tun weh, der Mann hält sie viel zu fest, Lisa weiß, sie ist ihm ausgeliefert.

Selbst der Kellner steht nur nutzlos da. So etwas hat es noch nie gegeben. Was ist jetzt zu tun?

Das Spiel ist aus, jetzt ist es ernst. Der Mann funkelt sie an. In wenigen Sekunden wird er sie richtig schlagen, sie zum Schweigen bringen, sie bestrafen für ihr ungehöriges Verhalten. Der Mann, der mindestens einen Kopf größer ist, beugt sich über sie und schnauft schwer, als wäre er ein wildes Tier, unkontrolliert und unkontrollierbar. Die Frau hat wirklich jeden genervt, aber verdient sie so eine Behandlung? Sie trug ja auch zur allgemeinen Belustigung bei. Sie war eine gute Show. Der Kellner interveniert endlich. Geht dazwischen. Viel zu spät, doch besser spät als nie.

Lisa, die jetzt erst so richtig Gefallen an ihrer neuen Rolle findet, tut das einzig Mögliche, schaut dem tobenden Mann in die Augen und lacht. Wie oft hat sie sich das schon vorgestellt, dass sie einmal von einem Mann viel zu fest gehalten wird. Dass einmal einer daherkommt, ganz unerwartet und sie sich einfach schnappt, sie bedrängt, ihr weh tut. Wie lange war sie schon auf diesen Moment vorbereitet. Auf unzähligen Heimwegen, bei unzähligen Taxi-, Auto-, Bus-, Zugfahrten. In Seminaren, Jobs, auf der Straße, beim Einkaufen, beim Ausgehen, zu Hause, im Urlaub, am Tag, in der Nacht. Die meiste Zeit ihres Lebens hat sie damit gerechnet, dass einmal so ein Typ vor ihr steht, sie festhält, dass sie sich nicht befreien kann und es dann passiert. Sie kann kaum noch an sich halten, bricht in ein wildes Gelächter aus, ihr Körper schüttelt sich, es ist ein Anfall, sie lacht, prustet, das Glück durchströmt ihren Körper, sie möchte nach unten zusammensacken, die Beine kippen ihr weg, aber da der Mann sie noch immer festhält, hängt sie förmlich an ihm dran. Vereinzelt stimmen Gäste leise in das Gelächter ein, unsicher ob die Gefahr vorüber ist, ob wieder aufgeatmet werden kann. Der Mann ist angewidert, bloßgestellt, in seiner Männlichkeit und seinem Stolz angegriffen. Er will sie einschüchtern, Lisa gibt ihm jedoch keinen Raum. Das hat es in seinem Leben noch nie gegeben.

Er blickt um sich, seine Frau hält die Hände erschrocken vor ihr Gesicht, Kameralinsen von Telefonen sind auf ihn gerichtet. Wie konnte er sich nur zu so einer Demonstration seiner Manneskraft hinreißen lassen? Er lässt Lisa los, die plumpst förmlich zu Boden, er geht einen Schritt zurück, streift seine Hände an sich ab, als würde er sich von etwas Ekligem befreien müssen, und betrachtet die Frau, die alle Fehler des weiblichen Geschlechts verkörpert und lachend auf dem dreckigen Boden sitzt, als würde all dies nichts bedeuten.

Sie schreit und weint vor Lachen, die Tränen schießen ihr nur so aus den Augen, ihr Gesichtsausdruck ist unlesbar, endlich steht sie auf, schnäuzt in die Stoffserviette, zieht sich ihren Mantel an, betrachtet den Kellner mit großen, glücklichen Augen: »Danke für alles. Der Mann bezahlt meine Rechnung. Bis zum nächsten Mal.«

Zwei Frauen klatschen Beifall, sie greift bei einem fremden Tisch nach der Schampusflasche und verlässt mit ihr das Lokal. Es sei ihr gegönnt, die Flasche ist schon fast leer. Der Mann selbst schleicht zu seinem Platz, seine Gattin ist wie versteinert, und der Kellner entschuldigt sich bei allen Gästen und räumt umgehend die Sauerei auf. Ein freier Tisch will neu besetzt werden, die neuen Gäste warten freilich schon. So schlimm war's jetzt auch wieder nicht. Die Frau, die so elendig gestört hat, die sich so fürchterlich aufgeführt hat, die überhaupt keine richtige Frau war, ist fort. Zum Glück. Mit so einer will sich wirklich niemand befassen. Nicht in seiner Freizeit. Nicht an so einem Ehrentag. Darum soll sich ein Psychiater kümmern, der wird schließlich für so etwas bezahlt. Die Gäste atmen auf.

Der Kellner kriecht unter den Tisch, kehrt die letzten Scherben auf ein Schäufelchen. Er entschuldigt sich danach erneut an jedem einzelnen Tisch. Und es wird sich unterhalten, gegessen und getrunken – wie schnell alles wieder in seinen gewohnten Bahnen geht, bereits zehn Minuten später genießen alle wieder ihre feinen Speisen und wenden sich ganz sich selbst zu, als wäre Lisa nie in ihr Leben gekommen, als hätte sich nichts verändert. Was von ihr bleibt, ist eine unterhaltsame Anekdote. Sie kennen nicht einmal ihren Namen, nein, noch schlimmer: Keiner der Anwesenden kennt die Geschichte dieser wütenden Frau und am allerschlimmsten: Sie interessieren sich nicht dafür.

Solidarität

Solidarität unter Frauen gibt es nicht nur unter Freundinnen, sondern auch unter Fremden. Manchmal halten einander fremde Frauen die Haare oder die Hand oder gehen dazwischen, wenn es zu einer unangenehmen Situation kommt. Frauen, die Frauen stärken, machen Frauen stark. Dabei darf nicht gedacht werden, dass Frauen vorher schwach waren. Sie können sich gegenseitig dabei helfen, sich zu befreien. Wenn Frauen etwas erreichen, ist das Frauenpower. Empowerment bedeutet Ermächtigung, Stärkung, Förderung und Unterstützung. Das bedeutet auch, dass Frauen es einander erlauben, das Gleiche zu tun wie beispielsweise Männer, und sich nicht dafür bestrafen. Darunter fallen alle möglichen Beschämungen. Aber auch kleinhaltende Bezeichnungen wie »Mädels«. Am schönsten ist es, wenn die Solidarität intersektional ist und sich der Begriff Frau nicht auf Menschen mit angeborenen Merkmalen wie Busen und Vulva beschränkt.

Die niederbayerische Familie ist satt und glücklich. Die Kinder schieben zufrieden ihre Teller in die Tischmitte, der Vater lässt sich schon die Karte für einen Digestif bringen, und die Frau ist noch ganz bei der eben erlebten Szene. Soll sie Lisa beneiden oder ihr das unbeschadete Davonkommen missgönnen? So was hat sie noch nie gesehen, so ein Verhalten wäre ihr nie in den Sinn gekommen. Sie weiß, wie es eigentlich geht: auf die Eskalation warten, bei jeder Drohung zucken, sich fürchten, sich genieren, sich entschuldigen, die Schläge hinnehmen, die Demütigungen, die Schuld, die Fragen, die Lügen. Anschließend vergeben und weitermachen. Dann belohnt werden mit so einem Ausflug wie dem heutigen und dann wieder warten.

Sie täuscht vor, frische Luft schnappen zu müssen, nach diesem herrlichen Essen, greift nach ihrem Mantel, geht durch die schwere Holztür und steht – davon selbst überrascht – allein auf der Straße. Die bizarre Frau ist nicht in Sicht, gleichzeitig ist doch kaum Zeit vergangen, die kann doch nicht so weit sein. Wahrscheinlich hat sie sich ein Taxi genommen und ist schon längst zu Hause. Was will ich überhaupt von der. Der ist doch sowieso nicht mehr zu helfen. Vor allem nicht von mir. Und mir kann sie auch nicht helfen. Wir kennen uns schließlich nicht. Bei mir ist das auch alles anders. Die Frau greift in ihre Tasche und betrachtet ihr Telefon. Sie würde gern jemanden anrufen und von diesem merkwürdigen Erlebnis erzählen. Wie sehr sie sich zu der fremden Frau hingezogen fühlt. Aber alle, mit denen sie regelmäßig spricht, waren dabei – sie hat ja niemanden, außer ihrer Kernfamilie. Sie dreht sich nach links, nach rechts, lauscht in den Abend hinein, sie ist nicht zu hören. Trug sie überhaupt laute Schuhe? Wie sah sie überhaupt aus? Wie lebt so eine Frau?

Da steht sie also, alles wollend, nichts tuend.

Tina gibt die Suche auf, ehe sie damit beginnen konnte.

Eine Gruppe schön gekleideter Menschen fällt aus der Tür, die Theaterbesucher, die gehen jetzt in eine Vorstellung. Zwei große Szenen an einem Abend zum Preis von einer, na, die können sich aber glücklich schätzen. Tina schickt sich an, wieder hineinzugehen, schließlich hat sie hier draußen nichts verloren, und ihr Mann weiß das auch. Es wird sich unbekannterweise gegenseitig einen schönen Abend gewünscht, saßen sie sich doch direkt gegenüber in der Blickachse. So ein öffentlicher Zusammenbruch verbindet. Die Gruppe spaziert davon, Tina sieht einen winzigen Zettel auf dem Boden liegen. Sie greift danach. Eine Terminerinnerung eines Gynäkologen, datiert auf heute. Sie steckt ihn ein und tritt ins Lokal, in dem es bereits keine Spuren der Unbekannten mehr zu finden gibt. Wie schnell die aufregenden Begegnungen vergessen gemacht werden können. Die Kinder schauen sie mit großen Augen an, als hätten sie vermutet, dass sie ihre Mutter nie wiedersehen würden. Dabei hat Tina noch nie eine Gelegenheit genutzt, um zu fliehen. Sie ist immer wieder zurückgekommen. Sie geht ja nicht mal wirklich fort, hält sich immer brav im Dunstkreis der Familie auf. Und jetzt machen sie einmal einen so schönen Ausflug, da wird sie den Teufel tun, den zu vermiesen. Nein, heute wird sie alles tun, um ihren Mann sanft zu halten.

A. schaut seine Frau prüfend an und schenkt ihr nach. »Wollt's ihr no bleiben?«, fragt er und schaut in drei gleichgültige Gesichter, »Mia ham schließlich ...«

»Was ich Ihnen noch empfehlen würde, wäre unsere Dessert-Platte für in diesem Fall vier Personen. Eine köstliche Auswahl all unserer Desserts und dazu vielleicht einen Espresso oder ein Schnapserl?« Der Kellner ist wie aus dem Nichts aufgetaucht und strahlt in jedes einzelne Gesicht, zur großen Erleichterung der Runde.

Sehr gut. Eine neue Option. A. möchte seiner Familie wahrhaft eine Freude bereiten und bestellt die empfohlene Platte. Und Espresso. Und ein Mirabelchen. Er ist zufrieden, weil sich seine Familienangehörigen so gut zu benehmen wissen. Es ist eben der Kontrast, der eine Beurteilung ausmacht.

Der Kellner schenkt den Eltern nach und bringt den Kindern ein Glas alkoholfreien Sekt. »Zur Feier des Tages.«

Tina ist gedanklich noch vollständig von der fremden Frau eingenommen und schaut mit leerem Gesichtsausdruck den glücklichen Kindern zu. Für sie lohnt sich all das. Bald sind sie erwachsen. Dann können sie ausziehen und ihr eigenes Leben führen. Dann wird es zuhause wieder ruhiger. Dann wird A. nicht so viel plärren müssen. Die Kinder werden nicht die gleichen Fehler begehen wie wir. Unsere Welt ist auch eine andere gewesen. Der glaubt bis heute nicht, dass es die seinigen sind. Schau's dir an: Die sind ihm aus dem G'sicht gschnitten. Auch die Kinderfotos beweisen es! Der Bub sah als Kleinkind und Kind aus wie sein Vater. Aber A. will das nicht sehen. Und was er nicht sieht, gibt es nicht.

A. tätschelt die Hand seiner Frau. »Prost! Auf uns!«

»Danke für den schönen Tag.«

A. will in erster Linie Recht haben. Das Recht, über jeden Zustand und Körper in der Familie zu bestimmen. Am allerliebsten bestimmt er über den Körper und Zustand seiner Frau. Und wenn die ihn hintergeht, betrügt, belügt, manipuliert, dann darf er erst recht walten und schalten, wie es ihm beliebt. Selbst ohne stichhaltige Beweise. Er hat halt Instinkt. Menschenkenntnis. Ein Naserl für Intrigen. Und ausgerechnet seine Frau ist, das weiß A., eine besonders ausgschamte Intrigantin. Heute soll die Familie glücklich sein. A. hat sie allesamt ins Auto gesteckt, ist in die Hauptstadt gefahren, hat sie zum Einkaufen geschickt und zum Essen ausgeführt.

A. nippt an seinem Espresso und greift nach der Crème brûlée.

Wie schön das knackst, die Zuckerschicht. Tina beneidet ihn um seine Selbstsicherheit und löffelt etwas von der roten Grütze. Dieser Mann ist ein einziges Spektakel. Wie zart der sein Dessert isst. So vorsichtig. Zu Fremden ist er höflich, zuvorkommend, aufmerksam – bemerkt er die Angst nicht, die er in seiner eigenen Familie auslöst? Die Kinder wissen das, wissen, wann es ungefährlich ist, wann sie sich entspannen können. Tina weiß das nicht, sie wird erst aufatmen können, wenn die Kinder beide aus dem Haus und sicher sind.

Ob sie noch ein Wasser möchte, fragt er sie.

Tina weiß, dass sie sich jetzt wirklich zusammenreißen muss. Sie legt ihre Hand auf die seinige, schaut ihm in die Augen, bedankt sich für den schönen Abend. Er strahlt. In diesen Momenten glaubt sie jedes Mal, dass er sich noch ändern kann. Dass sie ihn noch ändern kann. Sie kann ihn retten. Ihn, ihre Kinder und, an letzter Stelle auch sich selbst.

Der Kellner bringt die Rechnung in einem schwarzen Ledermäppchen. A. legt seine Kreditkarte hinein. Die Tochter strahlt ihre Eltern an.

Tina fährt heimlich mit der Hand um die Ränder des gefundenen Zettels. Sie fragt den Kellner, ob er ein Foto von ihnen machen kann. Dabei wirkt sie sehr aufgeregt, viel kindlicher, als sie eigentlich ist, Tina staunt über sich selbst. Der Kellner flötet seine Zustimmung und schießt erst ein paar Fotos von der reizenden Familie und beschließt, dann noch ein Selfie von sich selbst und ihnen zu machen.

»Fürs Erinnerungsalbum.«

»Danke.«

Die Familie steht auf und geht. Tina steckt sich beim Hinausgehen die Visitenkarte ein und blickt noch einmal in die Gaststube. Ein ganz neues Gefühl schleicht durch ihren Körper. Sie will sich nicht so recht verabschieden. Der A. schaut schon. Jetzt bloß keinen Fehler machen. Sie lächelt.

Er hält ihr sogar die Tür auf. »Geh weiter, was machst denn?«

Sie eilt zu ihm. Ihr kommt es so vor, als wäre das dicht besetzte, laute Restaurant verlassen und still.

Draußen warten die Kinder. Es ist ungewöhnlich mild, die Luft riecht frisch wie nach einem kurzen Regenschauer, als wollte sie bereits den Frühling einleiten, und verstärkt das neuartige Gefühl in ihrem Körper. Nichts, was die Kinder erzählen, kann Tina auch nur ansatzweise aufnehmen, ihr Geplapper verstreut sich in der Nacht. A. geht neben ihr und hält mit seiner linken Hand ihr Genick fest, als würde ihr sonst der Schädel runterfallen, als wäre sie ein Hündchen ohne Halsband, als wäre sie eine flüchtige Person, und manövriert seine Familie zur Tiefgarage. Mit der rechten Hand hält er sein Handy fest und liest irgendwelche Nachrichten, die Tina nicht lesen soll, und schnauft schwer. Die Kinder verstehen und halten ihre Münder. Angesichts der ihnen bevorstehenden siebzigminütigen Autofahrt, sollten sie jetzt keine übermütigen Fehler begehen.

Er zahlt den Parkschein, sie stehen im Fahrstuhl, sie laufen zum Auto, sie steigen in den schwarzen SUV mit getönten Scheiben, ein Auto, das A.s Meinung nach schön aggressiv aussieht, und verlassen mucksmäuschenstill das Parkhaus. Im Radio läuft Bayern 3 und A. nickt zur Musik. Tina schaut der Stadt beim Vorbeiziehen zu, die bekannte Sehnsucht ergreift sie.

A. hat diesen Job, A. verdient das gute Geld, A. bestimmt, wo wir leben. Wir leben auf dem Land. Dass der Austernkeller ihr Leben verändern würde, hätte sie sich auch nicht gedacht. Doch das war eindeutig höhere Gewalt. Der Zettel in der Tasche. Die Kinder dösen schon, als sich der schwarze SUV auf die Autobahn schiebt.

Tina wird die fremde Frau suchen. Sie wird die fremde Frau finden. Und gemeinsam werden sie sich retten. Das weiß die fremde Frau noch nicht, aber Tina weiß es. Gedanklich tritt die Fremde erneut vor das Restaurant. Da steht sie. Schaut böse. Tina greift nach ihr. Sie lässt sich angreifen, die Frauen fallen sich in die Arme. Beide weinen. Happy End.

Die Kinder schlafen fest. Der A. ist glückselig und summt. Tinas Körper entspannt sich. Endlich Frieden.

»Das war wirklich ein schöner Tag.«

»Ja. Wenn du dich zusammenreißt, können wir öfter solche Tage haben.«

Tina weiß, dass es nicht ihre Schuld ist. Tina fühlt sich schuldig. Hoffentlich kommen sie gut zuhause an. Manchmal fährt er absichtlich knapp an Hausmauern und Straßenschildern vorbei. Manchmal sagt er kurz vorher: »Ich bring euch jetzt alle um.« Und Tina schließt die Augen und hofft dann, dass es schnell geht und die Kinder nichts davon mitbekommen.

8. MÄRZ

Lisa sitzt in ihrem sehr karg eingerichteten Wohnzimmer und trinkt nicht nur einen Kaffee, sondern dazu einen selbst gemachten Smoothie, der seit kurzem ihr Frühstück ersetzt. Ihre Eltern haben ihr, weil sie nicht wussten, wie sie ihrer erwachsenen Tochter in so einer Situation helfen sollten, die billige Variante des Thermomix geschenkt, mit welchem sie sich nun jeden Morgen ein Getränk herstellt und sich beim Genuss davon schlagartig gesünder, vitaler und verantwortungsbewusster fühlt sowie ganz nebenbei auch noch satt. Die Eltern haben in diesem Fall wirklich alles richtig gemacht. Es hatte sich gelohnt, sich jahrelang mit den Mitarbeitern des Discounters gutzustellen, die kleinen Späßchen und Pläuschchen zwischendurch und auch das Erbringen von kleinen Aufmerksamkeiten. Die Arbeiter müssen schließlich zusammenhalten, und wenn es gar nichts mehr zu lachen gäbe, könne er sich ja gleich erschießen, predigte der Vater, wenn seine Frau ungeduldig auf ihn wartete, um endlich den Laden wieder verlassen zu können. So kommt es, dass Lisas Eltern schon einige Schnäppchen heimlich am Vorabend tätigen, bevor das Angebot am nächsten Morgen ins Sortiment geht und für lange Schlangen vor den Türen sorgt. Lisas Eltern haben schnell geschaltet, als es darum ging, dem Kind jetzt etwas Gutes zu tun. Die Frage war nur: Staubsaugerroboter oder Küchengenie? Sie entschieden sich für Letzteres, den Sauger bekäme das Kind zum nächsten Geburtstag, meine Güte, der fünfundvierzigste.

Was wird nur aus dem Mädel, fragte die Mutter still und heimlich, stellte dann jedoch selbst fest, dass diese Frage heute so nicht mehr gestellt wird. Denn Lisa, so viel weiß die Mutter, ist schon was geworden. Zum Glück ändern sich die Zeiten, schlussfolgerte sie, muss ja nicht jede so früh heiraten. Oder überhaupt. Doch der Ring an ihrem eigenen Finger gefällt ihr nach wie vor. Er reflektiert so schön im Sonnenlicht. Sie weiß ihn auch zu reinigen und nimmt ihn seit der Trauung nur dafür vom Finger. Zweimal im Jahr. Ein Leben ohne diesen Ring? Unvorstellbar. Dabei verlieren so viele Ringträger gleich den ganzen Finger, wenn sie blöd hängen bleiben.

Das Küchengerät macht einen unglaublichen Lärm. Fünfzig Sekunden auf Stufe zehn geben der Besitzerin dieses bedeutende Gefühl von Effizienz zurück. Während die Maschine das Obst, das Gemüse, die Nüsse, Eiswürfel, Kräuter, Öl usw. püriert und zu einem Getränk vermengt, kann diese sich um andere Dinge kümmern: Haushalt, Frisur, Pflege oder einfach um nichts. Aus dem Fenster schauen zum Beispiel eignet sich hervorragend als Überbrückungstätigkeit. Der Blick fällt dabei auf den verramschten Balkon der Nachbarn, die sie noch nie zu Gesicht bekam. Während bei diesem Lärm keine Unterhaltung und kaum das eigene Denken möglich ist, können das vertrocknete Gestrüpp in ungepflegten Blumenkästen, der sicher arg verdreckte, nur halb abgedeckte Mini-Grill, der verwitterte Tisch und die beiden Klappstühle, das zerbrochene Windlicht mit einer dicken Kerze darin, in der sich das Regenwasser sammelt, und vor allem der Sonnenschirm eines Energiedrink-Herstellers von dem sie noch nie gehört hatte, begutachtet werden. Oder sie lässt währenddessen eben den Kaffee durchlaufen. Die Maschine hört auf zu häckseln und zu pürieren, summt zufrieden. Lisa hebt den Deckel, betrachtet mit einer täglich stärker werdenden Verbundenheit das Ergebnis und schüttet es in ein großes Glas. Heute ist es pink, sie gab einen gefrorenen Beerenmix dazu. Deshalb ist diese Variante auch besonders kalt und erfrischend. Ein letzter Blick auf den Balkon gegenüber. Nein, bei ihr ist plötzlich das absolute Gegenteil der Fall. Der wenige Besitz lässt sich leicht in Ordnung halten. Lisa ist erfüllt, eine angenehme Genugtuung macht sich breit. Sie hat sich im Griff, weil sie ihren Besitz im Griff hat. Lisa fühlt sich mit Blick auf diesen Balkon überlegen und gesund. Jeden Morgen ist sie für einen kurzen Moment nichts anderes als besonnen und bedürfnislos. Und das ist schon Mal ein guter Anfang. Aber das weiß Lisa noch nicht.

Sie sitzt auf dem kleinen Sofa. Vor sich dieser kleine Glastisch. Beide Getränke schmecken köstlich. Kaffee und Smoothie. Hebt der Kaffee die Wirkung des Smoothies eigentlich auf? Was nun? Sie hat sich Urlaub genommen. Überstundenabbau. Die Frau muss sich erst mal selbst sortieren. Baby weg, Mann weg, Beziehung weg, Sicherheit weg. Stark, hat sich einfach so ergeben. Fast das komplette Leben auf null gestellt, am Job hält sie noch fest, obwohl sie den auch schon längst kündigen wollte, immer positiv bleiben, Chancen sehen und wahrnehmen. Aktiv sein. Nicht passiv. Passivität ist Schwäche. Schwachsein ist eine Eigenschaft, die Lisa überwunden hat. Lisa ist eine starke Frau.

Gestern Abend nahm sie das Zepter noch mal in die Hand, wollte das Ruder rumreißen. Erst schrieb sie ihm, wo eigentlich die Küchenwaage sei. Dann fragte sie ihn noch, wie sie das mit dem Internet regeln – läuft schließlich auf seinen Namen. Schließlich teilte sie ihm mit, dass es eine Wohltat ist, in die Wohnung ohne dieses angeberische Designerzeug zu schauen. Und wie gut es ihr ginge, so unabhängig und endlich allein. Zwei Stunden später prophezeite sie ihm eine elendige, einsame Zukunft. Vor allem sexuell, da wies sie mehrfach darauf hin, würde sich keine Frau auf seine Spielchen einlassen. Die Frauen sind schon weiter, stehen nicht mehr auf diese unterdrückte, unschuldige Schulmädchen-Nummer, hat sie gelesen. Sie hat sich dem ausgesetzt, weil sie ihn liebte. Wer würde ihn denn sonst lieben? Plötzlich eilte sie ins Schlafzimmer. Ha! Die Uniform hat er wohl hier vergessen. Natürlich passt sie ihr wie angegossen. Er wies sie ja auf jede scheinbare Gewichtsveränderung hin. Sie schickte ihm Fotos.

Sie wusste, dass er beim Anblick ihrer Beine in Kniestrümpfen und dem karierten Minirock sofort eine Erektion bekäme, und schickte noch ein paar von ihren Brüsten in der Bluse, dem Schleifchen im Haar usw. Sie erwartete eine Reaktion, das Foto seines Schwanzes oder etwas ähnlich Direktes. Seine Antwort kam sonst immer sofort. Es kam aber nichts. Lisa war hoffnungslos. Dann wütend. Sie griff zur Schere, zerschnitt den Rock, zerriss die Strümpfe, sendete und sendete. Dann fühlte sie sich überfordert oder allein oder traurig oder schwach und entschuldigte sich. Sie versprach, sich nicht wieder zu melden, und bettelte darum, dass er doch zurückkäme. Sie würde auch eine neue Uniform besorgen, eine noch unschuldigere und darin auf ihn warten und sich noch schöner unterdrücken lassen. In ihrer letzten Nachricht schrieb sie ihm, dass ihre Passivität ihre größte Schwäche war. Ab jetzt würde alles anders werden. Dann schlief sie ein. Und heute ist ein neuer Tag. Und Lisa ist unfassbar verkatert. Lieber gleich eine Schmerztablette nehmen, bevor der Schmerz überhandnimmt.

Wie gesund ist so ein Smoothie wirklich?, fragt sich Lisa und googelt. Zeit rumkriegen. Auch mal was aushalten können, nicht immer nur wegrennen, nein, einmal in die Gefahr hineinrennen. Das hat sie auch in einer Zeitschrift gelesen, Frauen sollen mutiger sein. Das ist natürlich metaphorisch gemeint. Frauen sollen nach wie vor nicht nachts allein nach Hause gehen, dunkle Straßen oder Ecken passieren, zu betrunken sein, zu wenig oder zu viel anhaben etc. Doch sie sollen mutiger sein, wenn sie eine Gehaltserhöhung wollen. Auf die Gefahr hin, sich vor den Chefs mal richtig zu blamieren, sollen sie, im übertragenen Sinn, einfach mal das Büro stürmen, in die Gefahr hineinrennen und fordern, was ihnen zusteht. So ungefähr. Lisa wollte sich das dann vorstellen. Wie sie da reinrennt, in die Gefahr. Es entstand jedoch einfach kein Bild dazu. Die Gefahr liegt wohl, wenn dann hinter ihr.

Seit einer Woche ist die Wohnung leer. Sie besteht nun aus großen

Flächen, aus leeren Wänden, unverstellten Böden und kaum geschmückten Fensterbrettern. Absolut im Trend. Alles richtig gemacht. Außerdem wurde ihr versichert, minimalistische Einrichtung sorge für einen klaren Kopf und klare Gedanken. Ordnung, Ruhe, Verstand, Klugheit, Erkenntnisse und Hoffnung. Less is more. Clean environment, clean mind. Klarer Geist, klare Entscheidungen. Sie atmet. Nein, besser: Sie kann wieder atmen. Es geht ja schon wieder aufwärts. Seit acht Tagen ist die Wohnung leer, und endlich kann sie wieder tief einatmen, ohne diese Blockade in der Brust zu spüren. Wieder locker werden. Denn: Wie wahrscheinlich ist ein glücklicher Ausgang für eine Frau in ihrem Alter? Wahrscheinlicher, wenn die Frau nicht auch noch verkrampft und verbittert ist!

Also: keine falschen Gedanken jetzt. Keine Panikattacken, stattdessen: Lebensbejahung! Lisa klammert sich ans Leben. Keine Angst, keine Bestürzung. Abstürzen kann sie ein anderes Mal.

Lisa hat ihre Angst im Griff, so wie sie ihren Besitz im Griff hat. Ein Schluck Kaffee. Ein Schluck Smoothie. Immer fein im Wechsel. Durchatmen. Hmmm, lecker.

Es positiv betrachten: Er hat das gut gemacht, sehr flink, sehr effektiv, innerhalb von drei Tagen war B. ausgezogen und damit komplett aus Lisas Leben verschwunden. Seither kamen noch zwei E-Mails, unterzeichnet mit herzlichen Grüßen. Ganz höflich also. Er hat ihr Platz gemacht. So muss sie es sehen. Jetzt hat sie viel mehr Platz im eigenen Leben, und ganz nebenbei hat er ihr einen Neuanfang beschert. Lisa kann einfach nicht gebären, er will aber Vater sein. Ende der Geschichte. Lieber eine Andere probieren, hatte er gesagt, ganz sachlich. Er hat schließlich nur ein Leben, hat er noch hinterher geschoben. Und Recht hat er. Das musste auch Lisa einsehen.

Er nahm ausnahmslos jedes seiner Möbelstücke, all seine Geräte, jeden seiner Gegenstände beim Auszug mit und machte selbst vor den Geschenken nicht halt. Es sollte alles ganz gerecht zugehen, hatte er gesagt, und so wie sie ihn behandelte, verdiente sie keines seiner Geschenke. Weder die billigen und erst recht nicht die teuren. Er hatte sie schließlich gefragt, ganz am Anfang der Beziehung, ob sie gesund sei – und sie hatte bejaht. Das große Blutbild hatte zudem nichts Besorgniserregendes ergeben. Was für eine Farce, diese Frau.

Ah, da meldet sich das Handy. Erinnerung. Seine Mutter hat heute Geburtstag. Lisa ist gut gelaunt, Lisa ist versöhnlich, Lisa ist eine freundliche und nette Person, Lisa ruft an, die Mutter hebt ab.

»Lisa, na, dass du heute anrufst!«

»Alles Gute zum Geburtstag! Ich dachte mir, nur weil dein Sohn und ich nicht mehr zusammen sind, muss ich ja nicht gleich deinen Geburtstag vergessen.«

»Ja, das wär mir jetzt aber schon lieber gewesen.«

»Oh, warum denn?«

»Na, also dass ausgerechnet du jetzt anrufst, ist schon frech. Der Bub ist am Boden zerstört. Der isst kaum noch. Lacht nicht mehr, ein Schatten seiner selbst. Ich muss den richtig aufpäppeln. Du hast sein Leben zerstört. Seinen Traum von einer Familie.«

»Aber das liegt doch nicht an mir, dass wir nicht mehr zusammen sind. B. hat mich verlassen.«

»Ja, freilich! In meinen Augen viel zu spät. Er hat mir ja alles erzählt: trotz Schwangerschaft ausgehen und saufen und überhaupt, schaust du ja gar nicht auf dich. Kein Wunder, dass sich kein Kind in dir halten will. Du bist völlig starrsinnig und egoistisch Lisa, ich bin enttäuscht!«

»Dass sich kein Kind in mir halten will?«

»Also, ich hätte mir ja alle zehn Finger nach so einem Mann abgeschleckt. Du hast den nicht verdient. Seine Liebe nicht, seine Aufmerksamkeit nicht und uns auch nicht. Schau, jetzt hast du mich so aufgeregt und das, obwohl ich heute Geburtstag habe. Und das mit meinem Herzen! Ich hoffe, du schämst dich. B. ist besser ohne dich dran und wir auch. Wir finden sicher zügig eine Andere, die ihm nicht nur einen Erben, sondern auch ein anständiges Leben schenken wird. So und jetzt, auf Nimmerwiederhören, bevor ich an einem Herzinfarkt sterbe!«

Das Telefon ist wieder stumm, Lisa ist es ebenfalls.

Lisa ist noch nicht fertig und wählt die Nummer erneut.

Langes Läuten, aber niemand geht ran. Sieben Jahre.

Sie ruft noch einmal an. Nummer belegt. Sie wurde blockiert.

B. war schon immer stolz auf die Kluft, die zwischen ihnen lag. Diese Kluft sollte nie überwunden werden können, immer nur fast würde sie es schaffen, beinah eine Frau werden, die ihm ebenbürtig war. Hing sein Penis leblos in der Gegend rum, konnte er ihr in vier Sprachen erklären, dass ihr Mundgeruch, ihre schlechte Figur, ihre ungeschickten Hände oder ihre fehlende Motivation der Grund dafür waren. Fehlende Motivation war sein größter Feind. Sie als faul und ranzig, vertrocknet und einfallslos zu bezeichnen, war zur Routine geworden. Lisa nahm sein Gehabe nicht ernst, verstand diese Kompromittierung als Anteilnahme und Fürsorge und deutete es um: als Zeichen der Liebe. Es war auch beruhigend, einen Mann zu haben, der klar- und weitsichtig war, der sie jeden Tag an die Grenzen ihres Horizonts und an ihre Fehler erinnerte. Denn aus Fehlern wird gelernt. Und aus Schwäche wird Stärke generiert. Und aus Anstrengung und harter Arbeit wird eben Erfolg. In seinen Augen war sie selbst schuld, dass sie ihr Milieu nie wirklich abschütteln konnte. B. ist sich zu hundert Prozent sicher, dass, egal aus welcher Familie er stammte, er wäre immer der Mann geworden, der er jetzt ist: mächtig, furchtbringend und sehr gut situiert. Wie soll ihm auch das Gegenteil bewiesen werden?

Nun sitzt sie da.

Was für ein Morgen.

Leere Bude. Spiegel einer leeren Persönlichkeit?

Alles ist möglich, alles ist offen. Die Chancen sehen, die Chancen erkennen. Das war schon immer ihre Stärke. Wie wäre sie sonst in die Chefetage gekommen? Eben.

Das Telefon vibriert.

Eine Nachricht von B.: »Halte dich von meiner Familie fern. Hast du nicht schon genug zerstört? Jetzt weint auch noch die Mama.«

Ein Schluck pürierte Früchte. Ein Schluck Kaffee.

Dann schickt er noch ein Foto. »Übrigens« steht da. Es zeigt ihn und eine junge Frau dreist in die Kameralinse lachend, Ultra High Definition. Da kann Lisa nicht anders, als ihre Augenbrauen nach oben zu ziehen und ernüchtert den Kopf zu schütteln. Ok. Game on.

Das Meeting sollte ganz unaufgeregt stattfinden. Dabei war es ihrer Chefin wichtig, dass auch Petra dabei ist. Schließlich ist eine Galerie, die ausschließlich von Frauen geführt wird, eine Besonderheit, und dann sollte der signifikante Bestandteil auch dabei sein – die andere Frau.

Seit einer Stunde sitzen sie im Besprechungsraum. Maxi, die Chefin, unterhält sich angeregt mit der eingeladenen Kuratorin, mit der eingeladenen Künstlerin, mit dem eingeladenen Assistenten und mit dem eingeladenen PR-Berater. Und Petra sitzt daneben. Stumm, still, freundlich dreinschauend. So wie sie es lange übte und perfektionierte. Aber gefragt wird sie nichts. Und zu sagen hat sie auch nichts. Petra schaut den Sprechenden in ihre Gesichter, und niemand erwidert ihren Blick. Um sie geht es nicht, ihre Meinung ist nicht gefragt. Fragwürdiger Umgang mit den Anwesenden. Doch dann bemerkt sie die leeren Karaffen und weiß, das ist der Ausweg. Für zwei, drei Minuten – wenigstens eine kurze Verschnaufpause. Petra kann antizipieren. Sich um andere kümmern, das ist ihre Aufgabe hier. Petra findet diese Aufgabe allerdings eintönig. Sie ist überqualifiziert. Petra steht abrupt auf, etwas zu abrupt, denn sie wird von den Anwesenden perplex betrachtet, doch gleich wieder ignoriert. Sie greift sich die Karaffen und geht. Erst hinter der geschlossenen Tür bemerkt sie ihre Anspannung.

Das Wasser füllt die Karaffen und Petra schneidet Orangen-, Gurken- und Zitronenscheibchen, um sie hinein zu werfen, für den extra Kick. Es ist ok, denkt sich Petra. Und schiebt sich eine Banane rein, während sie die Küche nach brauchbaren Utensilien scannt. Petra kaut und schluckt, so wie sie es auch im Berufsleben tut, leise und elegant. Dann schnappt sie sich die Karaffen und spaziert zurück in den Besprechungsraum.

»Petra, du bist ein Schatz!«, strahlt die Chefin, als das frische Wasser wie automatisch hereingetragen kommt.

Der PR-Berater klatscht in die Hände und seufzt theatral. »Diese Hitze!«, ruft er aus.

Sie stellt das Tablett ab. Alle nicken. Die Chefin wendet sich wieder den Gästen zu. Und Petra lächelt. Die Kuratorin schenkt sich und den anderen Wasser nach. Sie bemerkt die Orangenscheiben. Macht ein anerkennendes Gesicht. Petra blickt in die Runde. Auch ihre Ideen tragen Früchte. Sie setzt sich nicht. Maxi schaut schon ganz nervös. Petra schaut sich alle Beteiligten mit einer Seelenruhe an. Dann blickt sie starr in die schon zuckenden Augen der Vorgesetzten. Die wird immer so schnell nervös. Sie trinkt einen Schluck Wasser, genießt es wie in einer Werbung, stellt es ab. Lächelt wie ein Roboter.

»Ich kündige«, sagt Petra, greift nach ihrer Tasche und geht, ohne auf eine Antwort zu warten, aus dem Büro.

Der Hund springt aus dem Körbchen und eilt ihr hinterher. Die Chefin pfeift das Hündchen zurück. Alle schauen verwundert drein. Die Stille erobert den Besprechungsraum, nur Petras leiser werdende Schritte sind zu hören.

»Good for her«, sagt der PR-Berater in das stumme Gesicht der Chefin und nimmt noch einen großen Schluck vom köstlichsten Gurkenwasser, das er je trank. »Kannst du mir ihren Kontakt geben? Ich hätte da ein Angebot.«

Von Petra ist nichts mehr zu hören. Maxi, die Chefin, brodelt und muss wie wild mit ihren Augen zwinkern. Sie krallt sich an den Stuhllehnen fest. Grazia schaut den traurigsten Hundeblick. Aber um die beiden geht es hier nicht.

Barbara hat gerade erst die Leine vom Haken genommen, als Gloria auch schon angelaufen kommt. Ihre Pfötchen trippeln über den Holzboden, und Barbara muss sich nur bücken und die Leine am praktischen Hundegeschirr einhaken. Manchmal stützt Gloria ihre Pfoten dabei auf Barbaras Knie ab und macht Männchen, damit es einfacher geht. Hündchen und Frauchen sind eine herrliche Symbiose eingegangen und kaum noch voneinander zu trennen, da bräuchte es auch keine Leine mehr. Anleinen ist dennoch Pflicht, und Barbara ist pflichtbewusst und zeigt das gern, auch falls der D. noch zuschaut. Der war schließlich recht gesetzestreu. Faul, aber Vorschriften befolgend, daran gabs nichts zu meckern. Die Barbara reißt sich noch oft für ihren beobachtenden Mann zusammen, der die reinste Meckerliese war. So hat ihn selbstverständlich niemand genannt, war ja keine Frau. Wenn es nach ihr gegangen wäre, wären einige Dinge ganz anders gelaufen. Aber so war es halt nicht. Jetzt kann sie sich ja nicht mehr auflehnen, wo doch die Kontrollinstanz fehlt. Ein Blick in den Spiegel. Frisur sitzt, Zähne sind sauber, Schuhe sind sauber, ein Blick aus dem Fenster neben der Tür, kein Regen, also kein Regenschirm. Ein Blick auf den Hund, auch Gloria scheint bereit. Auf geht's.

Nachdem die tierärztliche Untersuchung ergeben hat, dass der weiße Spitz ein Weibchen ist, wurden noch mehr pinke Hundeartikel in den Bungalow geschafft. Pink und Strass, so scheint es, sind Barbaras neues Ding. Die Sache hat sich verselbstständigt. Entweder hat sich Barbaras Geschmack grundlegend geändert, oder dieses Verlangen schlummerte längst in ihr. Beinah automatisch hatte sie im Geschäft erst zur pinken Uhr, im nächsten zu den goldenen Ohrringen mit rosa Mineralien, dann zu einer pinken Mütze und letztendlich zur pinken Trainingsjacke gegriffen und sah sich schon mit der Heißklebepistole die Swarovski-Steinchen darauf befestigen, die sie so günstig im Fernsehen bestellte. Zunächst fiel ihr allerdingst kein Motiv ein, später erschien ihr der Aufwand zu groß und das ganze Unterfangen sowieso lächerlich. Außerdem war die richtige Größe nicht vorhanden. So ein Pech. Sie fuhr nach Hause und dachte über nichts anderes als über einen möglichen Partnerlook für sie und Gloria nach. Ihr Haar würde sie nicht ungefärbt tragen. Weiß, das steht vielleicht dem Hund, aber doch keiner Frau wie Barbara.

Zuhause quälte Barbara sich nicht länger und gab ihrem Impuls nach. Zu oft hatte sie schon verzichtet. Barbara aktivierte ihr neues iPad.

»Wie schaut denn des aus!«, hörte sie den D. entrüstet.

»Gut schaut das aus«, entgegnete sie ihm. Dann wartete sie noch einen Moment und tat, was sie sich zu Lebzeiten kaum traute: Sie ignorierte sein Genörgel und legte die heiß ersehnte Ware in den digitalen Einkaufskorb. Das Kombi-Set war sogar billiger als die Jacke im Laden. Wie oft sie wohl schon in ihrem Leben so über den Tisch gezogen worden ist, überschlug Barbara beim Eintragen der Kontodaten, zum Glück gibt es jetzt das Internet, wo sich die wirklichen Schnäppchen machen lassen und sie nicht mehr so leicht beschissen wird. Das Paket kam an, die Ware überzeugte. Sich etwas liefern lassen ist ungemein praktisch, findet Barbara. Sie wird nicht mehr einkaufen gehen. Und wird seither sogar die Lebensmittelbestellung ganz praktisch online vollziehen.

Da reißt sie also schwungvoll die Tür auf, in ihrer Trainingsjacke, die im exakt gleichen Farbton des Hundegeschirrs und der Leine gehalten ist – alles noch ohne Swarovski-Verzierung – und hebt prompt das Hündchen hoch.

»Jessas!«, schießt es aus ihr heraus, »schaut nach Unwetter aus.«

Draußen tobt nicht nur der Wind, sondern auch D.: »Du blamierst dich, Babsi. Wie so eine Unterschichtlerin kommst du daher! Wenn dich jetzt jemand vom Verein sieht, wär das unzumutbar! Geh sofort rein und zieh dich um. Du hast so schöne Mäntel! Ich habe dir so schöne Mäntel gekauft. Eine Frau in deinem Alter! Von deinem Stand. Lächerlich!«

Es donnert im Himmel und in Barbara. Mit einer Handbewegung streich sie nicht nur ihr Haar aus dem Gesicht, sondern auch den D. aus ihrem Bewusstsein. So eine Nervensäge, was ist mit dem? Die Witwe verdreht die Augen und kichert. Als hätte der mir noch was zu sagen. Sie hört lieber den ächzenden Ästen und dem tosenden Rauschen zu, als sich noch länger von ihrem verstorbenen Mann anpöbeln zu lassen. So ein Sturm tut auch mal gut, denkt sie sich und schaut nach oben. Die Wolken ziehen schnell über den Himmel. Nehmt den Mann doch endlich mit!

Zum Glück ist Barbaras Trainingsjacke ein Allroundtalent, ein atmungsaktiver, wasserabweisender Windbreaker mit praktischen Taschen und einer versteckten Kapuze. Sie fühlt sich dem D. überlegen. Hatte er doch gerne gepredigt, es käme auf die Funktionen an, nicht auf das Aussehen, und so eine funktionale Jacke hatte sie noch nie besessen.

Der hat doch so eine überfunktionale Jacke für Frauen selbst noch nie gesehen. Immer so geizig auf das alte Zeug bedacht.

Barbara und Gloria eilen die Treppen hinunter, den gepflasterten Weg zum Auto, das immer vor der Garage steht, obwohl die Garage leer ist. Spaziergang ist abgesagt. Planänderung. Ein bisschen Spontanität muss sein. Gloria wird auf den Rücksitz verfrachtet, Barbara eilt um das Auto herum, setzt sich hinter das Lenkrad und manövriert umgehend das Auto auf die Straße, als dürfe sie keine Zeit verlieren.

Vor Glorias Erscheinen und nach D.s Tod saß Barbara oftmals mehrere Minuten oder Stunden still im Auto und schaute stumm aufs Garagentor, auf die Hecken, das Haus. Es schien ihr völlig gleich, ob sie im Haus, im Auto, im Garten oder sonst wo auf der Welt war, sie war immer allein. Warum überhaupt wohin wollen oder wo sein?, dachte sie sich in jenen, mittlerweile vergessenen Momenten. D. ist hinüber und mit ihm die Ehe. Erst wenn die Lust auf eine Zigarette oder der Hunger zu groß waren, stieg sie aus und ging nach Haus, ins einst eheliche Heim, das wie ein ödes Erinnerungsalbum daherkam.

Schwamm drüber! Seit knapp einem Monat muss sie sich nicht mehr mit solchen Sentimentalitäten aufhalten. Jetzt passiert wieder was. Barbara startet den Motor, das Radio und fährt durch das süße, pittoreske Oberland. Eigentlich haben sie es gar nicht so eilig, aber wenn der Wind schon so geht, dann legt eben auch die Barbara einen Zahn zu und fährt etwas schneller als erlaubt aus dem einen Dorf ins nächste, die Emma besuchen. Wie ärgerlich, dass sie nicht direkt nebeneinander wohnen. »Ras nicht so, du machst des Auto noch kaputt! Wer soll denn die Reparatur bezahlen?«, mahnt D. Barbara dreht jedoch einfach das Radio lauter. Immer war dir dein Auto wichtiger als ich.

»Für dieses musste ich ja auch bis zum Schluss arbeiten. Du hast mir ja schon gehört!«, ruft der D. wütend.

Barbara steigt aufs Eisen. Ja, sag einmal! Und saust nur so über die Landstraßen.

Emma reißt die Haustür auf, just in dem Moment, in dem Barbara vor ihrem Haus parkt und den Motor abdreht. Gloria kennt dieses Manöver schon und hüpft umgehend vom Sitz, bereit, in die Freiheit entlassen zu werden. Sie ist kein Hund, der besonders gerne Auto fährt, ebenso keiner, der es für die anwesenden Personen unerträglich werden lässt. Sie hält die Pfoten zusammen und vergräbt die feuchte Hundeschnauze in sich selbst oder in ihrer Decke. Manchmal, an besonders guten Tagen, streckt sie sogar die Schnauze dem Fahrtwind entgegen. Aber das kommt nur sehr selten vor. Wenn sie ankommen, bekommt sie die verdiente Liebkosung. Und ein Leckerli. Ein unausgesprochener Deal, der eingehalten wird. Barbara hat ihre Autositze mit Schafsfell und mit Massagesitzauflagen aus Holzkugeln ausgestattet, weshalb Emma gern bei ihr mitfährt. Emmas Mann hält so ein Dekor für eine Beleidigung des Autoherstellers. Da ist doch der SUV kein Rennwagen mehr. Emma und Barbara aber genießen es, immer bevor sie aussteigen, reiben sie noch einmal ihren Rücken an den Kugeln. Barbara will entspannt ankommen. Nicht gehetzt. Für Hetzerei hat sie keine Zeit mehr. Jetzt bellt Gloria ungeduldig. Und Emma kommt schon dahergelaufen, kennt sie doch den Klang von Barbaras Auto und freut sich über so eine nette Überraschung. »Jaaa, was ist denn da für ein hoher Besuch!«, schreit sie.

»Naaa, wir sind's!«, ruft Barbara.

Emma reißt die Autotür auf, um Gloria herauszulassen, und küsst Barbara einmal auf die linke und einmal auf die rechte Wange.

Erst einmal hatte Barbara einen Unfall, der war dafür besonders fatal. Weil Emma plötzlich Föhnkopfschmerzen bekam, musste Barbara gereizt und ohne Emma abbrausen, und ehe sie sich überhaupt richtig über ihre Freundin aufregen konnte, die sich tatsächlich weigerte, mit zum Einkaufen zu fahren, und ihr stattdessen eine Einkaufsliste mitgegeben hatte, rammte sie auch schon ein SUV. Die Beifahrerseite war eingedrückt, Totalschaden, das hätte eine Todesfolge haben können, mindestens Querschnittslähmung. Und das auch noch mit D.s Lieblingsauto. Barbara war wunderbarerweise überhaupt nichts geschehen. Sie griff nach ihrer Handtasche, stieg aus dem Auto, betrachtete die einst so robust wirkende, nun gequetschte Kiste, war mit einem Schlag nicht mehr enttäuscht, sondern überzeugt, dass Emma mehr als nur einen Schutzengel und ganz eventuell sogar in die Zukunft sehende Kräfte habe.

Der Unfallverursacher war ebenfalls erleichtert und stand kreidebleich neben ihr und stammelte monoton vor sich hin. Ihr Schädel knallte zwar fast gegen das Lenkrad, aber nicht einmal eine Platzwunde war zu sehen, danke, Airbag. Der Mann im SUV war nicht nur aus dem Nichts gekommen und stoisch in sie hineingefahren, er saß werktags auch im Gemeinderat. Und so kam Barbara nicht nur sehr schnell zu diesem wirklich feschen Cabriolet, sondern auch zu einer Sondergenehmigung für den Pool. Da ist die Sache noch mal gut ausgegangen, quasi Win-Win. Auf die Gemeindegeschenke zu jedem Geburtstag und Weihnachten können Barbara und Emma jedoch verzichten, die sie mittlerweile unausgepackt in der Speisekammer sammeln und alle Jahre wieder für arme Familien im Ausland spenden. Dabei haben sie noch kein einziges Mal darüber nachgedacht, wie es ist, in einem extrem weit entfernten Land ein Getränk aus einer Tasse mit dem hiesigen Gemeindelogo, Bürgermeisterfoto oder einem sich auf Bairisch reimenden Wahlspruch zu trinken. Ausrangieren und dabei Gutes tun, das ist die Devise. Und wer arm ist, freut sich doch über alles Geschenkte. Nicht wahr?

»Eine Tasse ist eine Tasse«, hat Emmas Mann E. dazu gesagt und absichtlich zum Ärger seiner stilbewussten Frau stets aus der allerhässlichsten seinen Kaffee getrunken, ehe sie auch diese in den Karton gepackt und im Supermarkt für die Spendenbox abgegeben hat.

E. hat dabei nur den Kopf geschüttelt. »Wenn dir eine von den guten Tassen kaputtgeht, kaufen wir keine neue, das sag ich dir gleich!«

Emma zuckte mit den Achseln. Als würd dem so was auffallen, dachte sie sich und mistete gleich noch seine Hemden aus, zum Trotz.

Die Verzehrgutscheine für die Restaurants im Landkreis nehmen Barbara und Emma hingegen gerne auch weiterhin an, haben sie hier doch wirklich eine erstklassige Kochkultur. Traditionell gehen die beiden Frauen einmal im Monat miteinander die Rabattgutscheine einlösen. Beide würden von sich behaupten, auf der Sonnenseite des Lebens zu stehen. Vor allem jetzt, wo der Niederschlag weit unter dem eigentlichen Niveau bleibt.

»Genug hier draußen herumgestanden!«, ruft Emma, »Hinein in die gute Stube!«

»Jawoll, Chef!«, ruft die Barbara, »Bevor's noch runterkommt.«

»Regnen wird's heute nicht mehr. Das verzieht sich schon. Schau rauf!«

»Na, sowas.«

»Unberechenbar, dieses Wetter. Kündigt sich immer an und kommt dann nicht.«

»Na, da kenn ich so einige, die so drauf sind.«

»Da hast jetzt auch wieder recht. Trotzdem, hinein mit uns.«

Gloria rennt von einer zur anderen, bis endlich die Haustür geöffnet und hinter ihnen geschlossen wird. Immer schön die Gruppe zusammenhalten.

»Apropos Chef, ist deiner daheim?«

»Nein, der ist auf dem Tennisplatz.«

»Bei dem Wetter?«

»Ja, im Vereinsheim, neue Satzung besprechen.«

»Umso besser!«

»Kaffee?«

»Ja, sicher!«

»Krapfen?«

»Ja, freilich!«

»Wasser?«

»Für den Hund schon! Haha!«

Es herrscht sofort eine vergnügliche Stimmung. Die Frauen sind ein eingespieltes Team. Barbara stellt das Tablett auf den Tisch, Emma schaltet die Kaffeemaschine ein, Barbara holt die Sahne aus dem Vorratsschränkchen, Emma mahlt die Kaffeebohnen, und während die Kaffeemaschine vorheizt und Emma die Teller auf dem schlichten Holztablett abstellt, gibt Barbara ein Zeichen, und Frauchen und Hündchen schlendern durch Küche und Wohnzimmer, setzen sich auf Sofa und Sessel im Wintergarten und schauen in Emmas großen Garten, um zu warten.

Die ersten Blumen sind längst aus der Erde geschlüpft und beendeten damit die Sehnsucht nach den wärmeren Zeiten. Jetzt gibt's nurmehr Vorfreude. Und lieblichen Vogelgesang, der Wind ist nicht mehr stark. Auf dem lindgrünen Polster macht sich der weiße Spitz gut, und Emma wird später davon mit Sicherheit ein Foto machen. Barbaras Beine wippen nicht mehr nervös, obwohl sie diese übereinandergeschlagen hat, ihre Augen kneifen nicht mehr, die Hände klammern sich nicht mehr an Möbelstücken und Gegenständen fest – sie scheint sich gänzlich beruhigt zu haben. Der nervöse Zustand scheint überstanden. Das Risiko, wegen eines toten Mannes verrückt zu werden, scheint nicht nur maßlos übertrieben, sondern auch vorüber. Endlich ist sie wieder beieinander.

Ihre Hand gruscht in der Tasche, angelt die Packung Vogue heraus. Sie steckt sich eine an, wedelt das Streichholz hin und her. Ihre Fingernägel tragen den gleichen Farbton wie ihre Zigaretten, Flieder. Gloria horcht auf, vermutet ein Leckerli, geht aber leer aus und schmatzt einmal laut. Sie seufzt ein Hundeseufzen. Frauchen weiß, dass das ein manipulativer Trick ist, gerade hat sie jedoch eh nicht hingehört. Dass Barbara in Emmas Wintergarten raucht, ist nichts Außergewöhnliches. Nur im Auto mag sie nicht rauchen, wegen dem dadurch so drastisch sinkenden Wiederverkaufswert. Seit D.s Tod raucht sie auch im Schlafzimmer. Schließlich – wie sollte das sonst gehen – verließ sie die ersten Wochen nach der Beerdigung kaum diesen Raum und noch weniger das einstige Ehebett. Und war das Verbot einmal gebrochen, brauchte es auch in Zukunft nicht weiter eingehalten werden. Für wen auch?

Barbara fürchtete sich gern aus Langeweile. Wovor sie wirklich Angst hat, ist nicht Brutalität, sondern der brutale Tod. Dass sie im Schlaf durch eine Zigarette verbrennen könnte, scheint ihr eine der qualvollsten, doch möglichen Todesursachen. Daher schmeckt es ihr nachts im Bett nicht so gut wie jetzt am helllichten Tag in Emmas Wintergarten. Ihre Bewegungen vollzieht sie automatisch. Wie eine gut geölte Maschine, veraltet, aber verlässlich effizient. Routine eben.

Mit stumpfem Blick schaut sie durch die dreckige Vollverglasung in einen Garten, der schon in wenigen Wochen der Stolz ihrer Freundin sein wird, aber jetzt noch sich selbst überlassen ist zur natürlichen Regeneration. Sie sieht nicht die Vögel, die balzen, nicht den Matsch, nicht die schlappen Büsche, die der Wind beugt, und nicht die alten Obstbäume, die gestützt werden müssen, und ebenso wenig die vor sich hin modernde Gartenmöbelgarnitur und die unsägliche Freiluftdusche, unter der E. jeden Morgen im Sommer nackt steht und sich abbraust, völlig desinteressiert daran, wer ihn dabei beobachtet. Sie sieht weder den Ramsch noch das Potenzial. Das eingeschlagene Fenster im Gewächshaus genauso wenig wie die vom Efeu umrankte Treppe zum Kellerraum mit all jenen Apparaten und Werkzeugen, die es braucht, um so einen großen Garten bewirtschaften zu können. Groß und schön. Das finden auch die Nachbarn.

»Viel zu viel Aufwand für so alte Leute«, sagen die Nachbarn, »ein viel zu großes Haus und ein viel zu großes Grundstück für euch zwei.« Sie schlugen einen Häusertausch vor.

E. hat sie ausgelacht. »Die sind selbst schuld, wenn sie fünf Kinder kriegen. Das müssen die sich schon vorher überlegen.«

»Gut«, sagte dann Emma, »dass dann Drillinge kommen, wussten die vorher auch nicht.«

E. zuckte mit den Achseln. Dieses Haus hat er gebaut, und er wird in diesem Haus auch sterben. Und was dann passiert, ist ihm relativ gleich. So lange er lebt, ziehen weder die und auch sonst niemand hier ein, betonte er stets. »Und ich werde noch lange leben!«, rief er immer wieder Emma hinterher, die schon längst mit etwas anderem beschäftigt war.

Barbara, die Hülle, sitzt gerade auf dem Sofa, raucht stoisch eine Zigarette nach der Nächsten und verliert sich in sich selbst.

Emma checkt dieweil schnell, während die Kaffeemaschine letzte Röcheltöne von sich gibt, ihre E-Mails. Die beste Freundin muss sich immer um die beste Freundin kümmern, allerdings nicht wie bei einem Gast in jeder Minute. Wir kennen uns ja.

Die neben Barbara drapierten Palmen, die Orangen- und Zitronenbäume, die Orchideen interessieren sie nicht, ebenso wenig die neuen Vorhänge. Selbst der blühende Oleander löst nichts in ihr aus. Blühend im März, was soll das denn, das ist außergewöhnlich und wirklich unpassend. Nichts von all dem kommt bei ihr an. Das hier ist Emmas Inszenierung. Ein gemütlicher Nachmittag zweier Rentnerinnen, die sich ihr Leben lang kennen und für immer zusammenbleiben werden, bis die Erste stirbt.

Der melancholische Gesichtsausdruck steht ihr, stand ihr während D. lebte aber nicht zu. Er mochte keine traurigen Frauen. Wer mag schon traurige Frauen? War sie traurig, verheimlichte sie es.

Emma hält es genauso. Die hat allerdings wirklich keinen Grund, traurig zu sein.

Seit Barbara Witwe ist, darf sie ausgiebig Trauer tragen. Nein, es wird von ihr sogar verlangt. Schwermütigkeit und offensichtliche Qual gehören zu so einem Witwenleben wie die Zitrone zum Schnitzel. Schon wieder Win-Win. Endlich ein Gesicht ziehen dürfen. Ein hässliches, aufgebrachtes. Ein ehrliches.

Barbaras Trainingsjacke raschelt bei jeder Bewegung, ein Geräusch, das sie nicht mehr hört und Gloria nicht stört. Ein Geräusch, das sie von D. kennt, der gern beim Frühschoppen solche Jacken trug oder im Biergarten am Flugplatz. Jetzt gehört das Rascheln ihr, so wie ihr die pinke Trainingsjacke gehört, so wie ihr der weiße Spitz gehört, das Haus, das Auto, der Pool, die Aktien, der Rest von ihrem Leben.

Barbara verbrennt sich leicht an ihrem Finger und erschrickt. So schnell kann's also gehen. Der Moment, der sich zog, als hinge davon ihre Zukunft ab, als würde etwas Wichtiges entschieden werden, endete abrupt. Und brachte nichts Neues. Er verging einfach. Das hier ist schließlich kein Film.

Barbara fegt sich die Asche von der Hose.

»Na, jetzt reiß dich aber zusammen. Du bist hier zu Gast«, schimpft D.

Als würde sie nicht selbst wissen, wo sie wohnt.

Als wäre das Leben wieder in sie gefahren, dreht sie sich zur Tür und strahlt ihr typisches Lachen, da betritt Emma mit einem Tablett den Wintergarten, mit Köstlichkeiten, mit all dem Fett und Zucker und Koffein, wofür es sich zu Leben lohnt, was glücklich macht, was zu so einem freundlichen Nachmittagstreff dazu gehört. Sie schlägt die Hände zusammen und jubelt. Nach außen hin hat sich Barbara schon wunderbar unter Kontrolle.

Emma hat längst ihren besorgten Blick abgelegt und freut sich insgeheim, dass so ein Tierchen erreichen konnte, was ihr versagt blieb. Barbara ist wieder ganz die Alte, mit einem Touch rosarot zu viel, nun ja, das kann sie verkraften. Hauptsache es gibt kein Drama mehr. Sie stellt das Tablett ab. Die Kaffeetassen werden drapiert.

Barbara freut sich, dass ihre Freundin sie nicht mehr so mitleidig anschaut und permanent vor sich hinplappert, um sie abzulenken. Der Kaffee duftet, erfüllt den Raum. Emma ist zufrieden und legt jeweils einen Krapfen auf die kleinen eckigen Teller des Villeroy-&-Boch-Geschirrsets, New Wave Weiß. Der »besondere Wellenschwung«, mit dem das Geschirr angeboten wurde, überzeugte Emma, schließlich wohnen sie nah am Starnberger See, und der hat naturgemäß Wellen und ist erheblich für die Attraktivität dieser Gegend verantwortlich, und so fühlen sich einige Bewohner dieses Landstrichs dem See nicht minder verpflichtet. Wer von hier kommt, so wissen Emma und Barbara, kann zurecht stolz auf diese schmucke Gegend sein, die nicht umsonst Ausflügler, Heilsuchende, ferne Prinzen und Könige und nicht zuletzt ihre Vorfahren anlockte – nur waren die eben schlau genug, hier gleich sesshaft zu werden. Heute kann sich das ja niemand mehr leisten. Ein Hoch auf die Erbschaft.

»Sodala, bittschön.«

»Herrlich!«

»Kaffeesahne ist hier, Zucker, ach, du weißt es eh.«

»Na, freilich. Fremd ist was anderes.«

»Eine Schüssel für die Gloriaaa. Feines Hundi. Und ein Leckerli.«

»Du verwöhnst sie schon wieder!«

»Ja, die muss auch verwöhnt werden.«

»Kein Wunder, dass sie so fett wird.«

»Bitte, die is doch nicht fett.«

»Kannst dich no an den Kater erinnern? Bei dem war's genauso.«

»Der E. hat erzählt, dass die am Grab vom D. einen neuen Kranz hingehängt haben, vom Stammtisch.«

»Ja, hab ich scho gesehn. Nett, wirklich nett.«

»Er geht ihnen ja so ab.«

»Ja.«

»Ja, wem sag ich das. Zum Glück hast du jetzt die Gloria.«

»Ja.«

»Kommst mit auf den Ausflug?«

»Wo geht's hin?«

»Du, ganz klassisch: nach Tschechien. Einkaufen.«

»Klingt super.«

»Find ich auch.«

»Haben's da auch meine Vogue?«

»Na, das weiß ich nicht.«

»Wir werden's herausfinden.«

»Ja, freilich.«

»Aber was is mit dem Hund?«

»Na, den nehm ich mit!«

»In der Handtasche?«

»Na, doch nicht in der Handtasche. Ich hab extra so eine Hundetasche.«

»Ach ja, da schau her.«

»Köstlicher Krapfen. Wo hast'n den her?«

»Du, war im Angebot, beim Bäcker an der Schnellstraß, fünf für drei.«

»Ah ja, a Spitzenangebot. Wann is der Ausflug?«

»Nächste Woche Freitag.«

»Na, dann ruf ma gleich an, oder?«

»Ja, nach'm Essen. Ich wollt eh no fragen, was der Spaß genau kostet.«

»Ja. Stimmt.«

»Nicht, dass sie uns dann wieder den ganzen Tag herumkutschieren, aber nicht gescheit schauen lassen und dann ordentlich abkassieren, für nix und wieder nix!«

»Ja.«

»Ja.«

»Naaa, jetzt bin ich voller Marmelad.«

»Du, ich hol dir was aus der Küch.«

»Nein, passt schon! Gloria, komm her, schleck des ab.«

Was für ein schöner Moment. Da sitzt der weiße Spitz auf dem Schoß seiner Besitzerin und schleckt mit der Zunge über den Marmeladenfleck, ja, knabbert regelrecht an der Jacke, so köstlich ist der süße Aufstrich. Emma macht Fotos davon, die sie gleich ihrer Tochter schickt, und Barbara freut sich, dass der Hund so außerordentlich praktisch ist. Die Frauen lachen, der Hund ist zufrieden, von draußen scheint die Sonne herein. Die Hände greifen die geschwungenen Henkel, und der Kaffee ist gleich ausgetrunken. Dann bleibt eigentlich nicht mehr so viel zu tun. Gemeinsam schweigen können – ein Resultat ihrer langen Freundschaft.

Gloria schläft seelenruhig auf dem Sofa neben Emma, und Barbara greift nach der Fernbedienung, sie dreht den Fernseher auf. Es kommt ein Reisebericht. Sie nicken sich zu. Sich in ferne Länder, ferne Leben träumen hat sie schon als Kinder vereint. Schmerzlich ist die Erinnerung an Zeiten, in denen sie glaubten, etwas anderes werden zu können als das, was sie sind. Und im nächsten Atemzug sind sie erleichtert, dass sie einigermaßen glimpflich davongekommen sind. Draußen schlug einmal ein Blitz in den ganz alten Birnbaum ein und spaltete ihn. Da krachte der Baum auf E.s Bruder. Auf der Stelle tot. So was passiert, im eigenen Garten. An dem Tag saßen Barbara und Emma an der gleichen Stelle und betrachteten das Schauspiel wie jetzt den Fernseher. Interessiert und handlungsunfähig.

Barbara verschluckt sich. Sie kriegt keine Luft mehr und wedelt aufgeregt mit den Armen. Emma steht auf und schlägt ihr unbeholfen auf den Rücken. Barbara krächzt und würgt, Gloria bellt, und Emma haut ihr so fest hinten drauf, dass das Stückchen Krapfen aus dem Mund in den Farn schießt. Barbara ist sich sicher, dass das eine Warnung ist. D. ist noch nicht verschwunden. Hat sich noch nicht aufgelöst. Barbara schließt die Augen, macht ein Kreuzzeichen und bittet ihn inständig, sich nicht so aufzuführen. Endlich Ruhe zu geben.

Emma, den Schock schneller überwunden, klopft ihr auf die Schultern und lacht.

»Seit wann bist du denn so schreckhaft? Und so katholisch?«

Barbara noch hustend und mit den Tränen kämpfend: »Hast du manchmal das Gefühl, die Toten machen sich bemerkbar?«

Emma überlegt. »Denkst du, der D. ist in deinen Krapfen gefahren? Weil er selbst am Zucker gestorben ist und dir jetzt keinen mehr gönnt, oder wie?«

Barbara fühlt sich ertappt und winkt ab. Jetzt schnell einen Scherz drauflegen oder auffliegen. »Haha, ja. Ich glaube, er ist empört. Entrüstet. Diabetiker eben.«

»Warum? Weil er auch gelesen hat, dass Zucker Falten verursacht?«

»Weil ich so glücklich ohne ihn bin. Da hat er sich gedacht, der jage ich jetzt einen Schreck ein.«

Emma schaut amüsiert und lacht laut. »Müssen wir ihn austreiben.«

»Ja. Besser ist es.«

»Du, Barbara, selbst wenn er noch irgendwie da ist. Ich glaube, der freut sich.«

Emma tätschelt Barbaras Knie, Gloria legt ihr Köpfchen auf das andere.

»Noch ein Schlückchen?«

Barbara nickt.

Erst schenkt sie ihr nach, und dann dreht Emma den Fernseher lauter. »Schau!«, sagt sie »Heute mal wieder Karibik.«

Und Barbara wendet sich dem Sprecher zu, der von Traumstränden und Traumaussichten schwärmt, von Speisen und Erfahrungen, die ihr verwehrt geblieben sind. »Wir alte Schachteln kommen da auch nicht mehr hin.«

»Wer weiß?«

»Das ist was für junge Leute.«

Jolies Handy vibriert unbemerkt. Denn als sie das Foto von der Marmelade schleckenden Gloria bekommt, marschiert sie in einem Pulk anderer Menschen, mehrheitlich Frauen, durch die Innenstadt und ist wütend, gleichzeitig euphorisiert und glücklich. Es wird demonstriert wie jedes Jahr. Internationaler Frauenkampftag. Die gleichen Schilder, die gleichen Slogans. Jolie geht in einer Gruppe, deren Mitglieder als einheitliches Erkennungsmerkmal rosa tragen.

Vor ihnen haben Millionen Frauen für die Gleichberechtigung gekämpft, sie kämpfen für die Gleichberechtigung. Es geht weiter, es muss weitergehen. Schade. Die Spitze des Eisbergs. Der Eisberg schmilzt, das Leid nicht. Nicht so ganz. Mit viel Ruhe und mit viel Erhabenheit müssen die kleinen Erfolge geachtet werden, sonst hält das keine durch. Der Blick stets gerichtet auf die winzigen Details. Die sind auch was wert.

Missverstehende Männer stehen am Rand und sind beleidigt, weil sie anerkannt werden wollen von den wütenden Frauen. Sie fordern Aufmerksamkeit von genau den Frauen, die in den Augen der gekränkten Männer völlig absurde Dinge verlangen und zudem fiese Lügen verbreiten. Die sollten sich schämen, finden die Männer. »Es gibt keine Diskriminierung in diesem Land«, rufen die Männer. In Wahrheit herrschen die Frauen, sagen die Männer, schließlich müssen die Männer immer für die Rendezvous bezahlen, und dann sollen sie auch noch die Türen aufhalten. Aber sie wollen keine Türen mehr aufhalten, kreischen die Männer jetzt und geraten völlig außer Atem. »Frauen bezeichnen sich als ›Feministin‹, um sich dann scheiße zu verhalten«, sagt einer der Männer. »Als Ausrede!«, ruft einer daneben. Sie nicken. Wie gemein.

Die fehlplatzierten Kerle halten Schilder in den Händen. Dass die sich diese Mühe gemacht haben, wundert die vorbeigehenden Frauen. Die sind sich wirklich für nichts zu schade. Eine Schande, dass die dastehen und aktiv ignoriert werden müssen. Die Presse filmt und fragt nach ihrem Befinden. Die Männer haben ganz rote Köpfe vor Empörung. Die Reporterin lacht. Die Männer schauen konsterniert. Lustig sind die, bis sie gefährlich werden. Gekränkte Männer sind Zeitbomben. Bombastisch ist die Stimmung im Demonstrationszug. Denn es geht um was. Haushalten ist eine weibliche Tugend. Jolie und ihre Freundinnen sind offensichtlich verschwendungssüchtig, wie sie ihre Energie, ihr Wissen, ihre Stärke investieren und so wenig zurückbekommen. Die beleidigten Männer beleidigen lautstark. Die Frauen sind es gewöhnt. Sie weichen ihnen aus. Das sind die weichen Bewegungen furchtloser und furioser Frauen. Von Frauen, die wissen, wie es ist, Angst zu haben und diese geschickt zu verbergen. Eine mühelos erscheinende Choreographie. Hartes Training oder gute Instinkte. Oder ist es viel banaler?

Aufgeheizt von der Stimmung ruft Jolie F. an, den sie vor ein paar Nächten kennengelernt hat.

»Hey.«

»Hi.«

»Was machst du?«

»Nichts, du?«

»Demo.«

»Cool.«

»Ja.«

»Willst du vorbeikommen?«

»Deshalb ruf ich an.«

»Haha. Bis gleich.«

»Ciao.«

Laura kann ihr Glück kaum fassen. Nicht nur ist ihr Ring, wie ihre intensive Recherche ergab, recht teuer gewesen, sondern auch wertvoll. C. hat sich nicht lumpen lassen, und sie weiß ihn dafür zu belohnen. Eine Beziehung besteht aus Geben und Nehmen. Laura gibt gern. Heute will sie sich ihm hingeben, in einer ganz neuen Art und Weise, in einer schwarzen Korsage, die sie mit der zugehörigen Augenbinde und plüschigen Handschellen bestellte – zugestellt in einer unauffälligen Verpackung, schon das wirkt aufregend.

Heute Morgen kam das Paket an, einfach so, als sie vom Joggen zurückkam, lag es da, bei der Nachbarin. Und hat diesen Tag als einen besonderen markiert. Die Nachbarin hat nichts gemerkt. Wie auch? Aber Laura wusste sofort, was heute passieren wird. Vorfreude ist die schönste Freude. Wer wagt, gewinnt!

Freudestrahlend ist sie gleich noch mal losgerannt, hat diese knallroten, duftenden Erdbeeren gekauft, weil die so verführerisch in der Auslage lagen. Wo die jetzt herkommen, so früh im Jahr, will sie nicht wissen, und Bio sind die mit Sicherheit nicht, doch es muss sich auch mal was gegönnt werden. Sonst macht das Leben gar keinen Spaß.

Wie sehr ihr das Leben gerade Spaß macht, weiß auch das ganze Kleinstadtidyll. So eine Vermählung spricht sich selbstredend herum, vor allem die Vermählung der Bürgermeistertochter. Egal, wo sie hingeht und ankommt, es wird gratuliert und der Ring wird bewundert, und es wird nach dem Datum gefragt und in die Hände geklatscht und sich gefreut, und manchmal zeigt sie das Video vom Antrag, und dann gibt's oftmals ein Geschenk.

Alle sind so freundlich, freut sich Laura und kühlt jetzt eine Flasche Crémant ein. Dann schlendert sie über die Treppen in den ersten

Stock des Eigenheims, öffnet die Badezimmertür und geht erst mal auf die Toilette. Wie glücklich kann ich eigentlich sein?, fragt sie sich, während sie sehr lange pieselt. Dabei streichen ihre Füße über den Badezimmerteppich. Pflege ist ihr sehr wichtig. Die Pflege des eigenen Körpers genauso wie die Pflege des eigenen Hauses, des Freundeskreises, der Familie und der sozialen Stellung. Lauras Familie ist eine feste Größe in dieser Kleinstadt. Dazu gehören eine reine Weste und eine reine Familienhistorie genauso wie schöne Vorgärten, schöne Autos und schöne Haare. Eine schöne Einrichtung und eine schöne Einstellung zum Leben.

Weil sie heute Abend etwas Schmutziges wagen möchte, lässt sie sich erstmal eine heiße Badewanne ein, mit dem neuen Badeöl. Ein herrlicher Rosenduft erfüllt das lichtdurchflutete Zimmer, in dem eine üppige Palme für das tropische Flair sorgt. Die Eckbadewanne füllt sich, und ein roséfarbener Schaum bedeckt die Wasseroberfläche. Laura entkleidet sich, faltet sorgfältig ihre Bluse und ihre Jeans, streift die Unterhose ab, öffnet den BH und legt das Outfit auf der Kloschüssel ab. Wenn sie länger allein zu Hause ist, spült sie nur nach jedem zweiten Toilettenbesuch, um Wasser zu sparen, auch wegen der Natur. Dann steigt sie in die Wanne und kann endlich entspannen.

In ihrer Vorstellung gibt es heute Abend ein Rollenspiel. Heute will sie eine Femme fatale sein. Nicht die brave Hausfrau, die sportlich-elegant gekleidet ist, die normale Mittdreißigerin, die zwar in einigen Komitees und Vereinen hockt, allerdings nicht wirklich arbeiten muss, weil sie sowieso nie Geldsorgen haben wird. Nein, die erotische, sexy Frau will sie heute sein, eine, die sich was traut und dafür angehimmelt wird. So eine verruchte, verführerische. Laura lässt sich tiefer ins Wasser gleiten und atmet tief aus. Herrlich.

Sie greift nach einer Schachtel. Geübt dreht sie eine der kleinen Flaschen auf, schluckt die Portion Trink-Kollagen. Das ist der einzige

Beauty-Drink, so wurde ihr versichert, der die Botox-Behandlung langfristig ersetzen kann. Der internationale Bestseller zeigt schon Wirkung: Sie fühlt sich straffer und zwar nicht nur dort, wo sie sich eincremt, sondern am ganzen Körper. Signifikante Verbesserung der Kollagenstruktur wurde ihr versprochen, sie weiß gar nicht so genau, wie sie das überprüfen soll. Sie hat schließlich kein Vorher-Foto gemacht, das war ihr zu unangenehm, falls es doch nicht wirkt. Sie fühlt sich jedenfalls so, als hätte sie weniger Falten, das ist ja auch schon was wert. Dafür sind die neunzig Euro im Monat nicht verschwendet, sondern gut investiert. Einen Monat muss sie diese tägliche Dosis noch einnehmen. Dann ist erst mal Ruhe. Sie wirft das Fläschchen in den Mülleimer, verfehlt ihn, was sie verärgert. Die restliche Zeit in der Wanne wird sie auf das Fläschchen auf dem Boden schauen. Sie versucht sich abzulenken, aber es klappt nicht. Unaufgeräumte Zimmer sind ihr ein Graus. Also seufzt sie, steht auf, das warme Wasser läuft ihren Körper hinab, und beim Hinaussteigen tropft es auf die Fliesen und auf den Teppich. Sie greift nach dem Kollagen-Trinkbehälter, um ihn ordentlich wegzuschmeißen, wobei sie gleichzeitig zu frieren beginnt und die Gänsehaut sie zwingt, einen übermütigen Satz in die Wanne zu machen. Zurück ins wohlig warme Nass. Wenn sie jetzt noch mal drüber nachdenkt, sollte sie die Behälter in die Recyclingtonne bringen, die sind schließlich aus Glas. Allerdings nur so kleines bisschen Glas. Ist bestimmt auch nur ein kleines bisschen schlimm, wenn die im Restmüll landen. Die Haut beruhigt sich, der Körper wird wieder warm. Sie schaut an sich herab, wie die Brüste aus dem Schaum auftauchen, und streichelt sich. Warum sich nicht auch gleich selbst befriedigen, wo sie schon so nackt herum liegt? Eben. Sie möchte schließlich keine Vagina-Depression bekommen. Das ist schlecht fürs Gemüt und erst recht für die Haut. Und für die macht sie das hier schließlich gerade.

Die Haut

Die Haut der Frau benötigt besonders viel Pflege und dies zu jeder Jahreszeit. Dafür werden Cremes, Seren, Tinkturen und Öle entwickelt, die auf all die unterschiedlichen Hauttypen spezialisiert sind. Der eigene Hauttyp lässt sich anhand diverser Tests bestimmen und dementsprechend schützen und instand halten. Es ist erstrebenswert, dass die Haut der Frau glatt, straff, jung, weich, geschmeidig, elastisch, dicht und rein ist und einen ebenmäßigen Hautton und keine bis wenig Falten hat. Dann gilt sie als besonders attraktiv. Dazu wird die Haut konsequent geboostet, geliftet, geglättet, gewaxed, gebleicht, gelasert, hydratisiert, abgeschrubbt, das Kollagen gepusht, und die Zellen werden erneuert. Dann bekommt Frau einen Traumteint mit Wow-Effekt, und der führt zu einem besseren Erscheinungsbild.
Wer keine gute Pflegeroutine verfolgt oder die Haut ungeschützt der UV-Strahlung oder anderen negativen Umwelteinflüssen aussetzt, wird früher Alterungs- und Zerfallprozesse erkennen. Es ist nie zu spät für schöne Haut.

Nach dem Baden ist die Haut so schön weich. So jung und rosig. Er liebt es, wenn sie schön weich ist. Sie trocknet sich mit diesem Handtuch ab, das sie mit extra Weichspüler wäscht, damit es extra flauschig wird. Dann cremt sie ihren Körper vollständig ein. Die Marken auf den Etiketten erzählen vom mühelosen Reichtum ihrer Besitzerin. Es ist klar, dass Qualität eben kostet. Das versteht auch C. Wenn sie schön weich ist, macht er ihr dafür Komplimente. Ihre Vagina mag er aber schön eng. Da die richtige Balance zu finden und zu halten, klingt schwieriger, als es ist, findet Laura. Schließlich gibt es Mittel und Verfahren, die jedes noch so kleine Defizit an ihrem Körper zu korrigieren vermögen. Und weil C. ein kluger Mann ist, hat er sich da mal erkundigt, wie denn so eine Vagina immer schön eng bleiben kann, obwohl ihre Besitzerin älter und schlaffer wird, also eben nicht so ausgeleiert wie bei anderen Frauen in Lauras Alter. Der Natur ein Schnippchen schlagen. Es war relativ einfach, den heilbringenden Stick zu finden. So hart wie Stein, aber aus Kräutern und Extrakten, in etwa so groß wie eine Zigarre, löst er dieses Problem ganz ohne Eingriff. Laura ist froh um jedes Produkt, welches ihr eine Operation erspart. Die sind ihr erstens zu teuer und zweitens zu riskant. In so einer Gegend weiß jeder sofort über alles Bescheid, und das muss schließlich auch nicht sein. Sie weiß, irgendwann kommt sie um dieses Manöver im Krieg gegen den körperlichen Verfall nicht mehr vorbei, aber es stetig etwas hinauszuschieben, besänftigt sie ungemein. Zuversichtlich studiert sie regelmäßig die Neuheiten auf dem Schönheits- und Kosmetikmarkt. Die Techniken werden effektiver und präziser, erfahrungsgemäß komfortabler und gleichzeitig kostengünstiger. Sie zögert die Operationen lange genug hinaus, spart damit bares Geld und vermeidet Gossip. Eine Win-Win-Situation.

Freudig hat sie also auch dieses Päckchen entgegengenommen, mit dem Wundermittel zur Verbesserung der Scheidenflora, aus erlesenen Zutaten bestehend und nach traditioneller Herstellung gefertigt, für das Highly-Effective-Vaginal-Tightening. Das Ziel ist der Jungfrauen-Effekt. Denn, wie schon auf der Verpackung geschrieben steht: Welcher Mann träumt nicht davon seine Frau / Freundin zu entjungfern? Jetzt kann dies problemlos nachgeholt werden. Heute ist es endlich so weit. Die große Entjungferung der sexy Laura.

Sie holt den Stick aus der Verpackung. Die Gebrauchsanleitung liest sich simpel. Einmal kurz anfeuchten und einführen. Sie stellt das rechte Bein auf dem Wannenrand ab, hält den Stick kurz unter den Wasserhahn und versucht sich vorzustellen, dass es sich gerade um einen sehr unnachgiebigen, langen Tampon handelt. Jetzt heißt es genau sein, denn länger als zwei Minuten darf der Stick nicht in ihr bleiben – sonst wird sie zu trocken und zu eng, und dann klappt das heute mit dem Sex auf keinen Fall. Das wäre eine Enttäuschung für beide, würde der C. heute mit seinem Penis einfach nicht reinkommen, wo sie sich doch schon so viel Mühe gegeben hat. Sicherheitshalber bleiben ihre Augen die nächsten eineinhalb Minuten auf der Uhr, ehe sie die erlesene Kräutermischung wieder herauszieht. Quasi Tee für die Intimzone.

Die Zeit vergeht in einem Schneckentempo. Laura schaut sich im Badezimmer um. Schön ist es. Sie bürstet sich die Haare. Der Schaum hat sich schon völlig aufgelöst, das Wasser ist abgeflossen. Der Alarm läutet. Laura macht sich bereit, geht ein wenig tiefer in die Hocke und zieht langsam an dem revitalisierenden Klotz. Angst befällt sie. Sie zerrt und reißt sich das Teil aus der Vagina. Erleichtert betrachtet sie das Ding, während in ihrem Schädel ständig Verena von dieser Frau erzählt, deren Stick in ihr abbrach und die anschließend zwei Wochen in stationärer Behandlung bleiben musste. Verena würde sich nie so ein Teil einführen. Aber Verena hat schließlich auch keinen Mann, auf dessen Bedürfnisse sie eingehen muss. Oder sonst irgendwen, der etwas öfter als einmal in sie einführen möchte. So gesehen braucht sie sich von Verena in diesem Punkt wirklich nichts sagen lassen. So etwas passiert außerdem nur den anderen Frauen, weiß Laura und genießt es, wie es in ihr zu prickeln beginnt und sich alles zusammenzieht. Es wirkt! Wieder was für ihren Körper getan. Sie wäscht den Stick ab, legt ihn auf das Fensterbrett in die Sonne, umhüllt sich mit dem extra flauschigen Bademantel und geht ins Schlafzimmer.

Wer viel gibt, kriegt auch viel. Sie zieht sich die sexy Unterwäsche an, aber noch nicht das schöne Kleid, damit wartet sie noch, bis C. ihr schreibt, dass er das Büro verlässt. Nicht, dass ihr noch ein Missgeschick passiert.

Auf der Webseite steht, dass der Sex nach Verwendung des Sticks ultraintensiv und geil war. Das schrieben sowohl Männer als auch Frauen. Wann hatten sie zuletzt ultraintensiven und wirklich geilen Sex? Um die Wirkung zu überprüfen, versucht sie sich zwei Finger einzuführen, aber die Vagina ist gerade überempfindlich und will sie nicht reinlassen. Es steht ja nicht umsonst auf der Verpackung, dass die Prozedur möglichst vier Stunden vor dem Akt durchgeführt werden soll. Bis C. kommt, kann sie noch ein bisschen Serien schauen. Am liebsten würde sie jetzt Verena anrufen. Aber die würde dann wieder nur über sich sprechen wollen und ihr neues Leben, das sich jetzt einfach so ergeben hat. Lieber erst morgen. Wenn sie vom ultra geilen Geschlechtsverkehr erzählen kann. Da wird sie neidisch werden, die einsame Verena.

Laura hat sich etwas ganz Besonderes überlegt. Um ausgiebig Zeit für den Erfahrungsbericht zu haben, hat sie gleich für beide einen Termin im Kosmetik-Institut ausgemacht. Die haben da so ein ganz neues Ding, hat die Frau von der Rezeption erzählt, eine Art Massage-Schlafsack. Aber unter zwölf Behandlungen ist da kein Ergebnis sichtbar. Jetzt gehen sie da morgen zusammen hin und testen das. Eine Schnuppersession für treue Kundinnen. Wenn es gut ist, macht sie das eben auch noch zwei Mal die Woche. Dann legt sie sich da rein, in den Bodystyler, für jeweils fünfunddreißig Minuten.

Die Frau von der Rezeption meint, das ist eine geballte und längst überfällige Kampfansage an die Fettpölsterchen und das auch noch völlig schmerzfrei.

Schaden kann es schließlich nicht. Erst recht jetzt nicht, wo Verena geerbt hat. Lauras Miene verfinstert sich. Die haben da ganz andere

Kosmetik-Institute am Starnberger See. Verena glaubt wohl, sie spiele jetzt in einer anderen Liga. Sie schnaubt, es ist wirklich nicht fair! Villa mit Seegrundstück!, und schaut auf ihren Diamantring. Wahrscheinlich hat sie sogar den Schmuck geerbt. Laura schüttelt den Kopf. Wieso ist nicht einmal einfach alles perfekt? Vielleicht ist jetzt der richtige Zeitpunkt die Pille abzusetzen und an Kinder zu denken. Denn vom Allerwichtigsten, der Familie bestehend aus Vati, Mutti, Kinder, das weiß Laura, ist Verena noch sehr weit entfernt, und so schnell kann sie ihren Vorsprung nicht einholen. Ein Prickeln geht durch ihren Körper. Das hat sich ja schon fast angefühlt wie ein kleiner Orgasmus. Laura kann es kaum erwarten. Die schönste Freude ist die Vorfreude. Und Schadenfreude auch.

Verena kann ihre Gefühle kaum in Worte fassen. Da kam ein Anruf, und schon war sie Eigentümerin und nicht nur dadurch vermögend, jetzt wird sie ihr Leben komplett ändern und erst mal hundertsiebzig Kilometer weiterziehen. Strenggenommen kam erst ein anderer Anruf, der verkündete, dass die Tante und der Onkel leider verstorben seien. Später kam erst ein Brief, dann mehrere Briefe, dann ein Anruf, dann ein Termin, und dann war sie Erbin. Aber so streng nimmt sie es gerade nicht. Denn das Gefühl ist ein anderes. Das Gefühl ist, dass ein Wirbelsturm dahergesaust kam und sie und ihr Leben einfach mitgenommen hat und sie woanders wieder fallen ließ. Endstation Erbschaft. Neuer Lebensabschnitt, die oberen Zehntausend. Wobei sie auch das nicht so genau weiß.

In ihre Kleinstadtwohnung blickend, freut sie sich und schämt sich dafür. Selbst Verena weiß, dass sich nicht begeistert wird, wenn die Verwandtschaft bei einem Raubmord draufgeht. Vor allem nicht die Verwandtschaft, die gemocht wurde. Die Tante und der Onkel waren anständige Leute. Die waren nett und aufmerksam und höflich und respektvoll und auf wundersame Weise immer glücklich. Sie sieht es als Trostpreis. Tante und Onkel sind dahin, als Trostpflaster kriegt sie deren Besitz. So geht es mit der Betrachtung schon besser. Der Onkel hat oft gesagt: »Über verschüttete Milch lohnt es sich nicht zu weinen.« Wenn sie nicht gewollt hätten, dass Verena erbt, hätten sie sie schließlich nicht als Alleinerbin eingetragen. Nur sterben wollten sie wohl eher nicht. Verena wird sich aufopferungsvoll um das Haus und das Gut kümmern. Auf Kosten anderer Leute kann gut gelebt werden. Ende gut, alles gut.

Sie schlüpft in ihre Sportklamotten, checkt noch mal Lauras heute gelaufene Kilometeranzahl und wirft sich auf den Hometrainer. Da wird nicht lange aufgewärmt und sich langsam rangetastet. Verena braucht jetzt Action. Sie atmet schwer. Die App zählt schon mit. Wenn Laura will, kann sie in Echtzeit mitverfolgen, wie sich Verena gerade verausgabt. Auf dem Computer läuft eine Reality-TV-Show über ultrareiche Frauen in den Vereinigten Staaten von Amerika. So kann sich Verena eingrooven. Sie schwitzt und will sich verausgaben. Doch Übermut tut selten gut. Denn Hochmut kommt vor dem Fall. Das Gerät misst ihren Herzschlag und ihre Ausdauer. Alles im grünen Bereich.

Sie kann gerade nicht ans Telefon kommen. Sie schläft. Ja, um diese Uhrzeit. Sie ruft morgen zurück. Was soll schon sein? Jetzt reg mich nicht auf. Die schläft.«

Das Telefon läutete zum vierten Mal in einer Stunde, ehe A. endlich abhob. Die Anlage stellt er jetzt wahrscheinlich stumm, die Handys sind sowieso aus. Tina kann das nicht sehen, denn die ist im Schlafzimmer eingeschlossen. Also stellt sie sich das vor. Das macht er manchmal, wenn er genug von ihr hat. Wenn ihm alles zu viel wird, mit den Kindern und der Frau. Dann bringt er die Kinder zur Oma und sperrt die Frau ins Schlafzimmer.

»Endlich«, plärrt er hernach durchs Haus, »kann ich endlich mal meine Ruhe haben?« Manchmal schaut er dann stundenlang fern und schläft dabei ein. Dann lässt er sie erst am nächsten Tag wieder aus dem Zimmer.

Seine Schritte sind laut. Er trampelt durch den Flur. Er hämmert gegen die Tür.

Tina muss aufs Klo.

»Deine Kinder haben angerufen. Hast sie wieder gegen mich aufgehetzt?«

Tina verdreht die Augen.

»Hallo, ich rede mit dir!«

Tina weiß, dass sie jetzt nicht wütend werden darf.

»Gib's doch zu! Wie läuft denn das, wenn ich auf der Arbeit bin?«

Tina hat seine Verschwörungstheorien satt.

»Wie soll ich sie denn gegen dich aufhetzen? Ich hab doch nichts hier drin!«

Ups. Falsche Antwort. Am besten nichts sagen. Tina, das weißt du doch.

»Ich mach dich fertig. Wenn du versuchst, mir die Kinder wegzunehmen, bring ich euch alle drei um.«

Tina kennt diese Drohung.

»Dann bring uns doch um! Schlimmer, als mit dir zu leben, kann das auch nicht sein.«

Schon wieder falsch.

»Noch ein Wort und ich komm rein!«

Er schnauft.

»Lass mich lieber raus.« Tina ist zu wagemutig. Was ist denn heute in sie gefahren?

Er schnauft.

Tina will es drauf ankommen lassen. »Irgendwann zeig ich dich an.«

»So einer Nutte wie dir glaubt doch eh niemand.«

Tinas Herz rast.

»Du bist nichts ohne mich. Du kriegst keinen Cent Unterhalt, das versprech ich dir.«

Dieses Versprechen kennt sie auch sehr gut.

»Lass mich jetzt hier raus.«

Sie hämmert gegen die Tür.

Er hämmert stärker gegen die Tür.

»Wenn du gehst, wirst du die Kinder nie wiedersehen.«

Sie lauscht. Sie traut ihm alles zu.

»Hallo, rauslassen!«

Sein Körper, sein Atem entfernen sich, die Schritte werden leiser, eine Tür knallt. Tina rüttelt am Schloss. Nach wie vor abgeschlossen. Sie geht wieder zum Fenster. Draußen geht die Sonne unter, schon wieder ein Tag rum. Sie hat Hunger. Natürlich hat sie Hunger, sie ist schon seit Stunden hier drin. Sie muss so dringend aufs Klo. Sie zieht ihre Hose runter, hockt sich über die Zimmerpflanze und versucht den Topf zu treffen. Wenn sie daneben pinkelt und er das sieht, schlägt er sie oder zwingt sie, ihre guten Kleidungsstücke zum Aufwischen zu verwenden. Sie kommt sich so erbärmlich vor. Zum Glück müssen ihre Kinder das nicht mitansehen. Die Kinder kriegen das kaum mit. Er ist da sehr geschickt.

Sie war beim Einkaufen, als sie zurückkam, waren die Kinder schon bei der Oma und sie kurze Zeit später im Schlafzimmer. Hätte sie doch ihrem Impuls nachgegeben und auf dem Markt gegessen. Aber sie tat es nicht, denn die letzten Tage waren gut. Verliefen harmlos.

Das hier kam völlig überraschend. Sie wollte eigentlich für die ganze Familie kochen. Und nun das. Die Sonne verschwindet gänzlich hinter den Feldern. Sie könnte auch aus dem Fenster klettern, doch selbst wenn, sie stünde da, mitten im Wohngebiet und wüsste auch nicht, wohin. Die Erklärungen sind so anstrengend. Die mitleidigen Blicke sind so anstrengend. Die Polizeibeamten sind so anstrengend.

Sie legt sich zurück aufs Bett.

A. schläft so gern zum Fernsehrauschen ein, deshalb hängt da ein überdimensionaler Flatscreen an der Wand. Im Wohnzimmer steht ein noch besserer, mit Soundsystem. Sie hasst das. Was allerdings könnte sie Besseres tun, als durch das monotone Programm langsam wegzudriften und in den Schlaf zu gleiten? Eben. Ihre Möglichkeiten sind begrenzt. Übermorgen Mittag kommen die Kinder zurück, spätestens in dem Moment wird er sich wieder zusammenreißen. Besonders vor seiner eigenen Mutter inszeniert er sich beeindruckend liebevoll. Auch die Nachbarn scheinen nach all den Jahren keinen Verdacht zu schöpfen. Gelegentlicher Streit gehört zu einer Familie dazu, und wenn er vorbei ist, ist es zu spät, um einzugreifen. Wahrscheinlich entschuldigt er sich morgen wieder. Sie zappt durch die Programme und döst.

Als sie von dem Geschrei wach wird, ist es bereits stockdunkel. Der Wecker zeigt 21 Uhr an. Tina schleicht zur Tür. Dabei ist es so laut, dass sie niemand hören kann.

A. brüllt und die Kinder brüllen, seine Mutter schreit.

Warum sind die alle hier, denkt Tina, da kommen seine Schritte näher. Sie kann hören, dass er gesoffen hat, denn er stolpert mehr, als er geht, da wird bereits die Schlafzimmertür aufgerissen. Sie fällt sofort aufs Bett. Vor Schreck oder wurde sie gestoßen? Er steht da, schwer atmend, in der Dunkelheit und sperrt sofort wieder hinter sich ab, wie er das überhaupt schafft, so besoffen, kann sie sich gerade noch fragen, er kriegt dennoch die Tür verriegelt, bevor die Kinder oder die Schwiegermutter überhaupt in die Nähe kommen. Manche Handgriffe hat der Körper einfach drauf. Die Kinder schreien. Die Oma schreit nach Ruhe und dem Telefon. Die Kinder kommen dahergelaufen, rufen, die Oma sei verletzt und schreien nach der Mama.

A. steht schnaubend im Schlafzimmer vor ihr und wirft sich umgehend aufs Bett. Alles geht sehr schnell. Der schwere Mann hält sie fest. Tina kann überhaupt nichts mehr sagen, schon spürt sie einen Schnitt im Arm. Sie weiß nicht, ob es schlauer ist, ruhig zu bleiben oder zu versuchen, ihn von sich zu stoßen. Tina hört, riecht und spürt den Atem ihres Mannes von allen Seiten kommen. Sie ist angewidert. Versucht, sich aus seiner Umklammerung zu lösen, aber gibt schnell auf. Er sagt kein Wort, die Kinder hämmern gegen die Tür, doch das kann Tina nicht wirklich hören, ihre Wahrnehmung reduziert sich auf den großen Mann, der auf ihr sitzt. Manchmal denkt sie, dass sie es einfach über sich ergehen lassen sollte, sich nicht wehren, einfach geschehen lassen. Dann glaubt sie, dass das ein Zeichen ihrer Feigheit wäre, von der er immer spricht. Lohnt es sich wirklich zu kämpfen? Ihre Augen gewöhnen sich an die Dunkelheit, er braucht noch. Sie kann das Küchenmesser sehen, es ist eins der japanischen mit gelblichem Holzgriff. Er hat schon mal ein Messer nach ihr geworfen, damit traf er sie am Oberschenkel. Das zog sie einfach wieder raus und die Sache war vergessen. Ein Küchenunfall. Wenn er betrunken ist, schreit er sie an, beschimpft oder demütigt sie, reißt an ihren Haaren oder dreht ihr die Arme um, schlägt ihr in den Bauch oder ins Gesicht oder ihren Schädel gegen die Wand oder auf den Tisch oder den Boden, doch dieses Mal ist er ganz stumm und sitzt lediglich keuchend auf ihr drauf. Er benutzt eigentlich keine Gegenstände. Die bloßen Hände reichen. Er wird sie jetzt umbringen. Tina weiß, dass sie ihre Kinder nicht wiedersehen wird und auch ihre Familie nicht und dass er ins Gefängnis muss, weil draußen Zeugen sind und ihre Schwiegermutter mit Sicherheit schon die Polizei verständigt hat und dass in den Zeitungen und in den Nachrichtensendungen von einer Familientragödie berichtet wird und die Kinder, wenn sie Glück haben, zu deren Tante kommen und sie sich nie wirklich von ihren Elterntraumata erholen werden und dass sie schuld daran ist, weil sie es nicht geschafft hat, A. rechtzeitig zu verlassen und sich und die Kinder vor ihm zu schützen. Sie hat den Tod verdient, dieser wäre der Beweis, wie unfähig sie als Mutter war.

A. denkt nicht. Er weiß nicht genau, wie das passiert ist, wie er jetzt hier gelandet ist. Wie das exakt vor sich ging, dass er seine Mutter geschubst hat, weil sie laut zeterte, die sich den Kopf anschlug, sofort anfing zu bluten, wie er die Kinder verscheuchte, der Älteren dabei eine Watschn verpasste, die daraufhin nach hinten fiel und ihn beschimpfte, wie der Kleinere der Oma aufhelfen wollte, wie er nach dem Messer griff, ins Schlafzimmer rannte und nun über seiner Frau sitzt, die er nie wiedersehen will, weil sie schuld ist an dieser verkorksten Situation. An diesem scheißanstrengenden Leben. Warum tut er es nicht? Warum rammt er jetzt nicht das Messer in ihren Bauch, in ihren Brustkorb oder schneidet ihr den Hals auf? A. denkt noch immer nicht. Nicht an die Folgen seiner Tat, nicht an die Konsequenzen. Er atmet schwer und hält die dürre Frau fester, seine dürre Frau. Er zieht sie nach oben, so dass sie nun auf dem Bett sitzt und starrt ihr entschlossen ins Gesicht.

Tina weiß, dass das das Ende ist. Tina hat gewusst, dass das Ende so kommen würde, weil es so kommen musste. Er holt aus und rammt ihr das Messer direkt ins Gesicht.

Das Messer steckt fest. Die Wände vom Schlafzimmer sind mit Holz verkleidet, und da steckt das Messer. Tina atmet.

A. steigt von ihr herab, fällt auf den Boden. Wie er so viel Kraft aufwenden kann, in diesem Zustand, bleibt ein Rätsel. Er schließt die Tür auf. Die Kinder und die Oma stehen davor, im Flur, sie müssen die ganze Zeit gerufen und gegen die Tür geschlagen haben. Der Mann, er trägt nur ein T-Shirt und eine Unterhose, stolpert Richtung Wohnzimmer, schiebt sich einfach durch die Menschenansammlung, als wäre er keine Erklärungen schuldig. Bleibt auf halbem Weg stehen, gespannt, als gäbe es was zu sehen, die Reaktionen der Familie, die nicht länger seine Familie sein wird.

Die Oma geht als erste hinein, schaltet das Licht ein und seufzt. Tina sitzt zusammengesunken auf dem Bett und schluchzt, erschöpft und aufgelöst. Hat Tina ihren Kopf weggedreht oder A.? Sie absichtlich verfehlt? Das wird sich nie mit Sicherheit klären lassen. Tina weiß nicht, ob sie gerade lieber gestorben wäre. Wer am Leben ist, muss weitermachen.

Die Ältere: »Warum steckt da ein Messer in der Wand?«

A.: »Eure Mutter wollte sich umbringen.«

Die Ältere: »Mama!«

A.: »Ich konnte es gerade noch verhindern.«

Der Jüngere: »Aber Mama, warum?«

A.: »Weil sie euch nicht liebt!«

Er grinst und geht zurück ins Wohnzimmer. Wer's glaubt, wird selig. Kinder sind selig. Sie glauben viel. Die Oma kann den Schock als erste überwinden und findet in einen Aktionsmodus. Sie untersucht Tina zumindest oberflächlich und schüttelt verächtlich den Kopf. Die Kinder stürzen auf die Mutter, erleichtert, verwirrt.

Als es klingelt, schreit A. gegen das Läuten an, seine Mutter hingegen ist in den Flur geeilt und drückt den Türöffner. Sie schnauzt ihren Sohn an wie zu Kinderzeiten, und er gehorcht. Daran hat sich nichts geändert. Als die Polizei das Wohnzimmer betritt, dreht A. den Fernseher lauter und ignoriert die Herrschaften. Die Beamten seufzen und setzen sich zu ihm auf das Sofa, wollen zunächst verständnisvoll sein.

Tina hat ihre Kinder im Arm und in ihr hämmert's: Es ist aus. Es ist geschafft. Wir müssen hier weg. Alle haben es mitbekommen. Jetzt wird er mitgenommen. Ich werde mich scheiden lassen.

Die Kinder haben aufgehört zu weinen und wollen zu den Polizisten, schauen was passiert, A. erklärt gefasst, dass sich alle offensichtlich geirrt haben. »Denn hier ist nun wirklich nichts vorgefallen. Schauen Sie doch meine Frau an: froh und munter.«

Der Fernseher bleibt laut. Die Schwiegermutter überschlägt sich beim Erzählen. Der Beamte fordert Ruhe.

Tina hält die Kinder bei sich im Bett. »Kinder, es ist vorbei«, wiederholt sie. Die Kinder wissen nicht, wovon sie spricht.

Da betritt die Polizistin das Schlafzimmer und schaut mitleidig. Für sie ist das ein klarer Fall: Koffer packen. Ab ins Frauenhaus.

Die Polizistin hilft ihr nicht beim Aufstehen, betrachtet lieber interessiert das Messer in der Wand. »Wie ist das da reingekommen?«

Tina starrt sie fassungslos an. Was für eine Frage.

»Das hätte auch schief gehen können«, schlussfolgert die Beamtin. Dann schaut sie abwechselnd die Mutter und deren Kinder an: »Packen Sie in Ruhe, ich bringe Sie weg.«

Tina weiß, dass das eine Schikane ist. Dass es ungerecht ist, dass sie packen und in eins dieser Häuser gehen und sich um die Kinder kümmern muss.

»Warum geht der Papa nicht?«, fragt die Ältere.

»Weil er nichts getan hat, wofür ich ihn mitnehmen kann«, sagt die Polizistin. Sie klingt niederträchtig. Sie verabscheut diese familiären Konflikte. Sie glaubt, ihr könne so etwas nie passieren. Sie würde niemals in so einer Beziehung landen. Frauen, die heute noch in solchen Abhängigkeiten gefangen sind, haben irgendwas gehörig vermasselt. Die brauchen das wahrscheinlich, fühlen sich nur so lebendig. Ihre Blicke analysieren die Wohnsituation, die Einrichtung, die Möbel, die Dekoration.

Tina kennt solche Blicke. Von Frauen, die ihre Hämatome mit Mitleid und Abscheu begutachten. Dieses Gefühl vermittelt zu bekommen, selbst schuld zu sein. Die Kinder folgen ihrer Mutter und packen.

Der Polizist und A. schauen nicht länger fern, sondern sprechen über seine Wahrnehmung des Tathergangs.

Da erst fällt Tina auf, dass sie noch niemand dazu befragt hat. »Ich möchte eine Aussage machen«, sagt sie zur Polizistin.

»Später«, antwortet diese.

Die Schwiegermutter sitzt neben ihrem Sohnemann und schüttelt verächtlich den Kopf, als Tina und die Kinder sich verabschieden. Als A. fragt, was jetzt passiert, nennt ihm die Polizistin das Frauenhaus, in welches Frau und Kinder jetzt gebracht werden würden. Tina reißt entsetzt ihre Augen auf.

Die Polizistin lächelt sanft. »Wird schon«, sagt sie aufmunternd und schiebt die drei aus der eigenen Haustür. Denn die drei werden jetzt erstmal in Sicherheit gebracht.

Angst und Hass erfüllen die Zimmer. Sowohl jene, die zurückgelassen werden müssen, als auch die neuen, die im Augenblick noch unbekannten, in die sie gebracht werden.

Die Kinder schluchzen wegen der Katze. Doch der Papa hat noch nie einem Tier ein Leid zugefügt.

15. APRIL

Petra rennt zum Zug. Neben ihr rennt eine Frau, die sie zum Zug begleitet, weil sie den Abschied hinauszögern will. Sie rennen, weil sie zu spät losgekommen sind und schließlich noch der Bus aussetzte. Petra und die Frau neben ihr sind nicht fit, nein, sie waren gestern aus und keuchen folglich angestrengt. Als würden sie gleich, Hilfe, keine Luft mehr bekommen. Aber das ist der Zug, der eine, den muss sie nehmen, ein neues Ticket kann sie sich so spontan nicht leisten, und sie muss doch zurück, nach Hause, dorthin, wo sie herkam, schließlich gehört sie doch dahin, und so war es abgemacht. Und an Abmachungen wird sich gehalten. Sie rennen die Treppen runter, durch den Bahnhof, am anderen Ende wieder die Treppen hinauf, ja, da steht er. Ganz ruhig, nicht mal fahrbereit brummend, noch vier Minuten bis zur Abfahrt. Was für ein Abfuck. Die Frau neben Petra stützt sich an einem Pfosten ab und spuckt auf den Boden. Sie entschuldigt sich dafür, Petra winkt ab. Kein Wort kommt aus ihr heraus. Nur grunzartiges Gestöhne.

Petra kontrolliert hastig ihre Taschen. Was ist wichtig? Geld, Ausweis, Telefon, Computer, Ladegerät. Kontrolle ist besser als Nachsicht. Vorsicht ist besser als Leichtgläubigkeit. Gutgläubigkeit ist besser als Argwohn.

Als sie wieder zu Atem kommen, lachen sie einander an. Kein Lachen, das gegen etwas gerichtet ist. Sie müssen nichts weglachen. Nein, sie lachen füreinander, zueinander. Das Lachen zweier Frauen, die sich spätvormittags an einem Bahnsteig beinah übergeben müssen, sich vor der jeweils anderen allerdings nicht bloßstellen wollen. Schließlich haben sie sich gerade erst kennengelernt. Beide warten lieber, bis die Situation vorüber ist, der Abschied ausgesprochen und die Zukunft ungewiss, ehe sie sich der Übelkeit und dem Ernst des

Lebens zuwenden. Die Eine geht, die Andere bleibt, ob sie sich wiedersehen, zeigt die Zeit. Wär es nicht so tragisch, könnten sie sich entspannt verabschieden. Petras Blick fällt immer wieder auf die Uhr. Jetzt ist es schon entschieden. Es gibt kein Zurück. Sie haben alles gegeben und sind rechtzeitig gekommen. Jetzt hier zu bleiben, wär doch lächerlich.

Noch eine Minute bis zur Abfahrt. Zugbegleiter stehen vor manchen Türen, halten Ausschau, rauchen, sagen nichts. Der Zug ist weitgehend ausgebucht. Petra ist nicht so romantisch, jetzt einfach zu bleiben und sich in ein Abenteuer zu stürzen. Nein. Petra ist konsequent.

Die Frau überlegt, ob sie nicht einfach in den Zug springen soll. Wartet dabei auf ein Zeichen. Die Zahnbürste zumindest hat sie in der Handtasche. Auch eine Augenmaske, um bei der langen Fahrt schlafen zu können. Sie wäre bereit. Petra muss jetzt nur das Richtige sagen. Aber das äußert Brigitte jetzt natürlich nicht. Wenn etwas erzwungen wird, ist es nur halb so schön. Die Atmung beruhigt sich. Die Aufregung wird nicht weniger. Der Zugführer startet den Motor und das Geräusch ist laut.

»Also, ich steig jetzt ein«, kündigt Petra an.

»Ist ok. Ich bleib hier noch ein bisschen sitzen«, antwortet Brigitte.

»Wir telefonieren, ja?«, fragt Petra.

»Ja«, sagt Brigitte.

»Es war schön.«, sagt Petra.

»Finde ich auch«, sagt Brigitte.

»Bis bald«, sagt Petra.

»Hoffentlich«, sagt Brigitte.

Sie sieht schön aus, wie sie sich in die Hocke setzt und zu Petra hinaufschaut, so glücklich und aufgeregt und unsicher zugleich.

Noch könnte sie ihr hinterher. Aber Petra sagt nichts mehr, hievt stattdessen ihren Koffer die Zugstufen hoch, und die Türen schließen sich hinter ihr. Alles, was Brigitte noch sieht, ist ihr Gesicht als Spiegelung. Die Geräusche werden lauter, das Motorbrummen steigt an, der Zug fährt los, und das steigert Petras Übelkeit ins Unermessliche.

Sie stolpert regelrecht in die Familie, die es sich zu dritt im nächstgelegenen Abteil gemütlich gemacht hatte, und setzt sich, ohne Widerworte zu erwarten, dazu. Und ehe sie ihren Koffer in der Ablage über ihrem Kopf verstaut und sich auf das durchgesessene Polster direkt neben der Abteiltür fallen lässt, hat der Zug den Bahnhof verund die schöne, eigentlich noch fremde Frau zurückgelassen.

Sie konnte keinen Blick mehr auf Brigitte werfen. Sie kam gar nicht erst in die Situation, über die Familie hinweg hinauszuwinken und einen stillen, doch strahlend lächelnden Abschied zu nehmen. Petra möchte nicht weiter auffallen, verstellt ihren Sitz in eine angenehme Position, schließt die Augen und strengt sich an, gleich wegzudösen.

Hoffentlich, so denkt sich Petra, habe ich keinen Mundgeruch.

Doch der Geruch einer versoffenen Nacht ist längst bei der Familie angekommen und lässt die Rentnerin die Stirn in Falten legen und einen abschätzigen Blick auf die zugestiegene Mitreisende werfen.

So eine also, denkt sich die ältere Frau und weiß dabei nicht mal, was für eine. Was soll das schon sein, so eine Frau?

Brigitte schaut derweil mit einem fassungslosen und sehnsuchtsvollen Blick dem Zug hinterher – wie er den Bahnhof verlässt, aus dem Blickfeld schwindet und sie allein am Bahnsteig übriglässt. Sie spuckt auf den Boden und schämt sich dafür. Niemand hat's gesehen. Da fährt sie nun, die Petra, und wer weiß, ob sie sich jemals wiedersehen werden.

Unsicherheit setzt sich fest. Missmut und Kater. Wahrscheinlich wird Petra, da ist sich Brigitte sicher, erst einmal zu Hause angekommen, nicht mehr an sie denken und das Interesse verlieren. Das Interesse an Kontakt, an einer Liebesbeziehung, an dem Jobangebot, de, damit verbundenen Umzug in diese Stadt.

Brigitte seufzt schwer und wird mit einem Schlag müde, trostlos und schwermütig, doch leider nicht nüchtern und auch nicht mehr trunken. Sie schleicht durch die Unterführung aus dem Bahnhof und direkt in den nächsten Supermarkt. Was sie jetzt braucht, sind Nährstoffe. Was sie jetzt dringend benötigt, ist Komfort. Und womöglich einen ganzen Tag lang Schlaf. Vielleicht ein kleines bisschen Hoffnung. Manchmal wird ja trotzdem alles gut.

Die Rentnerin sieht keinen Anlass, auf die fremde Frau im Abteil Rücksicht zu nehmen, und fordert ihren Mann zu einem Gespräch auf. Der angesprochene Mann gibt nur einsilbige Antworten, was die Rentnerin ärgert. Ärger wird aber nicht in der Öffentlichkeit gezeigt. So adressiert sie fortan ihren längst erwachsenen Sohn, der ihr so wie ihr angetrauter Ehemann gegenüber und entgegen der Fahrtrichtung sitzt. Auch er hat kein Interesse an einem Gespräch. Außenstehenden scheint es derweil, als handle es sich hier um eine stille Familie, die sich ohne Worte bestens versteht.

Der Zug durchkreuzt sehr langsam die Stadt, und je weiter sie kommen, umso dichter stehen die Häuser aneinander und näher an den Gleisen. Diese sind so wenig prunkvoll wie die Autos, die vor ihnen stehen. Das Häusermeer scheint endlos. Doch mit einem Schlag hört die Stadt auf, und die weite Welt beginnt. Feld um Feld um Feld um Feld. Winzige Ansammlungen von Bäumen, die noch keinen Wald ergeben, stehen dazwischen. Strommasten, tiefhängende Leitungen und am Horizont hie und da ein Fabrikgelände. Der Zug bahnt sich seinen Weg durch die brach liegende Landschaft. Kein einziges Tier zeigt sich weit und breit.

Die Frau betrachtet ihre Männer.

Beide Männer sehen sich sehr ähnlich und schauen auf die gleiche Art aus dem Fenster. Die Hände gefaltet auf dem Wohlstandsbauch abgelegt, die Köpfe leicht schief geneigt. Sie haben kaum Haare auf dem Kopf, tragen beide Polohemden, darüber Pullover und haben einen Leberfleck am Hals. Die Mutter hat die gleiche Statur, aber schöne, hellbraune Locken. Sie trägt eine geblümte Bluse und eine Hose, die bequem, zugleich jedoch stilvoll aussieht und in der exakt gleichen Farbe eingefärbt ist wie ihre Strickjacke. Ein Twinset.

Alle tragen bequeme Schuhe. Schuhe, robust gefertigt, mit ordentlichen Sohlen und der nötigen Unterstützung für Fuß, Gelenke, Beine, Knie, Körper. Keine schönen Schuhe, sondern richtige Schuhe. Mit denen problemlos weite Strecken zurückgelegt werden können. Die ein gesundes Fußbett haben und für gesunde Füße sorgen. Atmungsaktiv sind. Mit denen gemütlich und bequem durch fremde Städte gegangen werden kann.

Die Rentnerin schlägt ein Bein über das andere, legt ihre Hände übereinander auf dem oberen Knie ab, atmet ein, und dann geht es los. Ihr Blick wendet sich von den stummen Männern ab und fällt nach draußen. Der erste Stopp der achtstündigen Zugfahrt ist bereits nach fünfundzwanzig Minuten erreicht. Ein kleines Städtchen, beliebt bei jungen Leuten, die dort studieren. Draußen auf dem Bahnsteig: ein Grüppchen Männer in gleichen T-Shirts. Geschäftsleute. Familien. Einzelpersonen. Der Zug kommt zum Stehen. Die Türen gehen auf. Lärm dringt herein.

»Das ist schon so eine Touristenstadt, ha?«, sagt die Frau zu ihren Männern. »So eine für Sauftouristen. Die ganze Zeit Party, oder?«

»Ja.«

»Ja.«

»Weil's da so billig ist. Da! Schauts raus. Steigen die jetzt alle hier ein? Na, servas. Das wird aber keine schöne Fahrt werden.«

»Ja. Die steigen ein.«

»Ja, mei.«

»Ja, genau, das sind mir die Liebsten. Die ganze Nacht saufen und dann den Zug vollplärren. Und so dermaßen stinken werden die, meints nicht? Hier steigen die nicht ein. Wenn die hier rein wollen, sagt ihr gleich, hier ist besetzt, gell.« Dann flüstert sie: »Nicht wie vorhin.«

»Ja.«

»Ok.«

»Also, weil das brauch ich jetzt nicht. So B'soffene.«

»Ja, ich auch nicht.«

»Ja, hast eh recht.«

»Mei, wie die torkeln.«

»Gehst du auch manchmal so fort?«

»Naaa, Mama.«

»Der ist doch eh nie fort.«

»Woher willst jetzt du das wissen?«

»Na, wir reden ja miteinander. Gehst du manchmal fort?«

»Ja. Manchmal schon.«

»Na, schaust!«

»Ja, aber selten.«

»Aber nicht so.«

»Schau dir die an da draußen. Schläft die? Die kann doch gar nicht mehr aufstehen, so fertig ist die. Da, auf der Bank!«

»Es gibt scho fertige Leut«

»Also, als Frau geht das schon dreimal nicht.«

»Solche Frauen kennst aber nicht, oder?«

»Nein, Mama.«

»Früher bist du auch so drauf gewesen, was?«

»Ja, früher. Das ist schon über zwanzig Jahre her.«

»So ein Blödsinn.«

»Ich hab euch doch noch an deinem dreißigsten so schreien gehört.«

»Aber jetzt ist er doch brav.«

»Ja. Jetzt schon.«

»Seitdem er a Freundin hat, ist er nicht mehr so deppert.«

»Jaja, is scho recht.«

»Die ewigen Jungg'sellen, de san des Problem. Weil sich um de niemand kümmert.«

»Geh, Mama. So ein Schmarrn!«

»Nix Schmarrn. Wenn wir euch ned zur Vernunft rufen würden, würd die Welt zu Grunde gehen!«

»De Welt geht a so zu Grunde.«

»Ja. Aber anders.«

»Na, sowas. Wie die ausschauen mit dene T-Shirts. Was steht denn da drauf? Kannst du des lesen?«

»Game over. Letzter Tag in Freiheit.«

»Solche Deppen.«

Petra tut, als würde sie schlafen. Sie lauscht den pöbelnden und grölenden Männern, wie sie in den Zug poltern, und ist froh, nicht wirklich anwesend sein zu müssen. Wer schläft, kriegt nichts mit. Und wer nichts mitkriegt, kann sich kein Urteil bilden. Und wer will schon mit jemandem reden, der keine Meinung hat?

Der Zug fährt wieder an, die betrunkenen Männer beginnen zu singen, und die Rentnerin seufzt. Der Mann deutet aus dem Fenster in die Landschaft und die Blicke wollen ihm folgen, doch es gibt nichts Interessantes zu entdecken. Er spricht über Bäume und Käfer und das Waldsterben und die unglücklichen Umstände in der Natur.

Glücklicherweise hört Petra den Mann mit den Snacks durch den Zug marschieren.

»Hallihallo«, sagt der. Wenn er die Türen der einzelnen Abteile aufschiebt, betet er eine schnelle Liste der vorhandenen Waren runter. Die freundliche, ja fast überschwängliche Begrüßung kommt langsam näher. In solchen Moment geht die Zeit leider nicht vorbei, sie kriecht. Sie will es einem nicht einfacher machen.

Dabei möchte Petra nichts sehnlicher, als von jemandem gegrüßt werden, so tun, als würde sie soeben aufwachen, etwas unverhältnismäßig Teures kaufen und genießen, dass sie am Leben ist. Sie kann es kaum erwarten, die Augen aufzureißen, das Portemonnaie zu suchen und sich etwas zu gönnen. Die Stimme kommt immer näher.

»Halliiihallooo«, ertönt es im Nachbarabteil.

»Ah! Habt's es gehört?«

»Was?«

»Der Kellner kommt.«

»Ach, jetzt schon?«

»Is aber früh.«

»Kommt der später noch mal?«

»Ja, sicher.«

»So, jetzt müssts euch entscheiden: gleich Kaffee oder später?«

»Na, gleich natürlich!«

»Ja, gut, aber dann gibt's später keinen mehr.«

»Des schauen wir dann.«

»Wiest meinst.«

»Also, drei Mal Cappuccino?«

»Jawoll.«

»Passt.«

»Gut. Hol gleich mal dein Geldbörserl heraus.«

»Jaja. Mach mal keinen Stress.«

»Der hat kei Zeit zu warten, bis du deine Geldbörse gefunden hast.«

»Ich muss meine Börse nicht finden, weil ich sie nicht suchen muss. Die ist immer hier drin.«

Der Mann klopft sich mit der Hand auf die Brust, seine Frau reißt verschreckt das Gesicht zurück und schaut zu Petra, ob diese jetzt nicht die Position der Geldbörse erhascht hat. Die Rentnerin traut der jungen Frau nicht. Die stellt sich doch schlafend, denkt sie sich. Doch Petra hat nichts gesehen.

Die Tür wird aufgeschoben. »Ja, hallihallooo!«

Petra reißt erlöst die Augen auf. Der Duft ist unwiderstehlich. Die Laune des Snackverkäufers mitreißend. Und draußen zieht die Landschaft vorbei.

»Sooo. Was darf es für Sie sein? Kaffee? Tee? Cola? Chips? Brötchen? Schokoriegel?«

»Wir hätt'n gern drei Mal Cappuccino mit Zucker.«

»Freilich. Und für Sie auch was?«

»Ja, ich hätte gern einen schwarzen Kaffee und ein Wasser, bitte.«

»Gern.«

»So, da haben wir jetzt erst einmal die drei Cappuccini. Darf's was dazu sein?«

»Nein! Wir haben selber!«

»Gut. Und hier ist der Kaffee. Noch Sahne dazu oder Zucker?«

»Nein, danke.«

»Na, wunderbar.«

»Ich hätt gern noch einen Zucker.«

»Jawoll. Bitte sehr. Zahlen sie alles zusammen?«

»Ja. Also nein!«

»Mein Mann zahlt unsere drei Cappuccino. Aber den Kaffee der jungen Dame zahlen wir nicht.«

»Gut, gern, dann die drei Cappuccino. Bar oder mit Karte?«

»Bar natürlich.«

»Ok.«

»Und dann noch das Wasser und der schwarze Kaffee.«

»Bar oder Karte?«

»Mit der Karte bitte.«

»Selbstverständlich. Haben Sie sich auch selbst eine Süßigkeit mitgebracht?«

»Haha. Nein.«

»Dann bekommen Sie von mir jetzt einen Keks.«

»Oh, danke. Das ist aber nett.«

»Ich sage Danke und Auf Wiederschauen!«

Die Tür wird geschlossen. Die gute Laune wird gleich wieder mitgenommen.

Petra kann kaum einen Schluck Kaffee nehmen, da wird sie schon taxiert.

»Jetzt sagen Sie einmal, was haben Sie denn an sich, dass Sie jetzt da einen handflächengroßen Keks geschenkt bekommen haben?«, fragt die Rentnerin lachend und reißt die Tupperdose auf.

»Ja, das weiß ich auch nicht.«

»Das ist ja jetzt eine Frechheit«, sagt die Frau lachend. Unklar, ob sie witzelt oder nicht.

Immer schön in der Schwebe bleiben, um sich nicht angreifbar zu machen.

Der Sohn will es nicht zur Eskalation kommen lassen. Der schaut ganz erschrocken. »Aber Mama, wir haben doch eh die Packung Donuts dabei.«

»Ja, aber darum geht's nicht. Was sagst du dazu?«, fragt die Frau ihren Mann.

»Ja, also, unfair ist's schon. Entweder alle oder keiner.«

Da sind sich alle einig.

»Wurst. Jetzt gib die Donuts her.«

»Jawoll. Die werden eh besser schmecken als so ein Keks vom Schaffner.«

»Ja. Bestimmt.«

Die drei lachen.

»Mei, schaut's euch das an. Köstlich.«

»Das sind ja vier Stück!«

»Dann kriegt der Bub zwei.«

»Also: Lassts es euch schmecken.«

»Sie auch, junges Fräulein. Kann er was, der Keks?«

»Jaja, ganz wunderbar.«

Die Finger greifen schnell nach den runden Süßigkeiten und werden mitsamt dieser prompt in die Münder geschoben.

»Lecker.«

Die drei nicken sich anerkennend zu, und Petra nickt einfach mit. Den Kaffeebecher in der einen und den Keks in der anderen Hand, scheint sie alles zu haben, was sie gerade braucht. Diese Frau steht mit beiden Beinen im Leben.

Der Mann schmatzt, der Sohn schmatzt lauter, die Frau schmatzt auch, daher passt alles zusammen. Die Donuts sind in Windeseile verschlungen. Es waren die hellbraunen, fast beigen, mit der rosa Glasur wie aus einem Trickfilm. Der Sohn schleckt sich die Finger ab. Die Frau reicht ihrem Mann Servietten, die sie aus ihrer Handtasche zieht, aus der sie vorher auch die Tupperdose mit den Donuts hervorzauberte. Und der Mann strahlt sie an. Ein gut eingespieltes Team.

Währenddessen rauscht die Landschaft vorbei. Wiesen, Felder, Hügel und zwischen diesen ein Fluss, dem sehnsuchtsvoll nachgestarrt werden kann, der Melancholie und Trostlosigkeit ebenso heraufzubeschwören vermag wie Wagemut und Unerschrockenheit. Die Familie betrachtet ihre Hände, die sie eben gesäubert haben, und stürzen den Kaffee hinunter. Sie wirken zufrieden.

Der Mülleimer im Abteil ist voll. Der Sohn soll den Abfall im Waggon entsorgen. Er klaubt alles zusammen, stellt sich vor Petra und schaut sie unsicher an.

»Soll ich was mitnehmen?«

»Na, da schau her!«, platzt es aus seine Mutter heraus: »So ein Gentleman!«

Petra verneint, ihr Kaffee ist noch halb voll.

Der Sohn geht beschämt hinaus. Die Abteiltür lässt sich schwer öffnen und fällt nicht von allein zu. Die Tür bleibt auf halber Strecke stehen. Petra riecht den Schweiß der am Boden hockenden Männer, die den letzten Tag ihres Freundes in irgendeiner Freiheit zelebrieren. Sie beschimpfen sich gegenseitig und lachen dann laut. Bierdosen knacken auf. Jetzt klatschen sie in ihre Hände oder schlagen auf Bäuche, Brustkörbe, auf Schultern oder Köpfe. Die haben Spaß! Gemeinsam lachen sie gegen den Eheknast an. Ihr Geschrei wird zu einem monotonen Grundrauschen.

Petra greift nach dem Türgriff, zieht und rüttelt, doch die Tür stockt.

Das bemerken die Männer. Ui, eine Frau!

Schnell den Blick abwenden. Bloß nicht hinschauen. Keinen Kontakt aufnehmen. Sonst fühlen die sich angestachelt, Kontakt aufzunehmen, und sind sicher, schwer wieder loszuwerden. Petra steht auf, stemmt sich gegen die Tür, um sie endlich zu schließen.

Seit sie gekündigt hat, fühlt sie sich wie neu geboren. Geht das überhaupt, hat sie sich dann gefragt, sich selbst neu gebären? Wie unverschämt der eigenen Mutter gegenüber, die ja die ganze Arbeit geleistet hat. Sie hat dann mit den Schultern gezuckt. Denn so fühlt sie sich eben. Wie ein neuer Mensch. Eine neue Frau. Eine Frau, die keine Angst mehr davor hat, nicht optimal in das System zu passen. Eine Frau, die keine Angst mehr vor Strafen hat. Werden Frauen überhaupt wirklich bestraft? Die Antwort kennt sie gut. Kennt nicht jede Frau, die sich diese Frage jemals gestellt hat, die Antwort? Ja. Nein, natürlich nicht. Das wäre zu einfach. Petra hat ein neues Selbstbewusstsein erlangt. So fühlt es sich an, die Unsicherheiten überwunden zu haben und zu einer Person zu werden. Sie fühlt sich so komplett, so ausgereift, so saftig. Für einen kurzen Moment lang ist sie nichts anderes als fertig und ganz. Was Petra mit einer enormen Sicherheit weiß, ist, dass sie sich dieses rare Gefühl mit allen Mitteln bewahren muss. Das ist ein anstrengender Kampf. Ist der nächste Übergriff, die nächste Bestrafung nicht schon vorprogrammiert? Und mit ihm dann der Rückfall ins alte System mit seinen Regeln und Grenzen? Sich immer wieder davon zu befreien, sich immer wieder von den Strafen zu erholen, ist ein Kraftakt. Wie viele Frauen bleiben dabei auf der Strecke? Die können sich dann nurmehr vage an dieses besondere, befreiende Gefühl erinnern. Schade. Petra will nicht auf der Strecke bleiben. Nein.

Sie kaut das letzte Stückchen Keks und spürt, dass es kein Zurück mehr gibt. So wie der Fluss neben den Gleisen stetig in Richtung Meer rauscht, blickt sie mit wachen Augen in eine plötzlich klare Zukunft. Petra fühlt, dass jetzt der richtige Moment ist, ihr Leben ein für alle Mal zu ändern.

Wem soll sie das nun bitte erklären? Sie schaut die beiden Rentner an. Die starren aus dem Fenster. Sie zieht ihr Telefon aus der Tasche. Keine neuen Nachrichten.

Sie fühlt sich plötzlich so geladen, dass sie es nicht länger aushalten kann und Brigitte eine flammende Nachricht schickt. So eine, für die sie sich unter anderen Umständen genieren würde. Sie strahlt. Es ist schier obszön, so ein Glücklichsein öffentlich zu zeigen. Aber sie schämt sich nicht. Stattdessen dreht sie sich zum Rentnerpaar und fragt frech: »Und wo fahren Sie heute hin?«

Die beiden starren sie einfach nur entgeistert an. Blicke zwischen Skepsis und Unvermögen.

Hinter ihr bleibt ein Mann vor der Abteiltür stehen und schaut herein. Er trägt eins der T-Shirts und ist sichtlich enttäuscht, weil er nicht genügend Platz für ihn und seine Freunde vorfindet und schlägt mit der flachen Hand etwas zu fest gegen die Scheibe. Es knallt etwas zu laut. Die Rentnerin erschrickt etwas zu arg. Petra zuckt. Der Mann verzieht sein Gesicht zu einer ungläubigen Grimasse.

»Was trägt der bei so einem Wetter eine Sonnenbrille? Dem haben's sicher ein blaues Aug g'schlagen«, sagt der Rentner. Seine Frau nickt.

Petra wendet sich wieder ab. Es soll halt nicht sein.

Der Zug rast durch die Landschaft.

»Magst nicht glauben, dass es innerhalb zwei Tag jetzt so g'regnet hat, ha?«, sagt der Mann und deutet wild in der Gegend herum und zeigt auf all die großen Schlammpfützen in der Landschaft.

»Es hat die Sonne g'scheint aber auch«, sagt seine Frau und zieht ihre Augenbrauen hoch.

»Jetzt wird's richtig schön«, sagt er und lehnt sich wieder entspannt zurück.

»Ja, freilich, jetzt, wo wir wieder heimfahr'n«, sagt sie. »Ich weiß ja schon gar nicht mehr, wie der Regen ausschaut.«

»Daheim wird der Garten ausschauen wie d'Sau, wirst scho seh'n«, sagt er und klingt fast herausfordernd.

»Ja. Wahrscheinlich. Des kann der Bub gleich alles aufräumen«, sagt sie. Ihr Gatte nickt.

Petra streckt die Beine aus und mag, wie sich ihr Körper heute anfühlt, wie sie sich selbst betrachtet, wie ihre Beine etwas ziehen, ihr Herz gleichmäßig schlägt, die Atmung ruhig fließt.

Der Sohn kommt zurück, freudestrahlend reißt er schwungvoll die Tür auf und stolpert gleich über Petras Beine. Doch er hält sich damit nicht auf.

»Ihr werdet nicht glauben, wen ich grad getroffen hab!«, berichtet er freudestrahlend, »den ...«

Im Gesicht der Mutter zeichnet sich sofort Ärger ab, und sie unterbricht ihn forsch: »Na, sag's ned. Ich will's gar nicht wissen. Und schrei ned so!«

»Ja, is ja gut«, sagt er kleinlaut, verbirgt seine blendende Laune.

Vom Gang dröhnt das Gröhlen herein.

Mit leeren Händen und leerer Miene steht er im Abteil, wägt sichtlich seine Optionen ab und greift schließlich nach seiner Jacke. »Ich geh beim nächsten Halt mit ihnen raus«, sagt's und schiebt schon die Tür hinter sich zu. Seine Eltern schauen aus dem Fenster, als wär nichts.

»Des macht der sicher ned«, sagt der Vater.

»Na, geh, sicher nicht«, sagt die Mutter.

Petra schaut auf ihr Handy. Keine Nachricht.

Der Zug rollt in den nächsten Bahnhof ein.

Petras Mitreisende rücken näher ans Fenster: »Drum hat der so ein Theater g'macht, weil er rauchen muss, da schau hin.«

»Ja, der hält auch die Zigarett'n scho so komisch.«

»Heut Abend gibt's a schene Pizza. Hast Lust?«

»Ja, freilich. Mit Wein dazu.«

»Ma schau dir die Burschen an da draußen. Der unsrige mittendrin!«

»Heiliger Gott, dass de jetzt ausgerechnet da mitfahren müssen.«

»Du, fahren wir aber direkt vom Bahnhof zur Pizzeria. Wenn ma erst heimmüssen und Koffer reintragen, dauert das zu lang.«

»Na da hol ma uns a schöne Pizza und dann mach'ma uns a schöne Flasche Wein auf.«

»Und morgen mach a vielleicht noch einen Ausflug.«

»Geh, na! Du schaust immer so weit vor. Jetzt sind wir erst mal auf da Heimfahrt.«

»I weiß eh. Eins nachm andern.«

»Genau. So is recht.«

Petras Handy vibriert. Die Nachricht, die sie liest, lässt sie erst lächeln und dann ihre Augen erneut schließen. Brigittes Antwort ist nicht weniger flammend, nicht weniger aufreibend. Das Herz schlägt wild. Wie angenehm. Eine Hitzewallung rast durch den Körper. Schweißperlen bilden sich. Petra glaubt, an etwas Großem dran zu sein, wie ein Trüffelschwein etwas ganz Kostbares aufgestöbert zu haben. Petra hält es kaum noch aus, in diesem miefigen Abteil, in diesem alten Zug, in diesem Zustand. Es gibt nur ein Entkommen: loslassen. Jetzt gibt sie sich dem müden Körper hin, dem Verlangen, sich zu regenerieren. Der Erschöpfung. Der Gewissheit, nichts zu verpassen. Der Gewissheit, alles noch vor sich zu haben. Sie streckt ihre Beine, ihre Arme, deckt sich mit ihrem Trenchcoat zu. Sie will möglichst schnell weiter. Fort von hier. Die Geräusche lösen sich auf, und sie weiß, dass sie jeden Moment abtauchen wird. Mit der erfüllenden Gewissheit, dass die Zukunft eine bessere Gegenwart abgeben wird, gibt sie sich dem Nichts hin, das sie sanft weiter in die Stille gleiten lässt.

Die Petra pennt. Tief und fest.

Und die Burschen steigen an einem Provinzbahnhof aus und singen fröhlich, und einer fällt hin, das ist nicht schlimm, ihre Freundinnen warten schon und bringen die Kerle sicher nach Hause, der Sohn des Rentnerpaares winkt ihnen traurig hinterher, und im Gang bahnt sich das verschüttete Bier seine Wege, der Mann mit den Snacks schiebt erneut seinen Wagen durch den Zug, reißt jedoch die Abteiltüren nicht mehr auf, der Schaffner verkündet die baldige Ankunft am Zielbahnhof, während die Landschaft immer bekannter und langweiliger wird. Und die Familie springt auf, als hätten sie es eilig, und reißt und zerrt an ihren Koffern, und die Frau schreit Petra an, dass sie nun da wären, und Petra wacht erschrocken auf und blickt in ein vorwurfsvolles Gesicht und ist zu müde, um zu reagieren, und gibt protestlos den Weg in den schmutzigen Gang frei, den sie nutzlos schlafend blockierte, und die Frau steht alsdann in einer längst getrockneten, aber klebrigen Bierpfütze und regt sich die restlichen sieben Minuten bis zur Ankunft darüber auf. Und der Mann zischt bittend um Ruhe, der Sohn schaut währenddessen aus dem Fenster, als würde er nicht mehr dazugehören, und dann endlich hält der Zug und öffnet die Türen, und die Familie steigt zuerst aus dem Wagen, denn sie stand ganz vorne, und nun gehen sie gehetzt, aber langsam den Bahnsteig entlang in Richtung Park & Ride und verschwinden bereits aus Petras Sichtfeld, die deutlich langsamer unterwegs ist. Nicht etwa, weil Petra keine Energie mehr hat. Petra hat sich wiederhergestellt. Petra ist hellwach. Wer will schon sein Leben verschlafen?

Haben Sie schon einmal eine Leiche gesehen?«, fragte ein Mann mit einem strahlenden Lächeln.

»Nein.«

»Na, haben Sie ein Glück!«

»Ich habe Ihre Tante noch gesehen. An dem Tag.«

»Ach?«

»Also, lebendig.«

»Ok. Gut.«

»Tot wär nicht möglich, sie wurden ja in Särgen abtransportiert, wissen Sie? Da konnte ich gar nichts sehen. Wär auch nicht schön gewesen. Aber geschaut habe ich schon. Ist ja schon auch interessant, so eine Leiche zu sehen, finden Sie nicht? Vor allem die Leichen der eigenen Nachbarn. Zwei Personen, die ich jahrelang quicklebendig sah, plötzlich hinüber. Finito. Schon sehenswert, oder?«

»Nein.«

»Ich habe Ihre Tante gut gekannt.«

»Ja?«

»Wirklich, mein herzliches Beileid.«

»Danke.«

»Das hat wohl niemand kommen sehen.«

»Nein.«

»Es ist ja auch sonst niemandem was passiert.«

»Stimmt. Die Einbrecher wurden übrigens gefunden.«

»So, so. Gut zu wissen. Aber ja, weiß ich natürlich schon.«

»Sonst könnte ich auch gar nicht einziehen.«

»Aber schön für Sie, dass Sie jetzt erben konnten. Sie sind doch die Erbin nehme ich an?«

»Ja.«

»Können Sie sich das Haus denn leisten? Falls nicht, ich hätte Interesse. Hier ist meine Karte. Ich mach Ihnen einen guten Preis. Wegen der Verwandtschaft halt. Ist ja alles so traurig. So ein nettes Paar und dann: so ein dummer Zufall, dass sie ausgerechnet früher heimkommen und die Räuber überraschen. Aber wie gesagt, ich würde das Haus schon nehmen. Trotz der traurigen Situation. Wir sind ja hier auch so etwas wie eine Familie. Die ganze Nachbarschaft hält zusammen.«

»Danke.«

»Überlegen Sie sich's. Ist bestimmt nicht leicht, an einen Ort des Verbrechens zu ziehen. Vor allem wenn die eigenen Familienmitglieder ermordet wurden. Glauben Sie an Geister?«

»Ich glaube, ich komme zurecht.«

»Aber sicher doch, sicher doch. Falls Sie jedoch mal Hilfe benötigen, zögern Sie nicht. Ich bin immer daheim.«

»Gut.«

»Bei allen Belangen. Wir sind hier eine eingeschriebene Gemeinschaft. Das kann schwierig werden für Sie als Neuankömmling. Vor allem so allein. Oder kommt da noch jemand?«

»Nein.«

»Ach. Kein Mann?«

»Nein.«

»Na, sowas. Ganz eine moderne Frau halt, gell?«

»Wahrscheinlich.«

»Ich sag immer zu meiner Frau: Zum Glück sind wir schon so alt – die jungen Dinger hätten ja gar keine Lust auf einen Mann wie mich.«

»Das weiß ich nicht.«

»Und werden Sie sich nicht fürchten?«

»Ich bin eher furchtlos.«

»So, so.«

»Wo ist denn eigentlich der Hund?«

»Welcher Hund?«

»Na, der Hund meiner Tante? Der schöne weiße.«

»Ach ja, stimmt. Die hatte so einen Hund.«

»Den haben Sie also auch nirgends gesehen?«

»Den werden die Räuber mitgenommen haben. Der ist sicher was wert. Ihre Tante und Ihr Onkel hatten ja nur schöne Sachen, gell?«

»Gut. Danke.«

»Na dann, auf eine gute Nachbarschaft.«

»Auf Wiedersehen!«

»Ja, auf Wiedersehen. Und rufen Sie mich an!«

Verena steht da, als hätte sie der Schlag getroffen. In diesem Fall ist der Schlag ein Mann, der seinen Havanesen seit Tagen auffällig nah an ihrem Grundstück spazieren führte und nun endlich kundtun konnte, was ihm auf dem Herzen lag. Er will ihr Haus. Er winkt zum Abschied. Verena schaut ihm hinterher, wie er langsam davontrottet und seinen Hund regelrecht über die Verbundpflastersteine der Einfahrt schleift. Der Havanese hat offensichtlich keine Lust mehr auf diese unnötigen Spaziergänge und legt sich in das Blumenbeet. Ausgerechnet in das Schönste. Verena weiß nicht, ob sie vor Wut schäumen oder vor Belustigung laut lachen soll. Der Hund liegt starr auf dem Beet und verweigert jeden weiteren Schritt. Der versteht nicht, dass es der letzte überflüssige Spaziergang dieser Art war. Was gesagt werden wollte, wurde gesagt, die Scharade beendet. Der Hund müsste sich also nicht mehr so anstellen. Dennoch liegt er zwischen den blühenden Blumen und Sträuchern auf Rindenmulch – ein apricotfarbener Plüschhaufen, der hin und wieder schwer einatmet und sich verweigert. Der Mann weiß nicht so recht, wie er damit umgehen soll und schaut sich um. Vor der neuen Besitzerin will er keine

Szene machen, da sie in der Tür steht und ihn beobachtet. Er winkt ihr, in der Hoffnung, dass sie ihn in seiner Misere allein zurücklässt, Verena allerdings rührt sich nicht. Da lockt er das Hündchen zuerst erfolglos mit Leckerli, die er in der beigen Jackentasche versteckt hält, und bückt sich schließlich ächzend, um es aufzuheben und leise fluchend nach Hause zu tragen. »So ein Luder«, sagt er, »ein einziges Rindviech.«

Verena weiß nicht, wen er meint, meint aber zu wissen, dass sie gut ohne ihn auskommen wird. Willkommen in der Nachbarschaft!

Sie schließt die Haustür und verriegelt sie gut. Das hat sie sich bereits am ersten Tag angewöhnt. Anschließend geht sie auf die Terrasse und denkt über ein Sicherheitskonzept nach. Völlige Überwachung durch Kameras, Sensoren und Laser. Einen Safe gibt es schon, braucht sie nicht auch einen Panic Room? Sicher ist sicher, denkt sie und schaut die pinken Rosen an. Nichts scheint übertrieben in einer dermaßen alten Nachbarschaft, in der alles so harmlos wirkt. Es ist nie irgendetwas harmlos. Jedes Mal, wenn Verena durch den Vorraum geht, ahnt sie: Hier lag sie, die Tante, niedergestreckt wegen der Diamantohrringe, dem Bargeld, der Kreditkarten, dem Reichtum. Sie will nicht so enden. Erst recht nicht jetzt, wo ihr gutes Leben gerade beginnt.

Auf das gute Leben trinkt Verena erst mal einen Schluck Sherry. Dann blättert sie weiter durch die Kataloge der Sicherheitsfirmen und rekapituliert ihr Leben.

Während sie im Kostüm ihrer Tante in deren Gartenmöbeln sitzt und plötzlich keine Sorgen mehr zu haben scheint, kommt der Mann mit seinem Hündchen zu Hause an und verkündet stolz, den ersten Kontakt hergestellt zu haben.

Verena nimmt noch einen Schluck. Trauer und Segen gleichermaßen. Das muss verarbeitet werden. Sie ist fremd hier und gleichzeitig sind ihr das Haus, der See, das Viertel, das Städtchen vertraut. Wie viele Tage wird sie benötigen, um aus dem Haus der Tante und des Onkels ihr eigenes zu machen?

Verena denkt nicht im Geringsten daran, ihr neues Eigenheim zu verkaufen. Ihr ist nämlich klar, so ein großer, hübscher Besitz steigert auch ihren Marktwert. Sie hat ein Upgrade bekommen. Ihre Position auf dem Liebesmarkt ist hoch im Kurs. Sie fällt in die Kategorie neureich. Reich – das ist begehrenswert.

Begehrt werden möchte sie allerdings von anderen als ihrem Rentnernachbarn. Schließlich begehrt dieser nicht Verena, sondern allein das schöne Haus und das schöne Grundstück.

Nun hat sie das Gefühl, noch nie wirklich verliebt gewesen zu sein, und damit einhergehend wieder einmal das Gefühl, etwas ganz Großes zu verpassen. Trifft es etwa alle anderen – alle außer ihr? Gibt es Menschen, gibt es Frauen, die sich nie verlieben? Was machen die denn den ganzen Tag, wenn sie nicht mit Küssen und Streiten und Schmusen und Lieben und Leiden beschäftigt sind?

Verena ist bereit, den alten Ballast, ihr altes Leben, vollständig ab- und sich selbst neu auf den Markt zu werfen. Sie ist eine gemachte Frau. Im besten Alter, kinderlos, quasi Großgrundbesitzerin und völlig frei, aber bereit herauszufinden, was sie versäumt hat. Ohne Anhang. Ohne Verpflichtungen. Ohne Last. Ihren Job im Büro hat sie gekündigt, hier sitzt sie nun, in ihrem neuen Reich: zwei Geschosse, Keller, Garage, drei Balkone, eine große Terrasse, ein großer Garten, ein Bootshaus, ein Steg, zwei Badezimmer, mehrere Toiletten, ein Pool, eine Badewanne mit Sprudelfunktion, eine vollausgestattete Küche, mehrere Gästezimmer, sogar ein Auto und nicht zuletzt mehrere gut gefüllte Konten und Aktien. Alle Möglichkeiten scheinen offen. So etwas konnte sie sich nicht einmal vorstellen. Wie einfach das Leben doch manchmal ist.

Nur ist Verena allein. Können alleinstehende Frauen überhaupt glücklich sein?

Für eine alleinstehende Frau wird Einsamkeit geradezu gefordert. Die häufigste Frage, die Verena seit ihrem Umzug gestellt bekam, fragt nach ihrer Einsamkeit. Als wäre das Leben in einer großen Villa gleichbedeutend mit einer unermesslichen Leere, einer strengen Isolation, einer unangenehmen Langeweile.

Ist es das alleinstehende Sein einer Frau generell, das auf einen Mangel hinzuweisen scheint? Wenn es sich um das Leben einer reichen, wohlhabenden, alleinstehenden Frau handelt, grenzt es dann an Verschwendung? Mit den Ressourcen muss sinnvoll gewirtschaftet werden. Warum so viele Zimmer besitzen, wenn sie kaum genutzt würden? Verena weiß warum: weil es ihre sind. Ihr rechtmäßiges Eigentum. Sie nimmt noch einen Schluck.

Sie ruft bei einer der Sicherheitsfirmen an und macht einen Besichtigungstermin aus. Lieber schnell in Sicherheit bringen, als dass der Traum vom guten Leben ein zu jähes Ende findet. Sie hat sich bisher nicht dran gewöhnen können, an den neuen Standard. Wär schade, wenn es schnell vorüber wäre. Ja, eine Schande wär's!

Während sie telefoniert, schreibt sich Verena Notizen. Der Mann am Telefon wirft mit Begriffen und Bezeichnungen um sich, die Verena absichtlich dumm dastehen lassen sollen, Fachvokabular.

»Das Wichtigste im Leben ist die eigene Sicherheit«, ruft der Mann ins Telefon.

Sie nickt, obwohl er sie nicht sehen kann. Sie fühlt sich verstanden. Sie ruft bei einer anderen Sicherheitsfirma an und arrangiert eine weitere Besichtigung. Wer vertraut schließlich heute noch dem erstbesten Angebot? Der neue Berater schleudert der Anruferin die gleichen Begriffe entgegen. Die Sicherheitsbranche boome. Das System, das hier installiert werden soll, werde smart, manipulationssicher, zuverlässig und absolut robust sein. Der Mann spricht von einem ausgeklügelten System aus Überwachungskameras, Bewegungs- und Gefahrenmeldern und allerhand nützlichen Zusatzfunktionen. Verena nickt und notiert.

Als sie auflegt, kommen ihr die Tränen. Sie schießen nur so aus ihr heraus. Verena, der Springbrunnen auf der Marmorterrasse. Ihre Tante war eine angenehme, stolze Frau. Selbst der Onkel: irgendwie lieb. Erfolgreich und ausschließlich an der Karriere interessiert. Passte schon ganz gut zu ihr. Die Tante war eine, die sich wenig um ihren Ruf und noch weniger um Tabus scherte. Ist doch klar, dass ausgerechnet eine solche Frau für ihren Lebensstil bestraft wird.

Was wird jetzt aus dem zwanzig Jahre jüngeren Lover der Tante? Verena sollte ihn mal anrufen – der hat es schließlich auch nicht leicht. Warum weiß Verena überhaupt von ihm? Weil Frauen, die sich vertrauen, reden. Der arme Mann.

Die Tante. Als gäbe es eine Regel. Lebt eine Frau so, muss sie dran glauben. Dann geht sie drauf. Dann passiert so was Dummes wie ein Raubüberfall am helllichten Tag. Völlig idiotisch, so ein Zufall. Warum waren die Diebe nicht in eins der Nachbarhäuser eingedrungen? Was führte zu dieser Entscheidung? Warum denn gleich jemanden ermorden, nur weil sie einer beim Gaunern stört? Verena weint und schnieft und schnäuzt sich und kann die Härte des Lebens kaum fassen. Dummheit schützt vor Strafe nicht. Wieso hatte die Tante nie an eine Alarmanlage gedacht? Reichtum verpflichtet bekanntlich.

Der Weinkeller der Tante und des Onkels ist gut bestückt, und so ein edler Tropfen wie der, der im Kühler kühlt, ist genau für so einen Moment bestimmt. Für einen Moment absolut tiefer Trauer und radikaler Erleichterung. Sie öffnet eine Flasche und trinkt einen großen Schluck zur Beruhigung und atmet durch. Diese Frau weint jeden Tag. Diese arme Frau. Arme Verena. Wie trostlos.

Sie wischt sich die Tränen aus dem Gesicht. Es hilft ja nichts. Sie rafft sich auf und macht ein Foto, schneidet dabei die fotogenen, pittoresken Säulen zwischen Terrasse und Balkon geschickt an, schickt es Laura und lädt, da diese nicht sofort reagiert, es bei Instagram hoch. Like, like, like, seit sie in die Villa gezogen ist, fliegen ihr die Herzen nur so zu. Zuspruch, Aufstieg, Fortschritt. Triumphierend beobachtet sie die eingehende Zuneigung.

Laura meldet sich nicht. Das macht die sicher absichtlich.

Verena schießt noch mehr Selfies. Ihr Tagessoll ist erledigt. Jetzt ist Entspannung angesagt. Wer trauert, darf einen eigenen Rhythmus finden. Verena schafft eine große Sache pro Tag. Die restliche Zeit muss sie sich selbst heilen. Gesundheit ist neben Sicherheit das Wichtigste im Leben. Dafür braucht es auch das richtige Mindset.

Verena leert das Weinglas und zieht das grellgrüne Kostüm der Tante aus. Nackt steht sie da, auf ihrer eigenen Terrasse, vor ihrem eigenen Pool. Wie hatte sie je ohne diesen Luxus leben können? Der Badeanzug wird im privaten Garten wohl kaum benötigt, die Hecken sind hoch genug. Sie spaziert über den schönen Boden, ohne sich Gedanken um ihren Körper zu machen, und steigt die Treppen hinab ins kühle, blaue Wasser, wovon sie sich Erholung verspricht. Wer träumt nicht davon, nackt in seinem eigenen Pool nach Lust und Laune baden, schwimmen und planschen zu können? Dies löst in Verena die nächste der Verzweiflungswellen aus. Sie kann sich nicht zurückhalten. Mit jedem Zug fließen Verenas Tränen über die aufgeheizten Wangen und vermischen sich mit Chlorwasser. Wie unangenehm emotional. Der nackte Frauenkörper, der sich so leicht anfühlt im Wasser, verdrängt mit jeder Bewegung den Widerstand und lässt die Empfindungen nur so herausströmen. Wenigstens muss sie nichts aufwischen. Irgendwann fällt ihr das Schwimmen schwer, und Verena klettert aus dem Pool, legt sich erschöpft auf einen Liegestuhl direkt am Bassin. Neben die Palmen statt darunter und macht die Augen zu. Sie will heute nicht auf die Palme gehen und wird von der angenehmen warmen Luft umschlungen und langsam wieder aufgeheizt. Sie hört den Wind sanft durch die Palmwedel rauschen und entfernt die Vögel singen. Sie war noch nie an einem Ort, der sich so paradiesisch anfühlte. Das Schluchzen verstummt. Die Haut trocknet. Der Frieden kehrt ein. Endlich ist sie angekommen. Endlich ist sie die Frau geworden, die sie immer sein wollte. Leicht besoffen von Glück und Grauburgunder, leicht erschöpft, traurig und hoffnungsvoll dämmert Verena weg.

Als Verena von einem unsäglichen Kopfschmerz geweckt wird, begleitet von einem unbekannten Pochen auf der Haut, realisiert sie erst nach ein paar Sekunden, wie fatal ihr Schläfchen war.

Der Blick auf das Handy. Vierhundert neue Herzen. Zugleich die bittere Erkenntnis, dass sie stundenlang in der prallen Sonne lag. Ihr Herz rast unangenehm. Der Sonnenbrand erstreckt sich schonungslos über die gesamte vordere Körperseite. Verena, rot wie Klatschmohn, wär beinah stumm und heimlich im eigenen Garten verbrannt.

Als Kind wurde sie auf einem Erdbeerfeld vergessen und zog sich dabei einen Sonnenstich mit Hirnhautentzündung zu. Verena greift sich folglich an den heißen Kopf und spürt, wie sich die Übelkeit ihren Weg nach oben bahnt. Es gibt kein Zurück. Das Erbrochene findet den Weg schneller heraus als Verena ins Haus hinein. Mit enormer Mühe schafft sie es, sich selbst dabei nicht anzuspucken. Ob das noch einen Unterschied macht? Vielleicht fürs Selbstwertgefühl.

Da steht sie, die klatschmohnrote Frau, die sich langsam, Schritt für Schritt, in Richtung Haus bewegt. Eine unerträgliche Tortur, der ganze Körper klagt. Verena wimmert leise. Erst bei der großen Aloe Vera beruhigt sich ihr Puls. Da kommt der Selbsterhaltungstrieb in

Gang. Sie reißt und zerrt an einem Blatt mit all der Kraft, die sie noch aufwenden kann. Verena drückt das Blattgel auf ihre pulsierende Haut, wovon sie sich sofortige Besserung verspricht. Ein Blatt reicht allerdings nicht. Sie zerrt am nächsten und reißt und stöhnt und jede zu schnelle, zu ruppige Bewegung jagt ein Stechen durch den Schädel. Sie quetscht noch drei große Blätter auf sich aus, während sie brav neben den Topf speit, und reibt sich gierig ein. Nur noch wenige Schritte trennen sie vom schützenden Schatten. Und jeder Schritt fühlt sich schlimmer an als alle zuvor. Wie kann es denn im Frühjahr schon so heiß sein?, fragt sie sich und stützt sich an Rattan-Gartenmöbeln ab, klammert sich an Säulen fest und hält sich schließlich an der goldenen Türklinke aufrecht. Noch ein Schritt und die Frau ist in Deckung.

Das Haus verschluckt sie regelrecht. Verena schließt die Augen und lässt sich auf den gefliesten Boden fallen, dreht sich auf den Bauch, streckt ihre Arme, ihre Beine von sich und bleibt liegen, um sich abzukühlen. Mit letzter Kraft nimmt sie die Sonnenbrille vom Gesicht, aktiviert die Frontkamera ihres Handys und betrachtet das knallrote Gesicht und die weißen Ränder um ihre Augen. Sie legt Handy und Sonnenbrille neben sich und ihr Gesicht abwechselnd mal mit der linken, mal mit der rechten Seite auf den Steinboden. Ihr ist heiß und kalt zugleich.

Als Kind hätte sie für so etwas großen Ärger bekommen. Sonneneinstrahlung ist doch als Hautalterungsursache Nummer eins bekannt. Jetzt könnte sie jedoch niemand mehr schimpfen. Diese Frau ist alt genug. Sie weiß, was sie tut. Und für jeden körperlichen Mangel ist mindestens eine Methode zur Beseitigung erschaffen worden. Sie kann auf den eiskalten Fliesen liegen, bis sich die Haut regeneriert, ja vielleicht sogar gebräunt hat. Sie muss niemanden empfangen, niemanden besuchen, keiner Arbeit nachgehen, keine Ausflüge machen, sie muss nicht einmal einkaufen gehen, wenn alles geliefert werden kann. Willst du gelten, mach dich selten. Verena weiß, dass niemand sie so sehen muss außer ihr selbst. Und wenn sie nicht will, blickt sie nicht in den Spiegel. Ihr ist noch immer unerträglich schlecht. Jetzt bloß nicht einschlafen, denkt sie, sie darf jetzt nicht an Erbrochenem ersticken.

Verena stöhnt. Da liegt sie auf dem Boden, unweit der Stelle, auf der die Tante lag und starb. Verenas Blick fällt unter das Sofaarrangement. Ein weiteres Hundespielzeug. Bloß das Hündchen fehlt. Sie wird sich ein eigenes, ein neues Hündchen zulegen. Einen Spielgefährten. Die Tante hatte schon recht, ein Anwesen braucht einen Schoßhund. Ein solcher würde ihr unglaubliche Freude bringen. Verenas Herzrhythmus stabilisiert sich. Sie versucht sich nicht mehr zu bewegen. Verena liegt starr auf dem Fußboden und atmet ruhig.

Das Telefon läutet. Sie greift dankbar danach. Ein Blick auf das Display: Laura ruft an. Verena räuspert sich. Bloß nichts anmerken lassen. Sie will fröhlich und unbekümmert klingen und begrüßt überschwänglich ihre Freundin, denn ihr Leben ist jetzt perfekt, und Laura soll das zu spüren kriegen.

Es ist nicht des Geldes wegen. Laura will den Mann nicht des Geldes wegen. Doch warum will er große Teile seines Geldes, seines Besitzes vor ihr schützen? Eine gelungene Überraschung, so ein Ehevertrag. Laura macht sich nichts draus. Ist halt so. Hätte sie was Großes, Teures, würde sie es genauso behalten wollen – nach der Scheidung. Und eine Scheidung muss er berücksichtigen, so reich, wie der ist. Das sagt auch sein Freund, der Anwalt. Alles soll ganz gerecht zugehen, sagt der freundliche Anwalt. Gerechtigkeit, das weiß Laura, ist ein sehr dehnbarer Begriff. Aber weil in ihrer Beziehung die Zuständigkeiten fair verteilt sind, darf C. einen Ehevertrag aufsetzen und Laura die Eheschließung in Windeseile durchführen lassen. Und deshalb wird sie jetzt gleich Verena anrufen und ihr die Termine durchgeben. Seit Verena weggezogen ist, fühlt sich Laura unausgewogen. Die Freundin an ihrer Seite fehlt. Die Vergleichsgruppe fehlt.

Es ist, als würde der Vorsprung, den sie in Liebesdingen hat, plötzlich nicht mehr zählen. Was zählt, sind die Fakten. Die Faktenlage ist klar, Verena hat schnell aufgeholt mit dem Erbe. Dennoch liegt Laura vorn. Mit dem Ehevertrag, der auf dem Tisch liegt und in dem ihr mitgeteilt wird, dass sie nie das Jagdhaus seiner Familie besitzen wird und auch nicht das Ferienhaus am Gardasee, ändert sich alles. Ungeheuerlich.

Sei's drum, sie wird den Mann haben, das reicht ja wohl. Und halten. Und eben möglichst oft auf Ferien in beiden Häusern bestehen, solang die Ehe läuft.

Laufen würde sie jetzt auch gern gehen, gegen den Stress, stattdessen geht sie auf die Terrasse und betrachtet ihren Garten. Niemand weiß, wie anstrengend es ist, einen Garten zu erhalten. Der richtige Rasen, die Rosenbüsche, die Beerenstauden, das Unkraut, die Schnecken, der adäquate Kompost, das Hochbeet, die Nutzpflanzen, das Bienenhotel, das Insektenhotel, die Vogelhäuser, die Baumkronen, der entsprechende Zuschnitt der Hecken, der Äste, die Terrakottatöpfe, der Zitronenbaum, der Olivenbaum, der Farn, und heuer wird der Pool gebaut, das ist Standard, das gehört mittlerweile einfach dazu. Auch bei uns. Auf Verenas Foto hat sie sich den Pool ganz genau angeschaut. Hat scheinbar die richtige Größe, wirkt allerdings nicht tief genug. Eher ein Planschbecken. Wie sie früher gebaut wurden. Ist halt alles ein bisschen rustikaler. Sie wird sie jetzt gleich fragen, wann sie sie besuchen kann.

Laura schenkt sich kalten Tee in die Tasse, schiebt die Zeitung weg und tippt auf den ersten Namen in der Favoritenliste ihres Telefons: Verena. Nach mehrmaligem Läuten hebt diese endlich ab und keucht erstmal angestrengt. Solche Geräusche kennt sie von ihr nicht. Sekunden später kommt hingegen die freudige, wohlbekannte Stimme zurück, die ganz übermütig klingt.

»Mein Herz!«

»Schatz!«

»Wie geht's?«

»Herrlich, dir?«

»Auch.«

»Schön.«

»Also, ich ruf an, weil …«

»Weil du deinen Mann verlässt und bei mir einziehst.«

»Haha.«

»Hahahaha.«

»Haha!«

»Haha.«

»Nein.«

»Nein, natürlich nicht. Ich will die Villa eh nur für mich.«

»Ich würde sie auch nehmen!«

»Haha, ja.«

»Du, ich ruf an, weil ich dir meinen Hochzeitstermin durchgeben will. Es ist mehr oder weniger Last Minute, aber dafür auf einem Schiff.«

»Oh!«

»Ja!«

»Na, und wann?«

»In zwei Monaten!«

»Wow!«

»Ja!«

»Ok. Warum habt ihr es jetzt so eilig?«

»Ach, warum denn auch nicht. Die Einladungen gingen heute raus, aber dir wollte ich es persönlich sagen. Das Schiff haben wir wegen seinem Bruder viel früher bekommen und rate bitte, auf welchem See wir heiraten werden?«

»Ich weiß nicht, spuck es aus!«

»Na, auf dem Tegernsee!«

»Ach! Warum denn nicht bei mir, auf dem Starnberger?«

»Ja, weil halt am Tegernsee der Bruder dieses Hotel hat, und wir deswegen dieses Schiff bekommen. Jetzt freu dich halt.«

»Ich freu mich.«

»Gut!«

»Ja, gut.«

»Du bist meine Brautjungfer.«

»Ja. Schön, ich freu mich!«

»Wirst du mir bei der Organisation helfen?«

»Natürlich! Ich kann es kaum erwarten.«

»Und die Pille habe ich auch abgesetzt.«

»Ich wusste nicht, dass ihr jetzt Kinder wollt.«

»Na, wenn wir schon heiraten, nicht wahr?«

»Nur weil ihr heiratet, müsst ihr nicht ...«

»Jetzt sei nicht schon wieder negativ. Sag mir lieber, wann ich dich besuchen kann!«

»Jederzeit!«

»Schön.«

»Ja, komm her, es ist wirklich traumhaft. Hier ist ein großer Garten, Pool, mehrere Gästezimmer, du kriegst ein Bad für dich, der Weinkeller ist gut bestückt ...«

»Gut, dann schau ich mal in meinen Kalender und geb dir Bescheid.«

»Ja, so machen wir's. Ich hab Zeit«

»Sonst alles gut?«

»Jaja, wunderbar. War den ganzen Tag draußen. Hab mich entspannt.«

»Fein. So soll's sein.«

»Ja.«

»Ja. Hast du dir verdient. Also wir beide verdienen das. Alle verdienen das.«

»Da hast du auch wieder recht.«

»Also. Ciao!«

»Ciao!«

Das hat gesessen. Hochzeit in zwei Monaten. Tegernsee. Damit hat niemand gerechnet. Laura strahlt. Laura denkt bereits an die Erinnerungen, die da auf dem Schiffchen geschaffen werden. Sie streift die Schuhe ab und geht barfuß über den gepflegten Rasen. Wirklich, niemand weiß, welche Mühe so eine ordinäre Wiese macht.

Da fällt Laura siedend heiß ein, dass sie den Lachs noch abholen muss. Es bleibt keine Zeit mehr, das Ergebnis der hart arbeitenden Gärtner zu begutachten. Zwei Portionen Fisch pro Woche sollen sich günstig auf ihren Organismus auswirken und die Befruchtungschancen erhöhen. Schaden kann's nicht. Täglich auf sich achten ist ein Fulltime-Job. Nicht nur sich selbst erhalten, sondern auch den Standard. Sie rennt zurück ins Haus, sprintet in den ersten Stock hinauf und legt in der Rapidität eines Profis das Make-up auf.

Wenn ich schon in die Stadt fahre, kann ich auch gleich ins Kosmetikstudio, denkt sie sich und greift nach ihrer Kundenbonuskarte im rechten Spiegelschrank. Nur noch vier Sitzungen und ich erhalte einmal gratis.

Der Lidstrich sitzt, und Laura rennt die Treppen hinunter, wieder was erledigt. Laura liebt es, effektiv und effizient zu sein. Sie nimmt mehrere Stufen, stolpert, fliegt, kann sich gerade noch am Geländer festhalten, prallt zwar auf, bewahrt sich jedoch in letzter Sekunde vor einem ernsten Sturz. Sie richtet sich auf, wie ein gefallenes Model. Es ist eine Frage der Attitüde. Kurze Kontrolle – alles heil geblieben.

Die restlichen Stufen geht sie behutsam. Betrachtet sich unten angekommen im Spiegel, trägt eine Lippenpflege auf und zieht die Haustür hinter sich zu. Puh. Glück gehabt. Andere brechen sich dabei das Genick. Laura nicht.

Laura fährt auf den Parkplatz und rollt auf den Salon zu, parkt direkt vor der Tür. Ein prüfender Blick auf die prall gefüllte Kühltasche auf der Rückbank, dann steigt sie aus.

»Hiii«, flötet sie beim Eintreten und lehnt sich über die Theke und betrachtet die namenlosen Frauen vergnügt nacheinander. »Ich würde mir gern die Nägel neu machen lassen.«

»Oh. Hallo«, ruft da eine vom anderen Ende des Salons. »Wie immer?«

Laura nickt und stolziert auf sie zu.

»Welche Farbe?«

Laura betrachtet mit einer Seelenruhe die Farbpalette und freut sich auf ihr wohl verdientes Beauty-Treatment. Im Kosmetikstudio hat jede Angestellte einen eigenen Bereich. Seit Jahren lässt sich Laura hier behandeln. Meistens war Verena dabei. Die fehlt jetzt. Laura fällt das kaum auf. Sie nimmt gegenüber ihrer Nageldesignerin Platz und grinst so lange, bis diese endlich fragt, was der Grund zur Freude ist.

»Ich werde in zwei Monaten heiraten«, platzt es aus Laura heraus. Sie reißt die Hände vom Tisch und schlägt sie vor dem eigenen Mund zusammen, als könne sie es selbst noch nicht glauben.

Die Nageldesignerin macht zustimmende Geräusche und gratuliert. Laura legt artig die Hände auf den Tisch, und die Frau kann mit ihrer Arbeit beginnen, während Laura vom Antrag erzählt. Die Frau macht ihren Job gut. So gut, dass Laura ihr sogar noch ihre Füße anvertraut. Jetzt, wo alles geregelt ist, ist so eine Behandlung doch überfällig. Laura denkt an C. Der hat gern schöne Frauen um sich. Laura ist schön. Sie ist perfekt für so einen Mann. Wenn Laura weniger schöne Frauen sieht, bekommt sie manchmal Mitleid. Der eigene Körper ist ja kein festgeschriebenes Schicksal mehr. Heutzutage muss niemand mehr hässlich sein. Das fängt bei den Füßen an und geht über das Waxing hin zum makellosen Gesicht. Laura gibt ihr Bestes. Aber eigene Hilfsmittel sind eben nicht gut genug. Sie lässt ihre Mängel korrigieren. Nur wer sich bemüht, wird attraktiv. Verena könnte wirklich mehr aus sich machen, findet Laura, während sie ihre Selfies betrachtet. Vor allem jetzt, wo die Villenbesitzerin ist. Bequem per App bestellt sie sich einen Masseur für den nächsten Tag und spürt schon die Anspannung aus ihrem Körper gleiten.

Mit großer Genugtuung beobachtet Laura die Frauen, die sich dazu verschrieben haben, andere Frauen zu optimieren. Wie sie sich mit ihrem Mundschutz über Hände und Füße beugen und wie ihnen der Staub nur so entgegenfliegt. Die einen arbeiten, die anderen lassen an sich arbeiten. Laura ist froh auf dieser Seite zu sein. Und jetzt schön in die Sonne gucken und warten.

Rennen. Warum nicht? Alle rennen schließlich um sie herum, und die Laufschuhe waren im Sale. Joggen ist dieses Frühjahr Trend. Zu Recht, findet Lisa. Kein Teamsport, sondern was für Einzelgängerinnen. Nur für sich. Sich selbst zur Verantwortung ziehen. Den Körper stählen. Den Ärger rausschwitzen statt aussitzen! Denn nur wer es wirklich will, wird es schaffen. Sich selbst pushen. Immer schön vorwärts. Jawoll! Hauptsache in Bewegung bleiben. Vom Stillstand hat noch niemand profitiert. Von der Natur schon. Nur zwei Stunden pro Woche im Grünen reichen, um erfolgreich den ansonsten sicheren Herzkreislaufproblemen vorzubeugen. Erfolg muss sein. Herzversagen muss nicht sein. Lisas Herz hat nicht aufgegeben. Lisas Herz hat sich schon gut erholt. Herzschmerz geht vorüber. Wer wird denn schon an Liebeskummer leiden. Lisa ist tapfer. Tapferkeit wird oft belohnt, zum Beispiel durch Anerkennung. Lisa hat bisher noch keine Belohnung erhalten. Lisa belohnt sich selbst mit neuen Aufgaben. Joggen ist eine davon. Denn in einem fitten Körper lebt ein fitter Geist. Fit fits in.

Frische Luft und Naturgeräusche, die im Alltag völlig untergehen. Endlich wieder tief ein- und ausatmen. Ganz ohne Abgasbelastung und Umweltverschmutzung, und der kleine Fluss, der durch den Park fließt, ist sauber, rein und lädt im Sommer zum Schwimmen ein. Menschen, die in Städten ohne schöne Natur leben müssen, haben wirklich ein mieses Los gezogen. Jogger in Wohngebieten sehen fehlplatziert aus. Wer in einer solchen Landschaft lebt, kann die Landschaft nicht ungenutzt lassen. Die Natur muss benutzt und gebraucht werden, wofür würden wir sie sonst erhalten, wo doch der Wohnraum so knapp ist? Eben. Die grüne Lunge. Das Herz der Stadt. Eine Attraktion sondergleichen. Lisa schiebt sich einen Müsliriegel rein. Kaut. Schluckt. Wirft das Papier in den Mülleimer, startet die Playlist und läuft los. In den Englischen Garten hinein. Auf den angelegten Wegen. Alles hat seine Ordnung.

Deswegen rennt sie täglich zur selben Uhrzeit. Weil es hilft, Struktur in das Leben zu bringen und sich daran entlang zu hangeln. Manchmal joggt sie mit ihren Freundinnen. Heute hatte keine von ihnen Zeit. Leider. Lisa ist gerade gern mit ihren Freundinnen zusammen. Sie stützen und helfen sich gegenseitig. Die Freundinnen feuern Lisa an. Lisa bewegt ihren Körper gleichmäßig und weiter in den großen Garten hinein. Unklar, ob von etwas fort oder auf etwas zu. Aber das spielt in Wahrheit keine Rolle. Rollenspiele sind gerade nicht von Interesse. Am interessantesten findet sie gerade persönliche Analysen, über ihren Fortschritt und ihre Entwicklung. Ihre Bewegungen sind fließend. Lisas Leben ist nicht nur im Fluss, es ist ein einziger Sturzbach geworden, bereit die Ufer neu auszuloten. Oder um zumindest für eine unangenehme, ja, ärgerliche Überschwemmung zu sorgen. Ankommen, das weiß Lisa, ist eine Illusion. Es wird nie diesen Moment geben, in dem einfach alles richtig ist, in dem sie es geschafft haben wird. In dem sie das geworden ist, wovon sie irgendwann einmal träumte. Ankommen ist mindestens eine genauso große Illusion wie Sicherheit, weiß Lisa.

Sport gegen Schmerz funktioniert bei ihr gut. Schmerzen vom Sport sind an der Tagesordnung. Das sind jeweils neue Schmerzen, die die alten Schmerzen übertünchen. Lisa findet, das ist ein gelungenes Ablenkungsmanöver. Dehnübungen und Muskelkater. Und hin und wieder das innere Vakuum, die unüberwindbar scheinende Leere.

Sie verspricht sich selbst das bessere Leben, weil es der Mann nicht mehr tut. Lisa ahnte es schon lange. Sie ahnte es als Mädchen, und sie ahnte es als junge Frau. Aber sie hat sich nicht abbringen lassen.

Es gibt diese Geschichten von Frauen, bei denen es gut ausgeht. Die so glücklich werden, dass es ihnen jeder glaubt. Das Happy End ist das A und O. Zweifelsohne kann sie bestätigen, dass diese Geschichte für sie nicht gut ausgegangen war. Keine ihrer bisherigen Liebschaften war gut für sie ausgegangen. Für Frauen wie sie ist das Happy End nicht vorgesehen. Pech gehabt. Schade. Wirklich bedauerlich!

Eine Gegenerzählung wär jetzt gut. Eine, in der Frauen nicht sinnlos gemaßregelt werden, wenn sie die Anforderungen nicht erfüllen. Oder sich nicht zu benehmen wissen. Sie kann jetzt nicht das erfolgreiche Beispiel sein, an dem sich andere Frauen in dieser Lage später orientieren können. Sie muss erst heil davonkommen, ehe sie inspirieren und ein Idol sein kann. In der Zukunft werden solche Erzählungen möglich sein. Sich selbst wieder aufklauben ist eine heikle und komplizierte Aufgabe. Zeitintensiv und frustrierend. Da kann Lisa nicht gleichzeitig noch andere Frauen aufklauben. Wer heilt, hat Recht. Die eigenen Wunden lecken ist schon überwältigend genug. Aber die Frühjahrsluft ist süß und schwer. Die Versprechen, die sie sich selbst gibt, sind verheißungsvoll. Die Zukunft scheint glasklar. Kein frohes Ende, trotzdem glücklich. Der Glücklichen schlägt keine Stunde. Lisa lebte in einer Welt, in der es besser war, sich an die Männer zu halten. Von dieser Welt hat sie sich verabschiedet. Winter ade, scheiden tut weh. Naivität tut weher. Der Atem ist alles, was zählt. Einatmen, halten, ausatmen. Gleichmäßig und ruhig. Sie denkt an Banalitäten. An die Zitruspresse von heute Morgen. Die Sonnenbrille in ihrem Gesicht. Die Baustelle neben ihrer Wohnung. Die Wettervorhersage.

Überschüssiges ausschwitzen. Eine gute Figur machen. Genügend trinken. Performen. Eine überzeugende Figur machen. Die Fitness und die Kilometer tracken. Entsprechende Kleidung tragen. Entsprechende Schuhe sind die Voraussetzung für ein erfolgreiches Training.

Einen neuen Anlauf nehmen und das Limit weiter pushen. Die Fitness und die Kilometer veröffentlichen. Eine überragende Figur machen, nach der sich andere verzehren. Von der App angefeuert werden. Mitmachen. Nicht aufgeben. Kämpfen. Durchhalten und dann Endspurt, Zielgerade, Ziel, Entspannen.

Lisa lässt sich ins Gras fallen. Als Kind war sie als Heulsuse verschrien. Die empfindliche Lisa. Jetzt weint sie überhaupt nicht mehr. Die rechte Hand liegt auf dem Brustkorb und die linke hält sich an Grashalmen fest. Mehr geht noch nicht. Und Lisa denkt, das reicht. Sie macht die Augen zu, reguliert den Atem. Und wie meistens, wenn es den Moment überhaupt gibt, in dem alles seine Richtigkeit hat, kommt jemand und stört. Lisa wird am Fuß angestupst, sanft, doch bestimmt. Sie macht die Augen auf. Eine Frau in Uniform beugt sich über sie. Eine Parkrangerin.

»Bitte, es tut mir leid, aber Sie dürfen hier nicht liegen.«

»Oh, Verzeihung.«

»Sie können noch kurz entspannen.«

»Danke.«

»Gleich müssen Sie gehen. Es ist zu trocken, verstehen Sie?«

»Ja, die Hitze. Es ist wirklich sehr heiß.«

»Wir sprengen den Rasen mehrmals täglich.«

»Im ganzen Park?«

»Ja.«

»Oh.«

»Wer weiß, wann mal wieder Regen kommt.«

»Stimmt.«

»Der Rasen ist sehr empfindlich.«

»Ah.«

»Jetzt geht es darum, keine Nachahmer zu motivieren.«

»Natürlich.«

»Die Wiese muss geschont werden.«

»Verständlich.«

»Sie haben Blut an ihrem Oberschenkel.«

Lisa setzt sich auf und blickt auf ein feines Rinnsal. Die Wunde ist klar zu identifizieren. Das Blut hatte sich längst durch die Unterhose gearbeitet, war gemächlich das linke Bein entlang geflossen und ist bereits eingetrocknet. Besonders weit kam es nicht. Weit genug jedoch, um seine Signalwirkung zu entfachen. Eine menstruierende Frau. Eine offene Wunde. Eine menstruierende Frau in der Öffentlichkeit. Damit ist sie unpässlich. Wie unpassend, so beim Joggen im Park, in dem sich weit und breit keine öffentlichen Toiletten befinden. Solche Frauen sollten gemieden werden. Vermeidbar wäre das gewesen, hätte Lisa in ihren Zykluskalender geschaut. Spürt die etwa ihren Körper nicht? Wie konnte sie die Anzeichen übersehen? Oder war sie einfach nur nachlässig? Wieso kann die ihren Körper nicht besser kontrollieren? Beide Frauen betrachten das Blut als eine Notiz des Körpers. Wieder einmal die Fruchtbarkeit ungenutzt gelassen. Lisa spuckt sich in die Hand und wischt das Blut fort. Die Frau in Uniform nickt und spaziert davon, zu den nächsten ausgelaugten Läufern, die sich hinlegen mussten. Was für ein Job.

Lisa steht auf. Bloß nicht aufgeben. Bloß nicht einknicken. Nicht eingehen, nicht verrotten. Sie streckt sich, sie dehnt sich. Lisa setzt einen Fuß vor den anderen. Jetzt ist nicht die Zeit des Zweifels. Jetzt ist die Zeit der Zuversicht. Tag eins vom neuen Zyklus.

Sie beginnt zu laufen, schneller als ihr eigentliches Tempo erlaubt, und spürt den Körper heiß werden. Sie spürt außerdem, wie ein großer Klumpen aus ihr heraus in die Hose glitscht. Das Blut rinnt wieder. Das Blut rinnt unermesslich. Das Blut rinnt deutlich sichtbar am Körper dieser Frau hinunter. So viel Blut kam da noch nie heraus. So viel Blut hat sie noch nie fließen sehen. Ist das eine Verletzung?

Das Blut der Frau tropft auf den Boden und markiert ihren Weg wie im Märchen. Blicke treffen das Blut, doch die Frau schert das nicht. Wie unhöflich. Wie unfein. Wie geschmacklos. Am besten lassen sich Blutflecken mit kaltem Wasser und Gallseife beseitigen. Schade um die schöne Hose und die schönen Schuhe. Ob sich all das wieder reinigen lässt? Menschen, die offensiv mit ihren Wunden umgehen, werden bestaunt beäugt. Lisa läuft aus dem Park, über die große, vielbefahrene Straße, mitten hinein ins Wohngebiet. Das Blut, rot und schwarz, neu und alt, fließt und fließt und fließt, und die kleinen zähen Klumpen kleben an den Beinen oder tropfen ungehemmt auf den Asphalt. Wenn die nicht bald aufhört, so zu bluten, haut es die noch um. Dann liegt die da, mitten auf der Straße. Was eine nicht umbringt, macht eine nur härter. Wer hatte die härteste Erfahrung? Hätte sie B. nie kennen gelernt, wär sie nicht die Frau, die sie jetzt ist. Oder?

Ist sie die Summe ihrer Erfahrungen, oder hätte sie sich B. auch sparen können? Reichlich, nicht sparsam, quillt das Menstruationsblut aus ihr heraus. Die monatliche Erinnerung ans biologische Scheitern. Schon wieder einen Zyklus vergeudet. Schon wieder nicht reproduziert. Schon wieder nicht dem weiblichen Körper das gegeben, wonach er sich so sehnt. Wie viele Eier hat diese Frau überhaupt noch? Wie viele Chancen, wie viele Möglichkeiten, endlich ihr Erbgut weiterzugeben? Sich mit jemandem zu verbinden und, juhu, neues Leben zu schaffen.

Lisa rennt und atmet gleichmäßig und lächelt sanft. Kein Schmerz durchfährt ihren Körper. Sehr wohl aber eine Absicht. Ein Urteil über sich selbst. Eine frische Gewissheit. Der Körper muss es nur noch begreifen. Der und alle um sie herum. Lisa hat sich in dieser Sekunde gegen Kinder entschieden. Lisa will kein Baby als neues Zentrum in ihrem Leben. Lisa hat soeben beschlossen, sich selbst ins

Zentrum zu rücken. Eine kinderlose Frau zu bleiben. Ist das jetzt rücksichtslos und egoistisch? Ist das jetzt ein Schock? Mit einem Schlag ist es ihr klar geworden. Es muss auch einen Lebenssinn ohne Mutterschaft geben. Sie will sich nicht länger mit Alternativen und Methoden befassen, die ihr helfen könnten, im fortgeschrittenen Alter noch sicher durch eine Schwangerschaft zu kommen. Das kostet Zeit und Geld. Zeit ist Geld. Sie will ihre Zeit in sich selbst investieren. Eine Investmentmaßnahme, die sich lohnen wird. Jetzt, da sie endlich in einer Position ist, in der sie Geld und Wissen und Macht innehält, soll sie sich freiwillig beseitigen? Sich aus dem Geschäft ziehen? Das wäre doch nicht vorteilhaft. Das bietet keine Existenzgrundlage. Das wäre die Komplettaufgabe. Die Frau, die kein Kind bekommt, wird nicht erfahren, was sie verpasst. Die Frau, die ein Kind bekommt, ebenfalls nicht. Da ist doch das Happy End sichtbar! Lisa weiß nicht, ob sie sich an den Sinn des Lebens klammern oder sich davon lossagen soll.

Sie folgt der Straße, am Ende davon steht das Haus, in dem sie lebt. Ihre Beine sind blutüberströmt. Sie weiß, hätte sie B. ein Kind geschenkt, hätte sie ihn an sich binden können. Sie hätte ihn festgehalten und wäre jetzt nicht allein. Dankbarkeit fließt durch ihren Körper, Blut strömt schier endlos aus ihr heraus, als wäre sie eine Quelle. Lisa ekelt sich nicht. Sie schämt sich nicht. Diese Frau hat den Verstand verloren.

Dass der Aufenthalt im Frauenhaus nicht für immer sein würde, war allen Beteiligten klar. Dass er sich doch über einen so langen Zeitraum strecken würde, war kaum vorhersehbar gewesen. Tina hat dieses Mal nicht nachgegeben. Sie hat sich nicht einlullen, nicht überreden, nicht unter Druck setzen lassen. Sie hat eine Anzeige erstattet, diese zwar anschließend wieder zurückgenommen, aber dadurch einen tiefen Graben in die Familiendynamik gerissen. Dass die Kinder kein einziges Mal nach ihrem Vater, mehrmals hingegen nach ihrem Zuhause flehten, gab ihr letztendlich den Impuls, sich einen Termin in der Beratungsstelle geben zu lassen und die heimliche Auflösung der Ehe zu planen. Heimlich, das war nicht gerade Tinas Stärke. Sie wollte A. nicht hintergehen, sie wollte ihn ändern, ihm verzeihen, ihm glauben. A. versprach, eine Therapie zu machen, sich einen anderen Job zu suchen, ihr nichts mehr anzutun. Allerdings fand A. immer einen Grund, die Versprechen zu brechen. Und ihre Knochen. Genug ist genug.

Dass der Aufenthalt im Frauenhaus kein Urlaub sein würde, war allen klar, die schon mal in einem Frauenhaus waren. Oder in einer ähnlichen Extremsituation. Andere glaubten, es handle sich dabei um ein durch Steuergelder finanziertes Wohnprojekt, in dem sich Frauen mal ordentlich ausruhen konnten. A.s Vater war so einer. Der war sich sicher, dass Tina und die Kinder dort den halben Tag verschliefen und sich die restliche Zeit am Buffet die Bäuche vollschlugen. Er sah die hübsch eingerichteten Rooms direkt vor sich, wie in einem Sternehotel im Touristengebiet oder Luftkurort. Nur dass alle Frauen in seiner Vorstellung wahllos über Männer lästerten und sich gegenseitig auf die Schultern klopften. Dass sie da nach Strich und Faden verwöhnt werden würden, diese Feministinnen, und er, völlig unschuldig für irgendwelche privaten Streitereien, dafür zahlen müsse. Eine regelrechte Unverschämtheit fand er diese Einrichtung. Überflüssig und unverhältnismäßig. Dass sein eigener Sohn die Schwiegertochter schon mehrmals krankenhausreif prügelte, empfand er zweifelsohne auch als unverhältnismäßig, dass die ihn jetzt so lange hinhielt, empfand er wiederum als schamlos. »Das ist doch keine Ehe!«, donnerte er dann seine eigene Frau an. Diese stand selbst kurz vor der Explosion.

A. durfte nicht zu Besuch kommen. Sie verabredeten sich außerhalb. Das war möglich, doch ungern gesehen. Noch ungerner wurde es gesehen, wenn eine Frau zu ihrem gewalttätigen Mann zurückging. Die zurückgebliebenen Frauen schüttelten darüber die Köpfe. Es schien oft einfacher für die Betroffene, ja weniger dramatisch, ins alte Leben zurückzukehren und auf Besserung zu hoffen. Viele der Frauen waren mehr als einmal in dieser Einrichtung. Und es stimmt: Manche von ihnen schliefen hier besser als im eigenen Ehebett.

Tina ist nicht mehr bereit, sich durch die Zimmer schleifen zu lassen. Sie ist nicht mehr bereit, ihr Blut von den Wänden und den Möbeln zu wischen. Sie will sich nicht mehr einreden, dass die Kinder die tatsächlichen Ausmaße nicht mitbekämen, sie will nicht einmal mehr vor den wenigen Freunden lügen, die ihr über die Jahre geblieben sind. Wer Tina heute fragt, bekommt klare, ehrliche Antworten. Diese Frau lag im Dreck und hat sich sauber gemacht. Jetzt will sie für eine saubere Trennung sorgen. Sie verlangt einen klaren Schnitt. Genau das hat sie zur Friseurin gesagt. Da musste einmal was Neues her. Eine Frisur, die er nicht so leicht greifen kann.

Die Haare

Die Haare der Frauen sind sehr unterschiedlich. Es ist wichtig, die eigene Haarstruktur zu kennen, um für die entsprechende Pflege garantieren zu können. Bei Fehlern wird die Kopfhaut irritiert. Egal ob dick, dünn, gelockt, glatt, gefärbt, voluminös – wer eine gesunde Kopfhaut hat, sorgt für starke Wurzeln und schönes Haar. Haare können gekämmt, gebürstet, gegelt, gelockt, geglättet, toupiert, besprüht, bepudert, geflochten und in unzählige Frisuren frisiert werden. Manche Frisuren und Schnitte signalisieren Strenge und Kontrolle, andere Lässigkeit und Coolness. Andere wiederum demonstrieren Glamour. Es gibt Frisuren, die galten lange Zeit als schlampig und unprofessionell, das ist diskriminierend. Dabei handelte es sich um Frisuren von marginalisierten Frauen, wie zum Beispiel Afros oder Braids. Wer die Haare besonders pflegen möchte, kann sie einer Kur unterziehen. Spliss und Schuppen sind unbedingt zu vermeiden. Wenn lange Haare ständig gegen den Körper prallen oder angefasst werden, brechen sie. Haare brauchen Pause. Dann sollten sie an der Luft getrocknet und weder einem Föhn, Lockenstab oder anderen heißen Prozeduren unterzogen werden, um sich ordentlich erholen zu können.

Tina und A. haben sich in einem Imbiss verabredet. Der Imbiss liegt um die Ecke und bietet regionale Speisen an. Seit diesem Jahr hat der Imbiss auch einen kleinen Biergarten. Weil die Kastanienbäume fehlen, stehen Sonnenschirme von Eis- und Softdrinkherstellern herum. Wer dort an diesem Imbiss sitzt, kann sehen und gesehen werden. Ein Treffen mit dem übergriffigen Partner sollte am besten an sehr belebten Orten stattfinden. Zu Mittag ist der Imbiss täglich gut besucht, denn er ist preiswert und lecker. Das passt auch Tina gut, denn die will gerade sparen.

Als Tina zum Imbiss kommt und um die Ecke biegt, sieht sie sofort ihren Ehemann. Er wirkt zerknirscht und traurig, seine Mundwinkel hängen tief, und er sieht verheult aus. Als er Tina erspäht, huscht ein sanftes Lächeln über sein Gesicht, und seine Gesichtszüge entspannen sich. Tina bekommt Herzklopfen und sieht, warum sie sich einst in diesen Mann so brennend verliebte. Er geht ihr entgegen und überreicht ihr einen Strauß bunter Blumen, gibt ihr einen Kuss auf die Wange. Einige im Strauß sind Tinas Lieblingsblumen. Tina ist gerührt. Sie setzen sich auf die grün-weißen Biergartenstühle an einem grünen Tisch und betrachten sich schweigend. Wie viel wurde in dieser Ehe schon besprochen und wie viel verschwiegen? Das fragt sich Tina. Sie hat ihre Hände auf die Tischplatte gelegt, er nimmt sie in seine. Da ist es, das Gefühl, die Anwesenheit eines vertrauten Körpers, das eigentlich etwas Schönes ist. Tina zieht ihre Hände aus der Berührung und liest die Speisekarte. Das hier ist eine Verabschiedung. Kein Rendezvous. Es fällt ihr schwer, an die neue Hoffnung zu glauben. Es geht jeden Tag ein bisschen besser. Grad noch so davongekommen.

Dass der Geist von D. nicht im Hündchen steckt, ist Barbara mittlerweile klar. Das Hündchen ist viel zu brav. Das Hündchen folgt, das Hündchen stellt nichts an und hechelt höchstens bei Hitze – nicht aber bei feschen, jungen Frauen. Wobei sich das Hündchen wohl schon auf D.s Schoß setzen würde, wenn D. es fragen würde. Die jungen Frauen hatten darauf meistens keine Lust. Selbst früher nicht, als er noch jung war. Barbara hat sich mal auf seinen Schoß gesetzt. Aber da waren sie schon verheiratet. Das hätte dann auch nicht mehr sein müssen.

Barbara hat es sich gerade im Wohnzimmer bequem gemacht, da kommt Gloria mit der Leine im Maul hereingetrottet. Eine klare Aufforderung. Barbara mag es, wenn sie weiß, was zu tun ist, also hat sie den Fernseher wieder abgedreht und den weißen Spitz angeleint. Schön so ein selbstständiger Hund.

Da stehen sie nun, vor der Haustür, und Barbara drückt das Föhnwetter aufs Gemüt. Sie gehen langsam die Treppen hinunter und das Klappern der Absätze ihrer Schuhe ärgert sie. Es ist ihr gerade alles zu viel. Im Föhn drückt es die Landschaft zu nah ans Haus, beim Föhn sind die Leute unangenehm aufdringlich, und als der D. verstarb, herrschte auch tagelang der Föhn.

»Kein Wunder«, sagte Barbara damals, »es war schier nicht zum Aushalten. Elendig. Ein Opfer hat's gebraucht.«

Schon am Tag nach seinem Tod war die Luft wieder frisch, die Berge wieder angenehm weit fort und die Stimmung ausgelassen.

»Sein Herz hat das nicht ausgehalten. Der Föhn hat ihn niedergestreckt«, sagte Emma zu Barbara und Barbara nickte.

»Der Föhn wollte ihn niederstrecken«, sagte Barbara zu Emma, und Emma nickte.

Auf der Beerdigung selbst ging es noch. Beim Leichenschmaus war dann die Energie dahin, und Barbara starrte auf ihre Handflächen und trank warme Cola, bis ihr schlecht wurde.

Nach einer lauwarmen Cola ist ihr auch jetzt zumute. Gloria zieht das Frauchen aus der Einfahrt über die Straße, den kleinen Weg entlang Richtung Wald und brunzt hierhin und dorthin und schabt mit den kleinen Pfötchen und tollt und bellt nach dem Frauchen, und was sonst Barbara vor Entzückung strahlen lässt, lässt sie nun kalt. Sie schaut kaum hin. Das Frauchen ist trostlos, und das Hündchen kann nichts dagegen tun. Sie trägt nicht einmal die pinke Trainingsjacke. Sie ist achtlos in eine alte Jacke von D. geschlüpft, die ihr wie ein Sack vom Körper hängt.

Dass sie am Abend noch mal einen größeren Spaziergang unternehmen, hat sich peu à peu in den Alltag eingeschlichen. Barbara, die nach und nach ihre Angst verlor, wollte sich und dem zuschauenden D. beweisen, wie mutig sie ist. Sie wollte verzweifelt die Lebensqualität steigern. Mehr Genuss. Mehr Schwung. Mehr Freude. Meist hat es geklappt. Heute ist es ein Desaster. Nicht einmal das Rauchen macht ihr Spaß. Die halb verbrannte Vogue wirft sie auf den Boden. Damit vergiftet sie jetzt das Trinkwasser. Selbst das ist Barbara gerade schnuppe.

Sie schnauft. Die Füße sind ihr angeschwollen, der Hund ist ihr zu aktiv, zu agil, zu jung. Sie lässt Gloria von der Leine und wirft den neongelben Tennisball weit ins Feld. Und Gloria hüpft hinterher. Barbara fühlt sich so schlapp, dass sie in Erwägung zieht, sich später sogar noch auf den Hometrainer zu schleifen. Aber wozu das Ganze? Der Rhythmus ist ihr abhandengekommen.

Gloria springt heraus aus dem Feld und legt den speichelfeuchten Ball zu Barbaras Füßen. Die klaubt ihn mit der praktischen und ergonomisch geformten Ballschleuder auf und wirft ihn noch mal.

Barbaras Gedanken kreisen um nichts Konkretes und alles Unbestimmte. Eine alte Witwe steht in der Dämmerung auf dem Schotterweg, wirft einen Ball und denkt über das Leben nach. Und weil ihr das zu aussichtslos erscheint, denkt sie über die Leben anderer Leute nach. Die Welt hatte sich verändert. War kleiner geworden. Sie ist enttäuscht, muss aber niemanden mehr täuschen. Das ist ein Vorteil. Der Nachbar hatte einen Herzanfall. Er stand in seiner Einfahrt, lehnte sich an den Zaun und drückte die Hand auf den Brustkorb. Währenddessen gingen Spaziergänger vorbei. Plötzlich stand er wieder da, als wär nichts gewesen und ging zurück ins Haus. Das hat seine Frau erzählt.

Gloria springt aus dem Feld und legt nicht nur den Ball, sondern auch sich selbst zu Frauchens Füßen. »Zeit nach Hause zu gehen«, schlussfolgert diese und leint das Hündchen an. Zusammen trotten sie davon, denselben Weg zurück, nur noch eine Spur langsamer.

Barbaras rechtes Auge zuckt. »Wenn es mich jetzt niederstreckt«, sagt sie zum Hund, »wär es auch nicht schlimm. Dann suchst du dir ein neues Zuhause, gell? Aber nicht Emma, die mästet dich. Wie ihren Mann.« Und die Augen füllen sich mit Tränen, die nur so über das Gesicht fließen, die Innereien ziehen sich zusammen, die Beine werden bleiern, und die Frau schnappt nach Luft, und das Hündchen bellt aufgeregt.

Dass sich D. gar nicht mehr meldet, geht Barbara schon seit einer Weile gehörig auf die Nerven. Aber dass er sich selbst heute, ausgerechnet an ihrem Hochzeitstag, so mucksmäuschenstill verhält, sticht ihr nicht nur ins Herz, sondern geht ihr ordentlich gegen den Strich. Sie wischt sich die Tränen aus dem Gesicht, schüttelt den Kopf und versucht, sich selbst zu beruhigen. Wer wird denn hier dem eigenen Mann hinterherlaufen?

»Barbara«, sagt sie zu sich, »hör auf zu heulen und erst recht zu nörgeln. Das hat keinen Sinn und eine quengelnde Frau mag wirklich niemand.« Gloria schaut zu ihr hinauf. »Das können wir ja nicht mal Emma erzählen, gell, Gloria, dass der D. nichts mehr sagt. Da denkt die ja, wir spinnen. Die lässt uns einweisen, gell, Gloria? Ja, aber sowas von lässt die uns einweisen.« Gloria bellt zustimmend. Barbara denkt an Emma. Barbara denkt an D. Barbara merkt erst gar nicht, wie sich die Tränen erneut bilden und an ihrem Stolz kratzen.

Barbara schickt sich an, zügig nach Hause zu kommen, bevor diese Peinlichkeit noch jemand mitbekommt. Zum Glück ist es mittlerweile dunkel geworden und sowieso niemand mehr unterwegs. Es ist sehr still in Barbaras Nachbarschaft. Sehr ruhig und sehr idyllisch. Hier leben friedliebende Menschen, und die meisten sind in ihrem Alter. Praktisch. Der Rhythmus der Nachbarschaft entspricht ihrem eigenen. Die Vorhersehbarkeit ist beruhigend und besorgniserregend – manchmal ödet es sie so sehr an, die gleichen Nachbarn an den gleichen Stellen zu den gleichen Uhrzeiten zu treffen, dass sie gern in die große Stadt ziehen würde. Doch was soll sie da, in ihrem Alter? Die Stadt braucht nicht noch eine langsame Frau, die sich nicht auskennt. Barbara hat sich mit ihrer Situation abgefunden.

Erst als die Einfahrt zum Bungalow vor ihr liegt, kann Barbara wieder richtig atmen. Dabei ist die Luft so herrlich frisch und würzig, weil schon so viele Pflanzen blühen und verlockend duften. Und erst als die Haustür hinter ihr ins Schloss fällt, kann Barbara dem schweigsamen D. verzeihen, denn der wohnt hier offensichtlich nicht mehr. Gloria macht keine Anstalten, sondern rennt sofort ins Schlafzimmer, und Barbara hat nichts dagegen, den Tag etwas früher als gewöhnlich zu beenden. Mal a bissl von der Norm abrutschen, gell? Auf dem Weg ins Badezimmer muss sie am großen Hochzeitsportrait vorbei. Erst scheut sie sich davor, es anzusehen, hält den Blick auf den Boden gerichtet. Doch mit der Zahnbürste im Mund kommt sie zurück, bleibt davor stehen, betrachtet es, während sie sich übergründlich die Zähne putzt. Sauberkeit geht vor. Ein reines Gewissen sorgt für gute Laune. Vom Zorn ist nichts übriggeblieben. Barbara gibt auf. Barbara gibt D. auf. Barbara stoppt die Putzerei, schüttelt den Kopf, schlürft zurück ins Bad, spuckt Zahnpasta ins Waschbecken, öffnet seinen Spiegelschrank, sieht seine Produkte, seine Gegenstände und wirft alles in den Mülleimer. Sie greift nach seiner Zahnseide und braucht sie auf. Sie wäscht sich ihr Gesicht und benutzt sein Handtuch. Dann schaltet sie das Licht im Badezimmer aus, und im gleichen Moment läutet es an der Tür.

Barbara schaltet das Licht im Flur aus und tut so, als wäre sie nicht zuhause. Aber das war selbstverständlich zu spät. Die Person vor der Tür muss das Licht längst gesehen haben. Mit dieser unüberlegten Aktion hat sie sich erst recht verraten. Es läutet und läutet. Barbara fühlt sich ertappt. Sie schleicht im Bademantel zur Tür und schaut durch den Spion. Da schellt die Klingel, da bellt Gloria, und da steht sie, die gute Freundin, mit einem besorgten Gesichtsausdruck. Barbara reißt die Tür auf.

Emma hat einen Blumenstrauß in der Hand und fällt ihr um den Hals. Barbara weiß nun, hier ist alles, was sie braucht. Schließlich lebt ihre Freundin Emma hier. Und bei einer wirklichen Freundin wird geblieben. Emma kommen die Tränen, weil Barbara die Tränen prompt aus den Äuglein schießen, dann treten sie ein in die gute Stube und setzen sich auf das gemütliche Sofa für einen Plausch am Abend. Schließlich ist das ein schwerer Tag.

10. MAI

Barbara hatte das nie gewollt. Das war nicht das Ideal. So hatte sie sich das nicht vorgestellt. Traurig und alt ist sie, nun wirklich allein. Was für eine Enttäuschung. D. spricht nicht mehr mit ihr. Selbst jetzt nicht, wo sie an seinem Grab steht und hinunterblickt auf die frisch gepflanzten Blumen. Sich den Schweiß abwischt, da sie sich stundenlang abmühte, das Grab zu säubern, neu zu bepflanzen und ordentlich zu machen. Es aufzuräumen, hinter ihm herzuräumen, den Dreck wegzugräumen. Und das in der prallen Sonne. Nicht einmal jetzt macht er sich bemerkbar. Sonst hatte er doch immer was zu melden. Eine einzige Frechheit. Ein klares Zeichen.

»Das war's!«, sagt sie zu Gloria. »D. ist verschwunden. Jetzt bleiben nur noch wir zwei.«

Gloria regt sich nicht, die hechelt ausgeliefert. Liegt brav zu Frauchens Füßen.

Barbara betrachtet das Grab, stellt sich ihren Ehemann darunter vor und fragt sich, ob der Platz daneben eigentlich für sie aufgehoben wird oder ob sie den hätte reservieren müssen. Dann fragt sie sich, ob sie überhaupt neben ihm liegen will. Und dann fragt sie sich, wie viel überhaupt noch von ihm übrig ist. Und wieviel Zeit ihr wohl noch bleibt.

Sie zündet die Kerze an, stellt sie in die neue Laterne, die Barbara heute extra noch im Friedhofsblumenladen kaufte und platziert sie neben seinem Foto auf dem Grabstein. Wie er da ausschaut, so jung und knackig, am Schluss war er ein alter Knacker. Geknackt hat der wenig. Wenigstens einmal einen Jackpot wär schon schön gewesen. Geld stinkt schließlich nicht. Ein Mann, ein Wort. Schön wär's gewesen. Sein Leben lang hat der behauptet, er würde mindestens einmal einen großen Gewinn erzielen. Pustekuchen! Barbara, den Kopf schüttelnd, greift nach den zusammengepressten Blumenresten, pfeift nach dem Hündchen und geht, ohne sich ein weiteres Mal umzudrehen, davon. Während Gloria artig folgt, schaut Barbara über den Friedhof. Sie sieht Frauen auf den Gräbern arbeiten und vereinzelt Männer still vor sich hin schluchzen.

»Sowas Blödes!«, sagt sie und haut einen vertrockneten Strauß in die Biotonne. Sie versucht sich zu erinnern. Erst an die schlechten, dann an die schönen Momente. Aber im Grunde ist alles dahin. Erinnerungen verschwimmen und vermengen sich. Der tote D. hat sie alle mitgenommen. Und all die unvollständigen, übriggebliebenen Erinnerungsfetzen, die jetzt durch Barbaras Kopf schießen, werden mit ihr vollständig aufgelöst sein. Nach ihr erinnert sich niemand mehr an diese Beziehung. Gibt ja keine Überlebenden.

Nicht so schnell, denkt sich Barbara und sagt etwas zu laut: »Ich habe ja schließlich noch ein Leben! Moment einmal, ich bin ja noch am Leben!« Die Frau hat soeben was begriffen. Sie schlägt sich mit der flachen Hand gegen die Stirn und zeigt sich selbst einen Vogel.

Sie überquert den riesengroßen Friedhof, die Sonne brennt, die Kleidung klebt auf ihrer Haut, die Achseln sind schon triefnass und die Flecken offensichtlich. Es ist ihr unangenehm, wie abgeschlafft sie ist. Sie ist außer Atem, der Kreislauf im Keller. Liegt wahrscheinlich tiefer als ihr Angetrauter. Leidend, darüber jedoch erzürnt, will Barbara nicht stehen bleiben, sondern schnell davonkommen. Sie will fort von hier. Sie versucht, ein bisschen schneller zu gehen, als sie es gewohnt ist, und Gloria läuft nun voraus dem Frauchen den Weg zum Auto weisend. Die hat einen guten Instinkt für brenzlige Situationen. Das hat sie schon bewiesen. Ein Überlebenstier.

Barbara grüßt andere Besucher, die ihr in die Quere kommen, weil sich das gehört, lässt sich aber nicht aufhalten und schließt zu guter Letzt das Tor hinter sich. Der am Friedhof angrenzende Wald versprüht seinen Duft, und Barbara schließt kurz die Augen, um wenigstens einmal wirklich aufmerksam dem Kauz und dem Kuckuck zuzuhören. Das ist sie denen schon schuldig, wenn die sich so verausgaben. Den schönsten Hügel weit und breit haben die Toten bekommen. Darüber kann sich nur niemand beschweren – wie würde das denn ausschauen? Nein, das gehört sich wirklich nicht. Den Toten wird nichts geneidet. Das wird nicht in Frage gestellt. Denn irgendwann wird sie selbst da unter der Erde verschachert liegen und sich über den Ausblick freuen.

Das Auto entriegelt sich, die Tür wird hastig aufgerissen, der Hund hüpft auf seine Decke, Barbara wirft sich auf den Fahrersitz und reibt ihren Rücken ganz automatisch an den Massagekügelchen, auf und ab, von rechts nach links. Sie startet den Motor und als ihr die Lüftung ins Gesicht bläst, erscheint es ihr so klar wie eine Fata Morgana in einer ausweglosen Wüstensituation.

»Die Lösung!«, spürt sie, ist zum Greifen nah. Sie ist so logisch, dass es ihr fast dumm vorkommt, erst jetzt daran zu denken. Ihr Leben lang träumte sie davon. Barbara dreht sich mit weit aufgerissenen Augen um, schaut auf das Hündchen und ruft: »Gloria, wir fahren fort! Jawoll. Ab in den Urlaub!« Gloria bellt und Barbara drückt aufs Gas.

Barbara wird verreisen. Sich eine wohlverdiente Auszeit nehmen. Von ihrem Häuschen, von ihren Nachbarn, ihrer Familie, ihren Besitztümern, ihrem Witwendasein. Sie wird das Hündchen packen und sich verabschieden. Warum nicht? Schließlich hatte D. nicht gerade Reisefieber. Ganz im Gegenteil. Er mochte es am liebsten gemütlich im trauten Heim. Dort vermutete er nicht nur den Frieden, sondern auch das große Glück. Denn die Frau wusste, was sie zu tun hatte, um den Mann zufrieden und glücklich zu halten. Es gelang ihr scheinbar mühelos. Warum all das aufs Spiel setzen und das eigene

Wohlergehen Fremden überlassen? Das schien D., ein grober Logikfehler zu sein, und so verbrachten sie jahrein, jahraus ihre Zeit im Bungalow. Denn Heim und Herd sind Goldes wert. »Was gibt es mehr zu wollen«, fragte er. »Die Natur ist schön, ein wahrer Sehnsuchtsort. Die Touristen kommen alle zu uns! Und einen Pool hast du auch, und nächstes Jahr bauen wir die Sauna im Keller! Geh halt wandern, wenn du was sehen willst.« Von oben lässt es sich gut runter schauen. »Oder schau fern!«

Barbara fährt flott und schnittig über die Landstraßen, am Horizont die Alpen, und der urige Geruch von Dünger hängt in der Luft. Ein freudiges Gefühl breitet sich im Körper aus, und hinten liegt eine dösende Gloria auf der Rückbank.

Während die Rentnerin und Witwe, die verwitwete Rentnerin, über die kurvigen Straßen rast, sausen die Baumstämme am Straßenrand nur so vorüber. Dieses Land ist eine einzige Todesfalle, weiß Barbara und fährt vorsichtshalber eher in der Mitte der Fahrbahn. Es kommt ihr eh niemand entgegen. Die Leute, die nicht arbeiten müssen, machen einen Ausflug, und alle anderen hocken daheim. Barbara will sofort ins Reisebüro. Sie braust in die nächstgelegene Kreisstadt und weiß, wenn sie jetzt nicht gleich bucht, wird das nichts. Das mit dem Mut ist so eine seltene Angelegenheit. Sie packt allerdings den Mut jetzt beim Schopf und lässt ihn nicht mehr los. Jedenfalls so lange nicht, bis sie einen ordentlichen Stapel Reiseprospekte durchgesehen hat. Jetzt schwant ihr erst, wie überfällig diese Aktion ist.

Barbara ist in diesem Landstrich geboren worden, hier zur Schule gegangen, hat hier gearbeitet, D. kennengelernt, mit ihm das Haus gebaut, sich um das Haus gekümmert, sich um ihn gekümmert, ununterbrochen hier gelebt. Die hat es sich redlich verdient, einmal hinaus zu kommen. »Adieu«, möchte sie rufen und einmal andere

Menschen sehen. Menschen, die nicht so gern Funktionskleidung tragen und nicht so gerne bayerische Spezialitäten essen. Sie parkt vor dem ältesten Reisebüro der Umgebung. Barbara weiß, je länger sich ein Unternehmen hält, desto vertrauenswürdiger ist es. Unzählige Male stand sie vor dieser Auslage und betrachtete die Angebote. Nun wagt sie den Schritt hinein. Gloria trottet hinterher. Die Eingangstür ist mit einer altmodischen Klingel ausgestattet, die scheppert, wenn dagegen gestoßen wird. Barbara fühlt sich sofort wohl. Die Reisefachfrau kommt ihr strahlend entgegen und begrüßt Gloria überschwänglich. Barbara weiß, dass das die richtige Adresse für ihr Anliegen ist.

Es kann jederzeit und überall passieren. Tina weiß das zwar, ist dennoch nie darauf vorbereitet.

»Wie soll das auch gehen?«, fragte ihre Bekannte, und beide nickten.

Plötzlich schießen die Bilder durchs Hirn. Einfach so. Ohne Vorwarnung. Zack! Jetzt und jetzt und jetzt. Das Unterbewusstsein drangsaliert sie. Besser gleich daran gewöhnen. Es gibt wohl keinen Augenblick im Leben dieser Frau, der nicht von Gewalt durchzogen ist. Während sie also abspült und in den knallgelben Plastikhandschuhen einen knallpinken Spülschwamm und ein billiges Glas hält, kommen mit einem Schlag diese Fetzen in ihr Bewusstsein. Wie A. sie an den Haaren packt und über die Böden zerrt. Wie A. ihr die Hand bricht. Wie A. sie aus dem ersten Stock wirft. Wie A. sie die Treppen hinuntertritt. Wie A. sich auf ihren Rücken stellt. Wie A. ihren Kopf zwischen Türrahmen und Tür klemmt. Wie A. sie anschreit. Wie A. sie auslacht. Wie A. Dinge, die sie mag, kaputt macht.

Der Körper verkrampft, das Herz schlägt schneller, als es sich gesund anfühlt. Manchmal ist ihr danach schwindelig, übel, manchmal spürt sie keine Beeinträchtigung. Sie kann noch kein Muster erkennen. Auf nichts ist Verlass. Das Einzige, was sie mit Sicherheit sagen kann, ist, dass dieser Zustand ein neuartiger ist.

Und manchmal, so wie gerade, fällt ihr das Glas aus der Hand und ins Waschbecken, oder sie rennt irgendwo dagegen und haut sich was an, oder sie kann nicht einschlafen, oder sie schaut geistesabwesend in der Gegend herum, bis sie jemand oder etwas zurückholt. Löcher in die Luft starren. Luftschlösser bauen. Frische Luft schnappen.

Tina schnappt nach Luft. Ob es jemals weniger wird mit den Bildern? Die Zeit wird es zeigen. Das hässliche Glas liegt zerbrochen in der Spüle. Es wäre ein Einfaches, sich jetzt daran zu schneiden. Die Glasspitze, die herausragt wie eine Drohung und eine Verlockung, ungeschickt ins Handgelenk oder in die Handfläche zu bohren, sich ungünstig aufzuschlitzen. Einiges an Blut verlieren, in Ohnmacht fallen. Ein Schock? Sich dabei vielleicht den Kopf anstoßen. Niemand würde es in Frage stellen. Spülunfälle passieren bei Menschen ohne Spülmaschinen. Tina dreht den Hahn ab, klaubt die Scherben aus dem Becken und wirft sie in den Mülleimer. Sie ist nicht süchtig nach Schmerzen. Sie hat nur lange genug geglaubt, sie verdient zu haben. Wie Blasen an den Füßen von billigen, unbequemen oder unpassenden Schuhen. Wie ein Kater nach dem Saufen. Eine zwangsläufige Konsequenz ihrer mangelhaften Entscheidungen oder ihrer bloßen Existenz. Manche haben so ein Schicksal. Da kann nichts dagegen getan werden.

Sie streift die Spülhandschuhe ab, hängt sie über den Wasserhahn und geht auf die Toilette. Dabei lässt sie alle Türen offen und genießt die Ungezwungenheit. Die neue Wohnung ist klein. Weniger schön und weniger zum Angeben geeignet, aber genug für sich und die Kinder. Mehr gab es nicht. Zumindest hat jeder ein Zimmer. Der Luxus des Gartens ist vorerst gestrichen, genauso die Eckbadewanne und die mosaikverzierten Wände. Kein schöner Parkettboden mehr und vor allem keine schöne Aussicht. Der Blick fällt nun vorne auf Straßen und hinten in einen Innenhof, nicht mehr auf eine hinreißende Landschaft und auf Tiere, die über Felder streifen. Die Geräusche sind andere, dafür sind mehr Nachbarn vorhanden. Menschen, die im Ernstfall eingreifen könnten. Menschen, die mitbekämen, wenn etwas vonstattenginge. Nachbarn, die die richtigen Notfallnummern kennen und keine Scham haben, eine Aussage zu machen. Keine Geschichte verbindet sie mit ihnen. Keine Sentimentalitäten oder das Gefühl, befangen zu sein. Das hier ist ein leeres Blatt. Frische Beziehungen und ein neuer Lebensabschnitt.

Beim Händewaschen vermeidet Tina den Spiegel. Ihr Gesicht hat sich während der Beziehung zu A. verändert. Nicht nur ist ihr Blick ein anderer geworden, sondern auch die Stellen, denen er sich besonders gerne widmete, tragen nachgebesserte Züge: ihre Nase, ihr Kiefer, die Ohren, die Augenbrauenpartie. Wenn Tina in den Spiegel schaut, sieht sie sich selbst und die Frau, die A. aus ihr machte. Ein unschönes, gleichzeitig wohliges Gefühl. Es handelt sich um einen sowohl natürlichen als auch modellierten Prozess, den ihr Körper durchgemacht hat. Der hervorbrachte, was sie nun ist. Jede Narbe erzählt eine Geschichte, und Geschichten halten die Menschen schließlich am Leben, und so hat auch Tina ihren Teil dazu beigetragen. Sie trocknet sich sorgsam die Hände, bindet sich eilig die Haare hoch und verlässt das winzigste Bad, das sie je gesehen hat, um in ihre Turnschuhe zu schlüpfen und die Bude zu verlassen.

Die neue Wohnung ist nah an der Schule der Kinder, was gleichzeitig bedeutet, dass sie nicht wirklich weit entfernt von der alten Wohnung ist, in der A. weiterhin lebt. Was sind schon wenige Kilometer bei so einer Vorgeschichte? Der Kinder wegen bleiben sie hier. Tina möchte die Scheidung einreichen. Sie traut sich aber noch nicht. Sie weiß um die Gefahr, als Eifersuchtsdrama, Familientragödie oder Beziehungsdesaster in den Nachrichten zu landen. Ständig bringen Männer ihre Frauen um, weil sie sich von ihnen trennen wollen. Was haben die Kinder davon, wenn Mama ermordet und Papa im Gefängnis ist? Sie will nicht als einer dieser tragischen Vorfälle verewigt werden. Ein Artikel, ein Fernsehbeitrag und das war's dann. Nein, wirklich nicht. Männer, die Frauen wegen Trennungen ermorden, kommen statistisch gesehen sogar glimpflicher davon. A. hätte zweifelsohne das Zeug dazu. Er hat schon oft mit Mord gedroht. Doch das reicht nicht. Um wirklich eingreifen zu können, müssen Taten geschehen. Da sind den Behörden die Hände gebunden. Und Tina muss ihr Vorgehen präzise planen.

Seit sie ausgezogen sind, trägt Tina praktische Dinge, um kein leichtes Ziel zu sein. Turnschuhe, da sie in ihnen notfalls schneller laufen kann, Hosen und Sport-BHs, in der Dunkelheit reflektierende Jacken, Pfefferspray. Sie trainiert nicht umsonst jeden Tag ihre Oberarmmuskeln und Kondition. Sichtbare und unsichtbare Veränderungen machen schließlich das Leben aus. All das, was Tina ausmacht, grenzt sie von anderen Frauen ab. Sie kann einen riesigen Aufwand betreiben und bleibt doch nie unversehrt. Sei es drum. Tina schaut in eine neue Zukunft. Ohne Fleiß kein Preis. Und ohne Distanz kein Schutz. Tina lässt die Tür hinter sich ins Schloss fallen. Ihre Kinder können immer noch ein anderes, besseres Leben als sie führen. Schließlich ergeht es nicht jeder Frau zwangsläufig so wie Tina. Nur einigen. Ihrer Tochter wünscht sie das nicht. Tina weiß allerdings, dass es nicht in ihrer Macht steht, das zu verhindern. Ihren Sohn erzieht sie daher mit einer besonderen Hingabe. Es muss ja nicht jeder Mann so werden. Die Zeit wird zeigen, ob sie erfolgreich ist.

Tina steht im Flur und ist sich unsicher, ob sie den Fahrstuhl oder die Treppe nehmen soll, vermutet sie doch früher oder später einen unangekündigten Besuch, vielleicht sogar eine Attacke. Wo würde A. auf mich warten?, fragt sich Tina, weiß er schon, wo wir leben? Selbst solche Banalitäten werden zur Entscheidungsfrage. Zur falschen Zeit am falschen Ort. Ein Dilemma. Ein Drama. Ein Unglück. Ein wirklich dummer Zufall.

Sie geht das offene, helle, weil durch viele Milchglasfenster angereicherte, Treppenhaus hinunter und lauscht mit spitzen Ohren in die harmlos wirkenden, stummen Flure. Eine Frau wie Tina hat gelernt, die Geräusche ihres Mannes zu hören, zu kategorisieren, einzuordnen und frühzeitig zu dechiffrieren. Ein Überlebenswerkzeug, das schon einige Katastrophen verhinderte. Oft half es wenig. A. ist unberechenbar. Er hat es stets sehr geschickt gemacht. Das Gesicht kam erst zum Schluss, wenn wirklich nichts anderes mehr half. Und meistens war vorher schon Schluss. Weil Tina schon vorher aufgab. Oder weil die Kinder hereinplatzten in die Szene. Und sich dazwischenwarfen und dabei kreischten mit ihren Kopfschmerzen bringenden Kinderstimmen. Was tatsächlich nur sehr selten passierte. A. hat das Gekeife und schrille Geschrei der Kinder verabscheut. Er war sich sicher, Tina hatte es ihnen beigebracht. Dabei hat er sie wirklich sehr oft sehr höflich und nett gebeten, ihre niedlichen kleinen Münder zu schließen und ruhig zu bleiben, während er Mama zeigte, wo es lang geht. Einer musste es ja tun. Woher sollte sie es sonst wissen?

Der Geruch ist ein anderer im neuen Viertel, die Menschen sind neu, die Atmosphäre. Alles, woran sich Tina und die Kinder gewöhnt hatten, musste zurückgelassen werden. Und für A. bleibt nicht alles, doch vieles beim Alten. Ob ihn das weniger schmerzt? Ob er sich dadurch bestätigt, gar im Recht und weniger schuldig fühlt? Harte Schale, weicher Kern. Er entschuldigt sich immer danach. Manchmal mit einem Geschenk.

Die Kinder verzeihen schneller. Die wollen Frieden. Die Kinder geben die Hoffnung nicht so schnell auf. Die wollen klare Verhältnisse.

Tina weiß, dass sie sich nicht zu Hause einsperren kann, sondern hinausgehen muss, um nicht nur sich, sondern auch der Welt zu beweisen, dass sie nicht gebrochen ist. Und bald muss sie Arbeit finden. Das muss jetzt auch sein in ihrem neuen Leben. Locker schwingt das oftmals gebrochene Handgelenk bei jedem Schritt mit, wie ein nutzloses Accessoire.

Fällt gar nicht auf, wie desolat die Tina ist. Ganz heil, ganz gesund schaut die aus. Nicht wie ein Opfer, sondern wie eine gestandene Frau. Etwas mitgenommen, nicht jedoch mitgenommener als der Durchschnitt der Frauen in ihrem Alter.

Jolie ist geistesgegenwärtig. Vor ihr liegen drei unterschiedliche Tests mit ein- und demselben Ergebnis. Sie glaubt nicht mehr an die Möglichkeit, dass jeder Einzelne davon fehlerhaft ist, sie glaubt nicht einmal mehr, dass einer von ihnen fehlerhaft ist. Wenn sie ehrlich ist, wusste sie schon beim Pinkeln, welches Ergebnis es sein würde. Und wenn sie noch ehrlicher ist, wusste sie es lange Zeit vor dieser ganzen Testerei. Aber diese Vorahnung allein reicht auch nicht. Da müssen schon hieb- und stichfeste Beweise her. Dabei hatte sie im Drogeriemarkt den teuersten, einen mittelteuren und den billigsten Test gekauft. Jetzt liegen sie da, alle schön nebeneinander mit der gleichen Nachricht an die Betrachterin: »Herzlichen Glückwunsch«, hört sie die Tests freudig sagen, »du wirst dich reproduzieren.« Die Tests sagen selbstverständlich nichts. Doch in Jolies Kopf überschlagen sie sich förmlich: »Was wünscht du dir, Mädchen oder Junge?« »Wer ist der Vater? Kannst du dir das leisten? Wie wird es heißen? Hausgeburt, Geburtshaus oder Krankenhaus? Wie wird es erzogen? Wirst du weiterhin arbeiten? Wie viele Kinder wirst du kriegen?«

Jetzt erst mal eins nach dem anderen. Immer mit der Ruhe.

Jolie weiß, dass das Kind in ihrem Bauch von Affaire F. ist. Jolie weiß zudem, dass dieser noch nie mit ihr über Kinder, geschweige denn eine gemeinsame Zukunft, noch nicht mal über ihren Status sprach. Sie weiß außerdem, dass sie das Baby gebären wird. Was sie auch weiß: dass sie dieses Kind haben will. Soweit so gut. Soviel ist schon mal sicher. Das ist schon eine Menge.

Sie ist verwundert. Die Überraschung ist gelungen. Denn was sie bisher nicht wusste ist, dass sie überhaupt fruchtbar war. Was für eine herrliche Fehldiagnose, denkt Jolie spöttisch und resümiert all jene Männer, mit denen sie ebenso riskanten, oft ungeschützten Sex hatte, von denen sie wirklich nicht schwanger werden wollte. Nun war sie fruchtbarer Boden geworden. Wer hätte das geahnt. Jolie dachte, sie wäre eine Vulkanlandschaft oder ein betonierter Garten.

Zumindest hatte es so der Arzt beschrieben, vor einigen Jahren: »Sie werden keine Kinder natürlich kriegen können. Sie sind mit extrem hoher Wahrscheinlichkeit unfruchtbar.«

»Leider«, sagte daraufhin seine Assistentin, »denn hübsch sind Sie schon.«

Jolie war gleichgültig aus der Praxis gekommen. Sie spürte keinen ausgeprägten Kinderwunsch, allerdings eine neue Sicherheit – die ihr jetzt völlig entrissen wurde. Sie konnte sich bisher immer ein Leben ohne Kinder vorstellen. Und den Sexualpartner, wenn es denn passierte, ohne Panik in sich kommen lassen. Sie wurde eines Besseren belehrt.

Sie verspürt weder Verzweiflung noch Glück. Keine Überreaktion. Keine übermäßige Vorfreude. Jetzt ist der Moment, in dem es real wird. Dieses Szenario, das bisher immer den anderen geschah. Abtreibung oder Elternschaft. Es ist immer eine Frage der Perspektive: Ist die Zukunft nun ruiniert, oder wird sie erfüllt? Hop oder Top?

Eine Frau kann im besten, oder war es im schlimmsten, Fall immer noch Kinder kriegen, wenn es sonst nicht läuft, findet Jolie. Auch eine Exitstrategie. Denn diese Rolle hinterfragt wirklich niemand.

Das findet auch Jolies Mutter, Emma. Die wird sich jetzt besonders freuen. Sie träumt schon so lange von Enkelkindern. Eines Nachts lag sie sogar wach, starrte an die Decke und war mit einem Schlag von einer unfassbaren Wut erfasst. »Ausgerechnet Barbara!«, sagte sie laut. »Ausgerechnet die hat wieder Glück gehabt!«

Barbara wird nie von der eigenen Tochter enttäuscht werden. Das fand Emma in diesem Moment mehr als unfair. Denn was sie nicht hat, kann ihr nicht verloren gehen. Und was ihr nicht kostbar ist, wird ihr keinen Kummer bereiten. Vielleicht hat Barbara, das musste Emma nun in Erwägung ziehen, doch auch eine richtige Entscheidung getroffen. Sie drehte sich auf die Seite, der Morgen brach an, und die Vögel begannen ihre Rufe. Es ist immer eine Frage der Perspektive. Emma wusste jedoch, in Sachen Enkeln hatte sie den Kürzeren gezogen.

Bis jetzt.

Jolie wird plötzlich doch von einer Woge der Begeisterung erfasst, macht ein Foto von den drei Tests und schickt es an ihre Freundinnen. Die Katze ist aus dem Sack. Die Schnappatmung ist ausgeblieben. Weiter geht's. Sie sammelt die Tests ein, wirft sie in die Handtasche, öffnet die Toilettentür, spült das Glas aus und betrachtet sich ausführlich im Spiegel, während sie sich die Hände wäscht. Sie steckt sich die Haare hoch, fährt sich den Lippenstift nach, schaut auf ihr Handy, und während sie auf Reaktionen wartet, spürt sie den Enthusiasmus sekündlich schwinden. Die Tür wird aufgerissen, eine Frau kommt herein, lächelt Jolie an, weil Frauen sich auf Toiletten höflich und nett anlächeln, und Jolie geht zurück an ihren Schreibtisch, um weiter zu arbeiten. Sich nichts anmerken lassen. Auf keinen Fall mit jemandem hier sprechen. Privates vom Geschäftlichen trennen. Nicht auf die freundschaftliche Atmosphäre reinfallen. Nicht Lohnarbeit mit Leidenschaft verwechseln.

Freundlich auftreten, schön strahlen, nicken und niemals den Kopf schief legen, das ist ein Zeichen von Schwäche. Brust raus, Bauch rein, aufrechte Haltung. Wie lange würde sie eine Schwangerschaft verheimlichen können? Sie schaut an sich herunter. Nichts zu sehen. Babygröße wahrscheinlich Popel oder Erbse. Das ist die bisher größte Leichtsinnigkeit, die ihr je geschah.

Auf ihrem Schreibtisch liegt ein Umschlag. Der ist neu. Mit krakeliger Schrift steht ihr Name darauf geschrieben. Der große Firmenstempel daneben. Während ihrer kurzen Abwesenheit hat ihn jemand dort abgelegt. Jolie setzt sich um sich blickend hin, reißt den Umschlag auf und muss das Schreiben zwei Mal, drei Mal lesen, ehe sie eine Reaktion hervorbringen kann. Sie spürt, wie ihre Kollegen sie verstohlen beobachten, es sich aber nicht anmerken lassen wollen und viel zu energisch in die Tastaturen hauen. Sie spürt, wie auf ihre Antwort gewartet, die Atmosphäre aufgeladen wird. Jolie, den Brief noch immer in der Hand haltend, stellt sich hin, blickt über die Bildschirme in die letzte Reihe des Bürolofts, wo sich nebeneinander die Chefs positioniert haben. Jeder von ihnen in den eigenen Monitor vertieft. Als wäre die Situation schon jetzt nicht mehr von Interesse. Eine alte Geschichte. Schnee von gestern.

»Wollt ihr irgendwas dazu sagen?«, fragt sie in die gesenkten, übertrieben angestrengten Gesichter ihrer Vorgesetzten starrend.

Nach einer unangenehmen Wartezeit strengt sich eine ihrer Chefinnen an, blickt zu ihr hoch und sagt in einem genervten Tonfall: »Es gibt nicht viel zu erklären. Wie du weißt, verlagern wir eure Abteilung nach Osteuropa. Du kannst entweder mitgehen und dort Supervisor werden oder eben nicht mehr hier arbeiten. Ist nicht unsere Entscheidung.«

»Kam direkt vom Headquarter«, sagt die, die daneben sitzt, etwas versöhnlicher. »Immerhin kriegst du einen Bonus. Und du musst ja nicht sofort gehen. Hast ja noch drei Monate, um was Neues zu finden. Habt ihr alle dann. Das schafft ihr.« Achselzucken vom Chef. Was stellt die sich eigentlich so an. Ist wohl neu in der Branche.

Trifft's nicht die Eine, trifft's halt die Andere. Gerade als sie sich hinsetzten will, ruft ihr Chef: »Hey, aber Jolie – jetzt, wo du nicht mehr hier arbeitest, können wir endlich ungeniert rummachen.« Köpfe drehen und wenden sich. Er lacht. Die Kollegen lachen. Die Mitarbeiter lachen. Ein munterer Scherz. Wer nicht lacht, ignoriert's. Wer's ignoriert, ist Komplize. Kompliziert ist das eigentlich nicht.

Zum Scherzen ist Jolie nicht aufgelegt, die Langweilerin. Immer so ernst, immer so verkrampft. Soll sich mal locker machen, die Spaßbremse.

Jolie wirft wahllos Dinge in ihre Handtasche, schaltet ihren Computer aus und verlässt ohne ein weiteres Wort das Büro, in dem sie die letzten vier Jahre verbrachte. Nicht allerdings ohne dabei das Glas, in das sie eben noch pisste und ihren Urin minutenlang aufbewahrte, in das Regal für saubere Gläser zu stellen. Sie zwingt sich dazu, langsam die Treppen hinunterzugehen, den Gang zu genießen. Dieses Haus wird sie nie wieder von innen sehen.

Atme noch einmal die Luft, noch einmal den Duft ein, das war's nämlich. Unten angekommen, wirft sie ihren Büroschlüssel in den Briefkasten und ruft ihren Arztfreund an, von dem sie ein Attest für die nächsten Wochen einfordert. Sie geht aus dem dritten durch den zweiten in den ersten Innenhof und ahnt nicht, dass die Chefabteilung geschlossen dabei am Fenster steht und die hysterische Frau beobachtet.

»Hat wohl ihre Tage«, sagt der Chef und zischt seine Kollegin an. »Das wird Konsequenzen haben für das Fräulein. Streichen wir gleich von ihren Urlaubstagen!«

Jolie weiß, die Frau sollte nicht zu früh Kinder kriegen, wenn sie überhaupt ansatzweise eine Karriere erreichen möchte. Das große Karriereaus: Entbindung. Eine Frau sollte nicht zu spät ihre Kinder kriegen, denn dann ist sie zu alt und verfügt nicht über ausreichend Energie. Spaßverderber: alte Mütter, die nicht mehr kapieren, wie's läuft. Da sprechen Kind und Eltern nicht mal ansatzweise die gleiche

Sprache. Wie die Frau es also macht, ist es falsch. Grundlegend. Es ist grundlegend falsch. Richtig wäre immer das Andere. Oder nichts von beidem. Doch das kann ja auch nicht stimmen.

Jolie steigt in den Bus und liest die Nachrichten ihrer Freundinnen. Sie reißt die Tasche auf ihrem Schoß auf und greift reflexartig nach den Tests, so, wie manche plötzlich die Anwesenheit ihres Geldbeutels überprüfen. Immer noch positiv. Immer noch schwanger. Sie wird ab jetzt dazugehören. Zum Club der Mütter. Sie wird tun, wofür ihr Körper gemacht zu sein scheint. Gebären. Erst wird sie monatelang austragen. Sie ist gesund und jung und schaut gesund aus und jung, und niemand wird sich fragen, ob das nun eine gute Idee ist. Sie wird eine von den Frauen werden, die ihr Leben neu zentrieren und nach diesem winzigen Menschen ausrichten, für den sie sich auf irgendeine Weise entschieden haben. Wird sie von der gleichen Angst zerfressen werden, die alle Eltern erleben ab dem Moment der Entbindung? Wahrscheinlich. Bereits jetzt stellt sich ja die Frage, wie das Kind ernähren. Es fängt also schon vorher an. Die Angst ums eigene Kind. Sie wird eine Rolle annehmen, die sie gut kennt. Schließlich ist ihre Mutter eine Mutter und deren Mutter und deren Mutter und deren Mutter. Die Lehrjahre sind vorbei. Jetzt wird Jolie selbst in die Pflicht genommen. In die Mangel. Jetzt darf sie zeigen, wie gut sie aufgepasst hat. Ganz selbstverständlich wird sich Jolie mit den gleichen Fragen beschäftigen, die sich auch andere schwangere Frauen stellen und dann mit jenen, die sich andere Mütter stellen. Sie wird dazugehören. Jolie ist jetzt ein Teil. Ein Teil vom großen Ganzen. Vom Kreislauf. Sie wird Leben spenden. Jolie wird ein Lebewesen aus ihrer Vagina pressen und dabei vermutlich schreien, und vielleicht wird es nur ein paar Stunden dauern, und sie wird den Schmerz danach vergessen, und dann ist da eine neue Person. Jolie fühlt sich, als wäre sie eine echte Frau. Eine Frau, die fortan ihren

Bauch nicht mehr einziehen muss. Es hat auch wirklich jede Situation etwas Gutes.

Jolie ruft ihre Mutter an. Und ausgerechnet jetzt geht Emma nicht ans Telefon. Dabei war gestern doch Muttertag. Und Jolie weiß, dass Emma auf nichts sehnlicher wartet, als endlich von ihrer Tochter angerufen zu werden.

Wenn Laura sich ernstlich ärgert, verschränkt sie ihre Hände und bohrt die Finger in die Handrücken. Ihr gefällt, wie die Farbe aus den Fingerspitzen weicht und ein gleichmäßiger Druck zu einzelnen Schmerzpunkten wird. Laura möchte keine Zicke sein. Keine Frau, die eine Szene macht. Sie möchte nicht negativ auffallen. Schon gar nicht öffentlich. Laura hat Strategien entwickelt, ihren Ärger, ihren Frust, ihre Wut zu kontrollieren und im besten Fall hinunterzuschlucken. Wie den Salat, den sie pflichtbewusst isst.

Laura gibt sich Mühe, nicht aufbrausend zu werden, weil sie sich viel Mühe gegeben hat, um geliebt und gelobt zu werden. Sie hat mit ihrer hingebungsvollen Art versucht, das Bestmögliche aus dem heutigen Tag zu machen. Doch ihr Verlobter C. hat keine Lust. Lustlos stochert er in den Beilagen herum, selbst das teure Steak vermag ihn nicht aufzumuntern, obgleich er es selbst grillen durfte, auf dem großen offenen Grill mitten im Restaurant, neben all den anderen aufgeregten, Anzug tragenden Männern, die ihm kameradschaftlich und übermütig zum Geburtstag gratulieren und ihm teure, überflüssige Geschenke überreichen.

»Weißt du«, sagt er zu Laura, er presst es förmlich aus seinem zu einem Lächeln gefrorenen Mund heraus, »das hätte wirklich nicht sein müssen.«

»Aber, Schatz«, sagt Laura, »du verdienst doch nur das Beste.«

»Das Beste«, holt er aus, »wäre gewesen, mich einfach in Ruhe zu lassen.«

»Das Beste für dich oder für mich?«, fragt Laura.

C. lächelt süffisant und grüßt jemanden, während Laura in tausend Teile zerbricht. Innerlich. Ihr Äußeres bleibt unbeweglich und hart und lächelt weiter vor sich hin. Laura sitzt still ihrem Fast-Ehemann gegenüber und wartet. Kaum jemand wird die auf ihrem Schoß gefalteten, ineinander gepressten Hände bemerken, doch der Schmerz ist mittlerweile grenzwertig. Überhaupt scheint kaum jemand die Anspannung zwischen den beiden zu erkennen, verweilen doch die meisten fröhlich an der Grillplatte, dem Salatbuffet oder in der Nähe der Champagnerkühler. Blut strömt aus dem angeschnittenen Stück Fleisch, und C. tunkt ein Stück Weißbrot hinein.

Da kommt C.s bester Freund L. dahergeschlendert und setzt sich zu ihnen.

»Macht mal Platz, ihr Turteltäubchen!«

»Na, mein Bester.«

»Also, Laura, das hast du großartig organisiert.«

»Ich habe es ihr auch gerade gesagt, herrlich.«

»Dieses Fleisch, der Wahnsinn.«

»Die Drinks auch.«

»Und dein Outfit! Also, du bist wirklich ein glücklicher Mann.«

»Ich habe sie ja gar nicht verdient.«

»Das glaube ich sofort. Willst du den wirklich heiraten?«

»Ich überlege es mir noch.«

»Hahahaha, du bist gut.«

»Sie hält dich wohl an der kurzen Leine?«

»Woran hält dich denn deine?«

»Hahahaha, das willst du nicht wissen.«

C. ist ein Mann, der Szenen in der Öffentlichkeit missbilligt. Wie schaut das denn aus? Stress in der Beziehung. Das geht niemanden was an. Friede, Freude, Sonnenschein. Laura bedankt sich für die längst überfällige Anerkennung und entschuldigt sich. Eine Dame muss sich frisch machen. Sich auffrischen. Frische in ihr Gesicht bringen. In Wahrheit will sie sich aufregen, ihn abfertigen, ihn aufgeben. Doch sie gibt nicht auf. Laura hat sich einen Plan fürs Leben gemacht und nimmt Rückschläge in Kauf, aber abbringen lässt sie sich nicht. Stattdessen lässt sie eiskaltes Wasser über ihre Handgelenke laufen, trägt ihren Lipgloss neu auf. »Ich bin eine Frau, die weiß, was sie hat, was sie will und was sie wert ist.« Sie reibt die Lippen aneinander und formt einen Kussmund, den sie sich selbst zuwirft. Dann setzt sie ihr Lächeln auf und geht zur Party zurück. Die kann schließlich nicht ohne sie stattfinden.

L. erhebt sich und klopft mit der Gabel gegen sein Glas. Der Raum verstummt, und alle schauen. Dann geht es los. C. lauscht den Glückwünschen und isst dabei sein Steak auf. Mit jeder Rede wird C.s Laune besser. Laura nippt an ihrem Glas und horcht ebenfalls. Er lacht laut.

So einfach geht das, denkt sich Laura, ist der Mann trostlos, müssen andere Männer beschreiben, wie grandios er ist, und die Welt ist wieder in Ordnung, und das Leben darf wieder weitergehen, die Sorgen sind vergessen und die Wunden geheilt. Sie seufzt, applaudiert zugleich artig mit, als C. endlich aufsteht und sich bei allen bedankt. Auch bei ihr. Der Applaus ist groß, und sie strahlt brav. Die Frau ist des Mannes Visitenkarte.

Im genau richtigen Moment legt Verena ihren Arm um Lauras Schulter. Laura fällt ein Stein vom Herzen, als sie in das Gesicht der Freundin blickt. Verena greift nach einer Champagnerflasche und zieht ihre Freundin aus dem Restaurant. Am Ende ist dann doch immer auf sie verlass, denkt sich Laura und lässt sich ziehen.

Sie setzen sich auf die Bordsteinkante. Verena füllt die Gläser auf, sie stoßen an. »Auf uns!«

»Ja. Auf uns!«

Und erst nach einem großen, befreienden Seufzen beginnen sie endlich zu lachen. Sie lachen so laut, dass es nur so widerhallt auf dem Parkplatz und weit über die Mauern hinweg zu hören ist.

Manche nennen Frauen, die so lachen können, hysterisch, andere befreit. Sie müssen so arg lachen, dass ihnen die Tränen kommen, und dann liegen sich Laura und Verena in den Armen. Sie schießen ein Foto von sich. Es fügt sich nahtlos in all jene ein, die sie in den vergangenen Jahren von sich gemacht haben. Auf all diesen Fotos sehen sie glücklich aus. Es ist das erste Foto, seit Verena weggezogen ist.

»C. wird mittlerweile völlig aufgedreht sein.«

»Er liebt es, geliebt zu werden.«

»Dich liebt er doch auch.«

»Ja.«

»Liebst du ihn?«

»Ich liebe, dass er mich liebt.«

Verena steht auf, streicht ihr Kleid glatt, hält ihrer Freundin die Hand hin. Laura greift danach, lässt sich nach oben ziehen. Beide Outfits sind aufeinander abgestimmt. Alles passt.

»Gehen wir?«

»Ja.«

C. gibt Laura einen Klaps auf den Po, der sie einen Ausfallschritt nach vorne machen lässt, und grapscht dann danach und hält sie schön fest, die linke Arschbacke. Demonstrativ, übergriffig und lustig gemeint. Denn C. lacht, und das bedeutet, es ist ein Witz. Laura lacht, weil sie nicht weiß, was sie sonst tun soll. Verena schaut lieber schnell weg, um nicht in Augenkontakt zu geraten.

Dabei fällt ihr Blick auf eine Gruppe Männer, die längst begonnen haben, Schnaps zu trinken. »Geile Weiber«, schreit da einer, seine Hände auf die Tischplatte klatschend. Diese Männer haben nichts zu verlieren. Also geben sie ihr Bestes. Dann rufen sie eine Frau von der Tanzfläche herüber. Eine Freundin, mit der angegeben werden kann. Die soll sich auf einen Schoß setzen. Die Frau überlegt, doch sie ist zum Scheitern verurteilt. Ausgeliefert. Wie immer sie sich entscheidet, sie verliert. Entweder das Ansehen der Frauen oder das Ansehen der Männer. Für welches Los entscheidet sie sich? Verena ist gespannt.

Da schiebt sich ein Mann in ihr Blickfeld. Einer, den sie noch nie zuvor gesehen hat, und verdirbt ihr das Spektakel.

»Hi.«

»Hallo.«

»Ich bin H.«

»Freut mich, Verena.«

»Dich kenne ich aber nicht, bist du neu hier?«

»Nein, gerade weggezogen.«

»Ach!«

»Ja.«

»Warum?«

»Hat sich so ergeben.«

»Schade.«

»Nicht so schlimm.«

»Was machst du?«

»Ich orientiere mich gerade um. Du?«

»Gleiche Kanzlei wie C.«

»Natürlich.«

»Also, wenn du heute Nacht keinen Schlafplatz hast, kann ich dir einen anbieten.«

»Danke. Ich habe einen.«

»Aber sicher keinen so schönen.«

»Geschmackssache.«

»Das Angebot steht. Ich würde dich gerne mitnehmen. Du gefällst mir gut.«

»Und ich würde gerne nicht mit dir nach Hause gehen.«

»Überleg es dir. Was Besseres wirst du nicht finden.«

»Es wird dich überraschen, aber ich suche überhaupt nichts.«

»Das kann ich mir nicht vorstellen. Du schaust so hilflos. So traurig. Weil du gern begehrt werden würdest.«

»Oh, lass mich raten: Analyst.«

»Meine Spezialität.«

»Brauchst vielleicht ein Auffrischungsseminar? Oder eine Umschulung.«

»Du solltest dich glücklich schätzen, dass ein Mann wie ich dich will.«

»Ach, was? Männer wie du also.«

»Du bist eine sechs, maximal eine sieben. Da sind wir uns alle einig.«

»Es wäre jetzt wohl besser für dich, wenn ich dir nicht sage, was du bist, oder?«

»Frigide Schlampe.«

Was soll sie darauf sagen.

H. geht zurück zu seinen Kollegen, und je näher er ihnen kommt, desto freudiger wird sein Gesichtsausdruck. Von grantig zu munter in Sekunden. Wer wird sich denn die Laune von so einer verderben lassen? Er zischt ihnen etwas zu, das Verena nicht hören kann.

Aber die Blicke fallen über sie her. Sie rührt sich nicht. Keine Verunsicherung zeigen. Sie funkelt und blitzt. Erst als die Kerle brüderlich in lautes Gelächter verfallen, geht Verena in Deckung. Sie sucht ihre Freundin und manövriert sich dabei aus dem Geschehen, mitten hinein in die tanzende Menge. Doch von Laura fehlt jede Spur. Verena holt sich einen Cosmopolitan an der Bar und schreibt ihr eine SMS.

Laura antwortet: »Sexy time Lutscher-Emoji, Honigtopf-Emoji«.

Klar, denkt sich Verena, irgendwie muss er es ja wiedergutmachen. Vor allem auf der eigenen Party. Verena weiß, dass das nicht lange dauert, weil Laura entweder schnell kommt oder abbricht, und unterhält sich mit einer ehemaligen Arbeitskollegin. Solche Nächte verlaufen ja immer gleich. Irgendwann haben alle ihr Ziel erreicht. Selbst die, die keins hatten. Laura schickt ein Vulkan-Emoji.

Die Wiesen sind ausgedörrt, graugrün und ungemütlich. Die Gräser stechen und piksen, und die Insekten stürzen sich auf die verbliebenen, blühenden Blumen. Die privaten Gärten werden mit Leitungswasser am Leben gehalten, in anderen Ortschaften herrscht bereits Trinkwasserknappheit. Ein Jahrhundert-, ach nein, ein Jahrtausendsommer soll das heuer werden. Jetzt sterben wieder richtig viele alte Leute an Herz-Kreislauf-Versagen und andere stolpern beim Wandern und wieder andere fahren gegen Bäume oder werden allzu schnell besoffen. Denn Alkohol und Sonnenschein, sag lieber nein. Wer einen Garten hat, sitzt darin, und wer ein Seegrundstück hat, ist jetzt am alleralferglücklichsten. Nur wer nichts von beidem sein Eigentum nennt, ist auf den trostlosen, aufgeheizten Straßen unterwegs und huscht von Schatten zu Schatten. Oder versucht es mit einer Picknickdecke auf einem Trockenrasen. Es wird gestöhnt und geschwitzt und gehechelt. Die Menschen, die sich fortbewegen, sind auf der Suche – nach einer eisgekühlten Limonade zum Beispiel. Oder nach dem Grund, warum sie weder einen Garten noch ein Seegrundstück besitzen. Es ist trostlos, wenn einem die eigene Ausweglosigkeit tagtäglich aufgezeigt wird. Haste nichts, biste nichts.

Brigitte ist so eine Person, die keinen Garten, keinen Steg ihr Eigen nennt. Aber Brigitte ist auf dem Weg zu einer Erfrischung. In dieser Hitze wird jede noch so kleine Bewegung zu einem Kraftakt. Eine schweißtreibende Arbeit. Die Existenz zur Überbelastung. Abkühlung dringend nötig. Die Menschen hier sind jedoch schlau. Sie wissen, wie sich die Hitze aushalten lässt. In den Restaurants werden Sprühnebelanlagen im Terrassenbereich installiert. Bekannt aus touristischen Hot Spots auf der ganzen Welt. So herrscht Urlaubsfeeling überall. Während der Asphalt schon beinah brodelt, die Seen austrocknen und die Haut unangenehm brennt, läuft Brigitte herum, als wär nichts. Sie durchschreitet die feste Mauer aus heißer Luft schier mühelos. Doch beim kleinsten Gedanken an Petra wird ihr noch heißer, und das kann wirklich nicht gesund sein. Brigitte fächert sich Luft zu. Jetzt bloß nicht hyperventilieren. Brigittes Arm streift an einer schroffen Mauer entlang. Na sowas. Die anderen schwitzenden, ächzenden Menschen weichen ihr aus, denn eine unerwünschte Berührung wäre gerade das Allerschlimmste. Vor dem Eiscafé ist eine Menge los. Kinder kreischen und brüllen aus voller Kraft und lassen sich nicht beruhigen. Kinderlose Erwachsene schütteln entnervt die Köpfe und schicken böse Blicke in die Richtung der Schreihälse. Deren Eltern schütteln die Köpfe, weil die kinderlosen Erwachsenen in ihren Augen spießig sind. Dabei wollen doch alle nur Erholung. Außer den Kindern. Was die wollen, ist wirklich niemandem klar. Eis jedenfalls ist schon mal ein guter Anfang.

Brigitte bekommt von all dem kaum etwas mit. Sie ist in Gedanken bei Petra, lässt sich auf einen der aufgeheizten Stühle plumpsen und betrachtet ausgiebig das Angebot, während die nackte Haut ihrer Beine schon am Sessel festklebt. Die Bilder auf der Eiskarte sind längst verblasst, doch noch immer protzig. Brigitte schaut länger, als sie muss, um die Entscheidung ein wenig hinauszuzögern, und lässt den Kellner ein paar Runden um ihren Tisch kreisen, ehe sie ihm mitteilt, wofür sie sich entschieden hat. Der Kellner ist aufmerksam und kennt Brigitte. Seit dem Start des Mega-Sommers besucht sie fast täglich das Eiscafé. Die achtet nicht auf die Kalorien. Der Kellner findet das beeindruckend und fragt sich, ob sie eine Essstörung hat.

Der Eisbecher »Exotica« überzeugt besonders durch seine übergroßen Melonenstücke, die am Becher hängen wie Flügel. Dazu gibt's Schlagsahne, Sauce nach Wahl und eine Waffel. Der überfröhliche Kellner, in einem T-Shirt mit einem lachenden Eisbecher darauf, notiert die Bestellung und geht pfeifend davon. Brigitte sieht ein Magazin am Nachbartisch und greift danach. Warum sich nicht in der Wartezeit informieren, was die aktuelle Frau zu tragen, zu sagen, zu sehen hat. Sie schlägt es auf. Liest die Sätze. Aber konzentrieren kann sie sich nicht. Die Eine oder keine, denkt sie sich und beißt sich unbemerkt die Unterlippe blutig, während sie die neuesten Modetrends begutachtet, die sie eh wieder nicht nachkaufen wird. Brigitte ist sparsam. Sehr hedonistisch zu sein, kann sie sich nicht leisten. Leistung wird belohnt. Lohnender wäre es gewesen, das schon früher zu begreifen. Aber die Liebe ist es doch, wofür es sich zu leben lohnt. Nur die Liebe zählt, findet Brigitte.

Brigitte sitzt unter der Sprühnebelmarkise, und hin und wieder rieselt es angenehm auf sie herab. Der Eisbecher wird salopp auf den Tisch gepfeffert, der Andrang ist gerade groß, der Kellner hat jetzt wirklich andere Sorgen. Brigitte betrachtet zufrieden den Eisbecher. Es handelt sich dabei nicht etwa um die abgespeckte Variante des abgedruckten Beispiels, sondern um eine noch üppigere. Wo gibt's denn sowas? Brigitte bedankt sich artig, doch der Kellner ist längst fort. Alles muss jetzt schnell gehen, solang die Kundschaft Schlange steht. Und je länger die Schlange, umso mehr Menschen stellen sich dazu. Jetzt muss das richtige Tempo gefunden werden. Zum Glück hat Brigitte einen Tisch für sich allein. Sie greift den langen Löffel und beginnt, die Beeren einzeln dem Eisberg abzutragen. Denn wer langsam isst, hat länger was davon.

Wie das schmeckt! Brigitte ist eine Genießerin. Brigitte hat Grund zur Freude.

Denn nicht nur ist sie verliebt, nein, sie ist auch Freiberuflerin. Und die haben ja den entscheidenden Vorteil, quasi jederzeit eine

Pause machen zu können. Immer schön asynchron zur Stechuhrgesellschaft, lautet das Motto. Immer, wenn die Freiberufler Pause machen dürfen, freuen sie sich, weil sie sich ihre Pausen auf die Stunden legen, in denen niemand sonst Pause machen kann. Außer den Rentnern. Da gibt es zudem die Arbeitslosen und die Schulschwänzer oder Schulkinder, je nachdem, zu welcher Tageszeit die freiberufliche Pause stattfindet, und die zuhause gebliebenen Elternteile mit Kleinkindern. Doch diese stellen kaum eine Störung dar. Zumeist ist der Freiberufler ungestört. Zumeist isst die Freiberuflerin ungestört. So viele Freiheiten. »Augen auf bei der Berufswahl!«, hat der Papa gesagt. Brigitte ist froh, zugehört zu haben.

Sie isst den Eisbecher auf, lutscht zunächst die Sahne von den Melonenstückchen und kaut dann an ihnen herum, bis wirklich nichts mehr zu holen ist. Keine einzige Wolke am Himmel und vereinzelte, dicke Fliegen, die von Tisch zu Tisch summen. Sie schaut sich die anderen Eisdielenbesucher an. Viele sitzen allein herum und beobachten die Menschen auf den Straßen und auf dem großen Platz. Da sitzen zwei ältere Herren in Polohemden und trinken Eiskaffee. Da sitzt eine junge Frau mit dem Handy am Ohr und trinkt Campari. Da sitzt eine ältere Dame mit einem Bananasplit und hält ihre Handtasche auf dem Schoß umklammert, und da sitzt eine Frau mit einem eierdottergelben Kostüm und Goldschmuck. Der schnaufende Kellner bringt einen Erdbeerbecher an den Nebentisch. Dieser passt perfekt zum Kleid der Frau, denn das ist pink, und beide Farben stechen einander aus. Oder gehen ineinander über. Wie beim Sonnenuntergang. Brigitte findet das außerordentlich schön und macht heimlich ein Foto. Die Erdbeersauce, die in ihrem Neonrot ausgiebig über die Schlagsahne gespritzt wurde, sieht aus wie Lava. Brigitte steigert sich richtig hinein in die fremde Frau und betrachtet sie so ungeniert, dass diese sich schon gar nicht mehr traut zu essen. Nun steht sie auf und setzt sich um. Ein schöner Rücken kann auch entzücken. Brigitte bestellt noch einen Espresso, um den Platz nicht aufgeben zu müssen, und widmet sich wieder dem Magazin. Jetzt pfeift der wieder, der fröhliche Kellner. Der große Andrang ist geschafft, die Schlange abgearbeitet, die Kasse voller. Alle schön versorgt. Keine Versorgungsengpässe hier. Es gibt für jeden was. Für jeden sogar noch mehr als angepriesen. Die Preise mussten nicht angehoben werden. Es geht sich alles aus. Eis aus eigener Erzeugung. Überzeugend ist das Angebot. Jede Woche eine Sondereissorte, die allerdings kaum jemand probiert. Auf die Klassiker ist eben Verlass. Die sind nicht ohne Grund beliebt. Alte Liebe rostet nicht.

Brigitte schaut auf die Uhr. In zwei Stunden kommt Petra. Die Zeit kriecht dahin. Wenn Petra erst einmal da ist, wird wieder alles schön sein. Das reinste Paradies auf Erden. Brigitte schwitzt. Sie hat Angst, dass sie schon in einer Pfütze sitzt. Heute wird sie fragen, ob sie nicht sofort zu ihr ziehen möchte. Egal, ob sie den Job bekommt oder nicht. Brigitte atmet schwer. Das Herz rast. Dass Verliebtsein mit so einer Anstrengung verbunden sein muss!

Der Kellner bringt den Espresso, und sein Blick bleibt interessiert am Magazin hängen. Der aufgeschlagene Artikel gibt die besten Tipps und die wichtigsten Tricks, einen Mann richtig gut zu befriedigen. Jede Frau kann heutzutage eine Sexgöttin sein. Wenn sie sich nur Mühe gibt. Glücklicherweise, findet Brigitte, muss sie sich überhaupt keinen Penis in den Mund schieben lassen, um geliebt zu werden. Manche haben's einfach gut. Dabei weiß sie wohl nicht, dass Forscher herausgefunden haben, dass Sperma zahnaufhellend wirken soll. Sie trinkt den Espresso in einem Schluck und sprüht ihre Arme mit Thermalwasser aus der Dose ein, für den zusätzlichen Frischekick. Dann lässt sie sich zurück in den Stuhl gleiten und schaut einfach geradeaus.

Die Lust

Vulva, Vulvalippen, Klitoris, Vagina, Brustwarzen. Weibliche Sexualität ist Trend- und Lifestylethema. Die Libido der Frau wird nicht länger ignoriert, sie ist zum Mittelpunkt eines florierenden Business geworden. Für den Schambereich muss sich nicht länger geschämt werden. Genauso wenig für Vaginalausflüsse jeglicher Art. Jetzt gilt die Wellness für die Vagina. Dabei helfen zum Beispiel per App gesteuerte Produkte, Liebeskugeln, Jadeeier, Vibratoren mit Orgasmusgarantie, Vulvacremes, Sheetmasken, Vaginal-Dampfbäder, Vajacial-Treatments, Aufheller und Verengungstools. Auch die richtige Ernährung kann zu einer gesunden Vulva führen. Generell gilt: je stärker und trainierter der Beckenboden, desto intensiver ist das Gefühl während der Penetration. Der Intimbereich darf rasiert, gewaxed, bewachsen und verziert werden. Neben Tätowierungen und Piercings zählt auch Vajazzling als mega Beauty-Trend. Dabei wird der glatte und haarfreie Venushügel mit Glitzersteinchen beklebt. Die weibliche Lust hat an Bedeutung gewonnen. Frauen, die sexuell aktiv sind, sollen fortan nicht mehr unter Slut-Shaming leiden müssen. Scham ist der absolute Libido-Killer.

Die Frau mit dem knallpinken Kleid ruft den Kellner, um zu zahlen. Weil er ihr jedoch zu lange braucht, legt sie das Kleingeld auf den Tisch, pfeift schrill, deutet darauf und geht. Sie hat nichts übriggelassen. Alles verputzt. Beim Vorbeigehen blickt sie Brigitte direkt in die Augen, ehe sie sich die Sonnenbrille aufsetzt und davon stolziert. Sie geht mit enormer Coolness von dannen, und Brigitte seufzt. Der Kellner eilt, fegt das Geld vom Tisch ins Portemonnaie und trägt das Glas davon. Eine Kellnerin läuft ihm hinterher, wischt den Tisch ab und rückt die Stühle zurecht. Ein Mann steuert auf diesen Tisch zu. Er setzt sich hin. Der Kellner kommt sofort.

»Bringst mir auch so einen Expresso?«

»Gerne.«

»Und bring mir den Süßstoff mit!«

»Süßstoff hab ich nicht.«

»Macht nichts. Scheiß auf den Süßstoff. Geschäft sollst haben! Das ist wichtig.«

Der Kellner lacht. Brigitte macht die Augen zu. Ist das ein Happy End? Sie kann es selbst kaum glauben.

Du bist nicht tätowiert, sportlich, aber elegant, weißt dich sowohl auf dem roten Teppich als auch im Wohnzimmer zu bewegen, kennst Tischmanieren und verstehst, wann es sich zu schweigen lohnt, bist der Kultur zugeneigt, kannst aber auch ein Bier in einer Kneipe trinken, hast Lust auf einen Mann, der gut gebaut, gesund, Akademiker, mit Haus und Garten ist, eine Frau sucht, die ihm die Stirn bieten kann, sich aber auch zurechtstutzen lässt? Dann melde dich.«

»Du möchtest die Welt kennenlernen, wie du sie noch nie zuvor gesehen hast? Dann lass dich von einem Piloten (49/190/NR) auf Wolke 7 und an entfernte Strände und pulsierende Megacitys bringen. Unser Gepäck: IQ, Genuss, Harmonie. Unser Leben: entspannt, leicht, sinnlich, verspielt, verlässlich. Du: Akademikerin bis 40, groß, schlank, schön.«

»Optimist mit Haus und Humor (44/182/R) aber ohne Altlasten sucht temperamentvolle SIE mit brennendem Herzen für die Achterbahnfahrt des Lebens, auch Loopings.«

»Wenn du mit 50+ noch neugierig und weltoffen, kreativ und sportlich bist, dir ein guter Umgang mit deinen Mitmenschen wichtig ist und du dich gerne stilvoll kleidest, sollten wir uns besser kennenlernen. Er, 63, 181, Akademiker, wartet auf Dich.«

»Sympathischer, attraktiver und weitgereister Er, 39,185, Typ Playboy Richard Löwenherz, sucht eine lebenshungrige und experimentierfreudige SIE (bis 30J, attrakt., unabh., sportl.-schlk.) für gemeinsame Abenteuer.«

»Mann, der im Leben steht und angehender Buchautor (53/180/NR) wünscht sich eine junge Frau mit Verstand und kulturellem u. politischem Interesse. Du stehst im Leben, bist finanziell unabhängig, attraktiv und warmherzig und stehst für deine Werte ein. Nur NR. Zuschriften mit Foto, Körperform ist mir egal.«

»Du schmunzelst über den Genderwahn, Schmerzensmänner und Powerfrauen? Cis-Mann, 40/187/86 kg, trainiert, witzig, fürsorglich, selbstbestimmt, pedantisch, großzügig (kein Sugar Daddy!), sensibel, sarkastisch, bürgerlich-werteorientiert, großen Wert legend auf Kommunikation und Sprache, ohne Kinder / Scheidungen sucht entsprechende Sie mit Astralköper – ohne akuten Gebärdruck, aber mit eigener Meinung und eigenem Freundeskreis. Nur ernstgemeinte Zuschriften mit Bild.«

Seit Lisa wieder ihre fünfzig Stunden arbeitet, kommen ihr die freien Wochenenden besonders vergeudet vor. Immer nur Joggen, das kann es ja auch nicht gewesen sein. Sie lebt doch nicht für ihre Fitness. Also hat sie sich bei mehreren Datingportalen angemeldet. Neue Zeiten, neue Möglichkeiten. Das Überangebot ist unglaublich. Sie nutzt Apps, Webseiten und Magazine. Männer haben sich auf die Präsentierteller gelegt, und sie kann sich jetzt die Häppchen aussuchen. Wie ein riesiges Buffet kommt ihr das vor. Leckerschmecker. Warum hat sie diese reichliche Vielfalt erst jetzt bemerkt? Lisa liest die Anzeigentexte und lächelt stumm. Männer können formulieren, was sie wollen. Was für sie zulässig ist. Das muss sie ihnen lassen. Auf die Annoncen meldet sie sich nie. Das dauert ihr zu lang. Nach dem Probeabo wird sie das Magazin auch wieder abbestellen. Das Lesen der Annoncen ist wie ein Appetizer, ein kleines Häppchen, das Vorspiel. Sie greift nach ihrem Handy und öffnet eine der vielen Dating-Apps. Neue Nachrichten. Sie mag es, wie schnell es zur Sache geht. Wenn sie wollte, könnte sie jeden Tag mindestens einen Neuen treffen. So viel Energie hat sie gar nicht. Für Höflichkeiten hat sie ebenso wenig Zeit. Die ausgewählten Männer sind Termine für Lisa. Keine Hoffnungsträger. Lisa ist ab sofort schamlos, weil sie sich nicht länger schämen will.

In den letzten beiden Tagen traf sie fünf Männer, und mit zweien davon hat sie geschlafen. Die Frau kann organisieren. Ein Beleg für ihre Effizienz und ihr Leistungsvermögen. Zweiundzwanzig Männer in fünf Wochenenden. Heute findet eine Besonderheit statt. Es handelt sich um ein zweites Treffen. Na, da schau her. Und das an einem Sonntag.

Lisa trägt einen Kimono, den sie sich vor Jahren in Chinatown Chicago kaufte, und betrachtet ihre Cellulite im Spiegel. Alles eine Frage des Lichts. Weiches Licht und die entsprechende Pose lassen ihren Po glatt und knackig aussehen. Sie kennt all die Posen. Sie kennt die Performance. Rückwärts aus einem Raum gehen, damit Männer nicht auf den Po schauen können, ist eine Strategie. Lange Hosen, Röcke, Kleider selbst im Sommer tragen, um Oberschenkel zu verbergen, eine andere. Manche Kleidungsstile wurden entwickelt, um die Mängel zu verbergen. Sie bieten eine Ausrede sozusagen. Der Stil macht es möglich, die Problemzonen zu verheimlichen. Licht aus beim Geschlechtsverkehr, auch eine gute Taktik. Lisa schaut sich den eigenen Körper im härtesten Licht an, das ihre Wohnung zu bieten hat und geht unbeeindruckt zurück ins Wohnzimmer. Es ist, wie es ist. Orangenhaut. Orangenpeeling. Obstsalat. Eine Erinnerung auf ihrem Handy leuchtet auf. Abendessen mit Mann Nummer sechs in zwei Stunden. Sie erhebt sich von ihrem Designersofa, stolziert durch ihre Wohnung, lässt den Kimono an ihrem Körper hinuntergleiten und steigt in die Dusche mit Tropenregenfunktionsduschkopf. Während sie in der Dusche steht und ihren Körper mit einem Schwamm massiert, legt sie sich gedanklich ihr Outfit zurecht. Es stimmt alles.

Es macht ihr nichts aus, wenn der Mann glaubt, sie hätte sich für ihn schön gemacht. Sie liebt es, aufzufallen. Der Mann wird schon noch merken, dass es nicht um ihn geht. Frauen, die von sich aus behaupten, nicht länger gesehen zu werden, sind lediglich zu faul, sich mit Mode zu beschäftigen, findet Lisa. Sie glaubt auch, dass es jeder Frau so gut gehen könne wie ihr. Sie versteht das Problem nicht. Jeder ist doch seines eigenen Glückes Schmied. Dass Glück nicht mit Anstrengung verbunden ist, hat doch nie jemand behauptet. Es gibt zweifelsohne Nachteile. Es ist nicht alles Gold, was glänzt. Das weiß auch Lisa. Ihrer Erfahrung nach kommen ehrgeizige Frauen bei Männern nicht so gut an, selbst ein hohes Einkommen macht es ihnen nicht unbedingt einfacher auf dem Heirats- und Liebesmarkt. Je älter und je erfolgreicher sie geworden ist, umso häufiger ist sie von Männern angegriffen oder abgewertet worden. Schon mit dreißig war es ihr unmöglich, ihre Meinung kundzutun und gleichzeitig begehrt zu werden. Die Frauen in ihrem Umfeld halten sich gerne zurück. Zurückhaltung als Strategie, um angenommen zu werden? Lisa hat entschieden, sich fortan jüngere Liebhaber zu holen. Solche, die sich noch nicht in der Midlifecrisis befinden, den Abgrund noch nicht vor sich sehen.

Sie greift nach ihrer Handtasche, wirft Portemonnaie, Schlüssel, Handy hinein, zieht die Tür hinter sich zu und macht sich auf den Weg, um den Mann zu treffen, der nicht nur zehn Jahre jünger ist, sondern auch von sich geschrieben hat, er sei gebildet, attraktiv, athletisch, vermögend, spontan, liebreizend, kommunikativ, naturnah, neugierig, kulturell sowie politisch interessiert, weltoffen, von starken Frauen fasziniert und von schlauen begeistert. Bislang hat er sie kaum enttäuscht.

Den Weg zum Spezialitätenrestaurant für Meerestiere kennt sie gut. Es liegt nicht weit entfernt von ihrer Wohnung, dennoch hat sie einen relativ großen Bogen darum gemacht. Dass er ausgerechnet dieses Restaurant vorschlug, rührte sie. Doch jetzt, wo sie vor der Tür steht, atmet sie tief ein. Sie kontrolliert ihr Make-up und zählt bis zehn. Lisa macht die Tür auf. Sie versucht sich unauffällig zu bewegen. Elegant und heimlich. Sie ist kaum zu übersehen. Der Kellner beäugt sie. Unklar, ob er sie erkannt hat oder nicht, schießt er auf sie zu und nimmt ihr den Mantel ab. Erhobenen Hauptes voranschreiten. Der Mann sitzt bereits und reißt seine Hand nach oben, winkt, steht sogar auf, geht ihr wenige Schritte entgegen und fällt ihr um den Hals, sich völlig bewusst, wie sehr er die Aufmerksamkeit auf sich zieht und wie ungeschickt das rüberkommen mag. Lisa ist peinlich berührt. Und das gefällt ihr. Zuletzt brachte sie B. aus der Fassung. Es wird wirklich Zeit für eine neue Story.

»Hallo.«

»Hallo.«

»Schön, dass wir uns wiedersehen.«

»Freude ist ganz meinerseits.«

»Du siehst gut aus.«

»Danke. Du auch.«

Dann fällt ihnen nichts mehr ein.

Sie setzen sich. Schön gegenüber. Der Kellner kommt und zündet die Kerzen an.

»Guten Abend, Madame. Haben Sie Hunger?«

Der Kellner, er ist selbstredend der gleiche, betrachtet Lisa, ohne sich etwas anmerken zu lassen. Kann es sein, dass er mich vergessen hat? Lisa nickt, lächelt und nimmt die Karte entgegen. Keine hektischen Bewegungen, kein lautes Lachen.

Rosa Rosen stehen auf den Tischen – sogar an ganz banalen Tagen wie heute. Sie streicht über die rosa Stoffserviette, legt sie sich auf den Schoß, schaut verstohlen in den Raum. Wie klein und aufgeräumt er ihr heute vorkommt. Von ihrem letzten Auftritt hier war nichts übriggeblieben. Der Raum hat sich nichts gemerkt. Hat sich einwandfrei erholt. Ihr Exzess wurde rausgekehrt. Weggewischt. Die

Erinnerungen längst überschrieben. Was ist schon so ein kleiner, lächerlicher Ausrutscher. Sowas passiert den Besten. Nicht der Rede wert. Wertvoll ist hier nicht einmal die Deko. Billiger Ramsch, der auf High-Class macht.

»Entschuldigung«, sagt er viel zu laut, reißt sie damit aus den Gedanken und lockt den Kellner an den Tisch, der noch nicht gemeint war.

»Ich könnte für uns bestellen?«

»Gut.«

»Wir nehmen die gemischte Platte für zwei.«

»Ach.«

»Sehr gute Wahl.«

»Das ist interessant.«

»Dazu nehmen wir den Wein, den Sie uns empfehlen.«

»Schön.«

»Außerdem noch etwas Salat.«

»Oh, das ist gut.«

»Sehr gerne.«

»Klingt perfekt.«

»Das freut mich.«

Er betrachtet sie auf so eine ganz bestimmte Art. Wie ein Reh. Große Augen. Ein bisschen wässrig wegen der Aufregung. Seine Hände liegen wie drapiert auf dem Tisch. Als wüsste er nicht, wohin mit sich. Lisa ist von seiner Nervosität ergriffen.

»Ich wollte seit unserem ersten Treffen mit dir hierherkommen.«

»Wieso?«

»Wieso nicht? Eine Frau wie du, die muss in solchen Läden speisen.«

»Ach. So eine Frau wie ich.«

»Ja. Eine Frau wie du. Du bist nicht wie andere Frauen. Findest du etwa nicht? Findest du es hier etwa unangenehm?«

»Nein.«

»Aber?«

»Was soll das sein, eine andere Frau?«

»Bitte, kein Missverständnis!«

»Wenn du so etwas sagst, bist du wie fast alle Männer.«

»Also, wie war das noch mal: Du triffst eigentlich keinen Mann ein zweites Mal?«

»Korrekt.«

»Aber mich.«

»Ja.«

»Ich bin ein Glückspilz.«

»Nicht alle haben so ein Glück.«

»Stimmt. Es hängt wirklich viel mit Glück zusammen. Nicht unbedingt mit Talent.«

Er lächelt verlegen. Lisa lacht laut. Der Kellner schaut, niemals genervt, er ist gut in seinem Job. Sie bemerkt, dass er sie beobachtet. Spätestens jetzt ist der Groschen gefallen. Lisa blickt ihn auffordernd an. Besser, als sich zu verstecken. Sie weiß schließlich, dass sie sich heute benehmen wird.

»Sodala, hier schon einmal der Wein. Darf ich einschenken?«

»Ja. Gerne.«

»Ich habe vorsorglich auch Wasser mitgebracht – Sprudel?«

»Danke.«

»Möchten Sie den Salat als Vorspeise?«

»Alles gleichzeitig bitte. Immer alles schön gleichzeitig.«

»Ich habe mir erlaubt, ihre Bestellung um einige Saucen zu erweitern. Gehen aufs Haus natürlich.«

»Ohhhh, danke. Wie kommen wir denn zu dieser Ehre?«

»Ach, ich wollte Ihnen einfach etwas Gutes tun. So einem reizenden Paar.« Der Kellner zwinkert Lisa zu.

Mann Nummer sechs greift über den Tisch und tätschelt ihre Hand und schaut ihr dabei tief in die Augen. Wie in einem Film. Sie lässt ihn gewähren. Sie erwidert seinen Blick. Die Stimmung ist aufgeladen. Die Stimmung ist viel zu kitschig, er muss Acht geben, sich nicht an den Kerzen zu verbrennen. Er scheint, die brenzlige Situation jedoch nicht zu bemerken. Mit jeder dieser schwülstigen Sekunden, die vergehen, erinnert sich Lisa weniger an ihren ersten Besuch in diesem Restaurant. Mit jeder Minute, die vergeht, entschwindet die Scham aus ihrem Körper, aus ihrem Schädel, aus ihrem Hirn. Sie kann sich hingeben, sich fallen lassen. In diesen undurchdringlichen Blick, in dieses markante Gesicht, in diesen neuen Körper. Ihre Hand wird zu heiß. Sie zieht das glitschige, plötzlich fremd wirkende Gelenk vom Tisch und streicht über die Serviette auf ihrem Schoß, um es zu trocknen. Der Mann schaut verlegen. Wow. Alles scheint ideal. So harmonisch. So romantisch. Zu ausgedacht, um real zu sein. Doch solche Momente gibt's. Lisa ist der lebende Beweis.

Die Platte wird serviert. Der Kellner ist es gewohnt, einige zustimmende Ausrufe zu ernten und wird auch dieses Mal belohnt. Ohs und Ahs entfleuchen dem frischen Liebespaar. Der Kellner gibt noch ein paar Tipps. Lisa ist zahm und isst, wie es sich gehört. I., der Mann Nummer sechs, stellt keine unangenehmen Fragen. Er schmatzt nicht. Er isst weder gierig noch zu schnell. Das Essen schmeckt köstlich. Die Hintergrundmusik dudelt unaufdringlich. Lisa kann es nicht länger aushalten. Lisa lutscht an einer Auster. Sie sammelt die Sekunden mit diesem Mann, als würde es sich um etwas Kostbares handeln. Lisa sammelt die Schalen brav in einer dafür vorgesehenen Schüssel. Sie jagt die warnende Stimme fort und gesteht sich ein, dass sie sprachlos ist. Der Mann liebt die Weinbergschnecken im Brot und kann kaum genug davon kriegen. Er lobt jede einzelne Speise, jede einzelne Zutat. Verwundert und fasziniert betrachtet sie den vor sich hin plappernden I. Dann gesteht sie sich ein – als wär's nichts Großes –, dass es nicht soeben geschieht, sondern längst geschehen ist. Sie nimmt einen Schluck Wein.

Lisa ist verliebt. Sie stochert im Salat. Die Erkenntnis wirft sie überhaupt nicht aus der Bahn. Na, so was! Lisa beruhigt sich selbst. Sie hat jetzt das Gefühl zu wissen, wie das geht. Sie ist ja keine Anfängerin mehr. Lisa betrachtet die Auswahl an Speisen vor sich und anschließend die Auswahl der Männer an den Nebentischen. Sie hat eindeutig die beste Wahl getroffen. Dann rülpst eine Frau am Nebentisch und Lisa lacht so laut, dass sich I. kurz erschreckt. Besser hätte es nicht sein können. Und der Kellner lächelt freundlich vor sich hin, als wär nie etwas gewesen. Lisa schluckt die Auster und kann sofort die aphrodisierende Wirkung spüren. Sex auf der Toilette kommt wohl eher nicht in Frage. Also lutscht sie aufreizend an ihren Fingern.

21. JUNI

Ihr Gesicht ist völlig verlaufen. Es ist aufgequollen. Sie hat getrunken und geweint. Sichtlich bitterlich und ungehemmt. Einzelne Tränen bahnen sich noch den Weg aus den Augen über die Wangen hinab und tropfen auf ihren Schoß. Sie schämt sich dafür. Schmiert grob mit der eigenen Handfläche die Rotze von der Nase, weil sie sich nicht traut aufzustehen, um die Taschentücher aus dem Schrank zu holen. Tina ist sprachlos. Stumm wird sie beobachtet. Der Notarzt kontrolliert ihre Arme, ihre Beine, ihren Körper. Keine größeren Verletzungen. Es fehlt ihr nichts. Nichts Offensichtliches. Nichts, was einfach und schnell geheilt werden kann. Vermutlich alles tiefer unter der Oberfläche. Der Notarzt notiert auf seinem Zettel. Tina weiß, Schweigen ist die beste Option. Denn alles, was sie jetzt sagt, kann falsch ausgelegt werden. Sie ist in der schwächsten Position. Sie hat verloren.

»Keine Verletzungen«, sagt der Notarzt zu seinem Kollegen.

»Der fehlt nichts?«, fragt dieser.

Dass es ihr an absolut nichts fehlte, betont A. immer wieder. Sie waren eine Bilderbuchfamilie, wie er es nannte. Ganz klassisch, ganz harmlos. Hin und wieder, das gibt er zu, da sei ihm eine Sicherung durchgebrannt. Aber das passiert doch jedem Mal. Er habe sich danach immer entschuldigt. »Eben«, sagt er, das rechtfertigte noch lange nicht so ein Verhalten. Kopfschütteln. Nein. Nein. »Plötzlich wollte sie die Scheidung«, sagt er, und fortan wurde es immer schlimmer. A. deutet auf Tina und symbolisiert mit seiner Hand, dass sie trinken würde. Tina kann das nicht sehen, weil sie den Blickkontakt zu A. meidet. Der andere Notarzt schreibt alles mit. A. wirkt sichtlich erschrocken. Überzeugend fürsorglich und besorgt. Tina kennt dieses Verhalten. Der Mann hat nicht nur zwei, der hat mehrere Gesichter. Das ist schlecht für sie, denn sein Spiel wirkt authentisch. Wem kann sie das erklären? Sie, im Gegensatz, ist so dermaßen unglaubwürdig, dass sie weiß, dass ihre einzige Option ist, sich völlig ruhig zu verhalten. Betrunken, blass und dürr sitzt sie da. Betrachtet ihre Füße, ihre Kleidung, das Chaos in der Wohnung. Dabei hatte der Abend so harmlos begonnen. Genauso harmlos, wie A. sich gerade selbst darstellt. Wer hätte das geahnt? Tina jedenfalls schon mal nicht.

Um 18 Uhr läutete es an der Tür, und Tina war gerade fertig geworden. Das erste Mal seit langer Zeit hatte Tina Lust sich aufzubrezeln. Sie trug Make-up, ein Kleid und mittelhohe Schuhe, einen leichten apricotfarbenen Sommermantel, den sie von einer vermögenden Freundin erbte. Als es läutete, griff Tina nach ihrer Handtasche, schaute noch einmal in die Wohnung, übersah die offenstehende Balkontür, wohl, weil der Vorhang davor drapiert war und sie ihre Bekanntschaft nicht unnötig warten lassen wollte. Denn das ist unhöflich. Tina zog also die Tür hinter sich zu, sperrte doppelt ab und nahm sorglos den Aufzug.

Unten stand eine Silhouette, und Tina begann zu strahlen, und als sie die Haustür aufriss, strahlte da ein ebenso erfreutes Gesicht zurück. Sie fiel der eigentlich unbekannten Person um den Hals, und Lea, die einzige Frau, die Tina im Frauenhaus wirklich mochte und mit der sie seit dem Verlassen der Einrichtung engen Kontakt hielt, erwiderte die Umarmung herzlich und fest. Körperkontakt. Wie sehr war dieser Frau der ernstgemeinte, angenehme Körperkontakt abgegangen? Eine diffuse Sehnsucht, die sich jetzt absolut klar greifen ließ. Körperlicher Kontakt, abgesehen von dem zu ihren Kindern. Körperkontakt zu Erwachsenen.

»Wo sind die beiden Kinder jetzt?«, fragt der ältere Notarzt.

»Bei meinen Eltern«, antwortet Tina.

»Gut. Wir werden Ihre Eltern informieren«, sagt der jüngere Notarzt.

»Gut«, sagte Tina.

»Ich kann die Kinder zu mir nehmen«, sagt A.

»Sie sind bei meinen Eltern in den Ferien und das noch die nächste Woche«, sagt Tina.

»Gut«, sagt der Notarzt, »dann belassen wir das auch so. Warum den Kindern die Ferien vermiesen?«

Lea und Tina gingen in ein Restaurant, das einen Spaziergang von dreizehn Minuten entfernt liegt. Ein Lokal, das in so einer Gegend eigentlich deplatziert wirkt durch seine gehobene Küche, seine Inneneinrichtung, seinen französischen Namen, überraschenderweise jedoch permanent gut besucht ist. Um 18:17 Uhr kamen sie dort an. Lea hatte vorausschauend einen Tisch reserviert, und der ihnen zugewiesene Platz war am Fenster, dekoriert mit einer Kerze, einem Blumengesteck, einer Tischdecke, zwei Stoffservietten, zwei Wassergläsern, Besteck und den in Leder eingebundenen Speisekarten. Lea und Tina wollten nicht nur einen gemeinsamen Abend verbringen. Sie wollten auf Tina anstoßen, die endlich die Scheidung einreichte. Sie wollten die Zukunft feiern, die eine sichere zu werden schien. Morgen würde sie sich um die einstweilige Verfügung kümmern. Lea bestellte eine Flasche Prosecco. Dann käme das alleinige Sorgerecht. Tina bestellte als Vorspeise Austern. Lea lachte dabei, denn Austern hatte sie noch nie gegessen, es kam ihr immer zu abgehoben vor. Tina verband mit Austern das Gefühl von bahnbrechender Veränderung und wollte auch diesen Abend damit aufladen, daher sagte sie: »Es wird dir schmecken. Wirst schon sehen«, und zwinkerte ihr zu. Wann war sie zuletzt so ausgelassen gewesen?

»Wieviel haben Sie getrunken?«, fragt der jüngere Notarzt.

»Ein paar Gläser Prosecco. Und Wein. Und einen Cocktail«, sagt Tina.

»Was für einen Cocktail?«, fragt der jüngere Notarzt.

»Das weiß ich nicht. Ich habe ihn nicht bestellt«, sagt Tina.

»Wonach hat er geschmeckt?«, fragt der jüngere Notarzt.

»Spielt das wirklich eine Rolle?«, fragt Tina.

»Nein«, sagt der Notarzt. »Ich will nur das Formular richtig ausfüllen.«

»Dann schreiben Sie von mir aus Cuba Libre«, seufzt Tina.

Die beiden Frauen lobten die Kellnerinnen für jede einzelne Kleinigkeit, die sie an ihren Tisch brachten und aßen mit einer Hingabe, als würde es sich um das erste oder letzte Festmahl handeln. Lea lobte Tinas Entschlossenheit und Tina lobte Leas Einfühlungsvermögen. Leas und Tinas Leben sind sehr ähnlich verlaufen. Der Grund, warum das Zusammentreffen so besonders war. Ein Gegenüber finden, mit einem ähnlichen Erfahrungsschatz. Mit einer ähnlich beschissenen und gewaltvollen Vergangenheit. Sie bestellten noch ein Dessert.

»Wenn nicht heute, wann dann!«, rief Lea.

»Auf das nächste Leben!«, rief Tina.

Sie waren sich sicher, dass sie in Sicherheit waren.

»Wir werden Sie jetzt mitnehmen«, sagt der ältere Notarzt.

»Möchten Sie, dass ihr Mann für Sie eine Tasche packt«, fragt der jüngere Notarzt.

»Habe ich schon«, sagt A.

»Er ist nicht mehr mein Mann. Ich habe die Scheidung eingereicht«, sagt Tina.

»Technisch gesehen ist er noch Ihr Mann«, sagt der jüngere Notarzt.

»Gut, dann haben wir ja alles«, sagt der ältere Notarzt.

»Ich möchte noch eine Aussage bei der Polizei machen und Strafanzeige stellen«, sagt Tina.

»Das können Sie ja dann in ein paar Tagen tun«, sagt der ältere Notarzt.

Tina steht auf, kontrolliert die Balkontür. Sie ist fest verschlossen. Ein stechender, kein fragender Blick trifft A. A. hält ihr eine kleine, prall bepackte Reisetasche entgegen. Sie schaut hinein. Sie sieht Spitzenunterwäsche und ihren Pyjama. Ein altes T-Shirt und eine Jogginghose, ihre Zahnbürste, aber keine Zahnpaste, ihre Hausschuhe. Sie greift sich ihre Handtasche und trottet hinter den Männern her, die sich bereits im Treppenhaus befinden. Sie schaltet die Lichter aus.

»Ich möchte die Tür selbst abschließen. Mein zukünftiger Ex-Mann hat weder einen Schlüssel, noch soll er einen bekommen«, sagt Tina.

»Ich kann mir dieses Verhalten wirklich nicht erklären. Ich mache mir große Sorgen um meine Frau!«, beteuert A. »Sie ist so schreckhaft. Denken Sie, es ist Schizophrenie?«

»Natürlich dürfen Sie Ihre Tür abschließen!«, sagt der jüngere Notarzt beruhigend.

»Gehen Sie voraus. Ihre Frau fühlt sich sichtlich bedroht von Ihnen«, sagt der ältere Notarzt.

»Sag ich doch. Völlig paranoid. Geisteskrank. Nervenschwach. Wie würden Sie das bezeichnen?«, fragt A.

»Seien Sie still«, sagt der ältere Notarzt, »Es ist schließlich Nachtruhe.«

Leise fahren sie mit dem Fahrstuhl hinunter und gehen durch das Treppenhaus, verlassen das Gebäude und marschieren über den Weg aus Betonplatten. Tina hat aufgehört zu weinen und weiß, dass es ihre einzige Chance ist, weiterhin die Ruhe zu bewahren. Je mehr sie sich aufregt und versucht sich zu rechtfertigen, umso drastischere Maßnahmen werden ergriffen. Kooperieren geht über alles.

»Wo bringen Sie sie jetzt hin?«, fragt A.

»Ich möchte nicht, dass er das erfährt!«, schreit Tina.

»Sie haben Ihre Frau gehört«, sagt der ältere Notarzt.

Tina steigt mit dem jüngeren Notarzt hinten ein. Der ältere wird den Wagen fahren.

A. ist unschlüssig und beobachtet die Szene, geht jedoch beim Anlassen des Motors zum eigenen Auto – um den Krankenwagen nicht einmal unauffällig zu verfolgen. Die Fahrt dauert eine halbe Stunde und führt in die nächste Stadt, in die Nervenklinik mit dem hübschen Springbrunnen vor dem Haupteingang, der freilich um diese Uhrzeit ausgeschaltet ist. Alles andere würde sich nicht lohnen. Das wäre die reinste Ressourcenverschwendung und für heutige Zeiten zu protzig.

Lea und Tina waren die letzten Gäste, die das Restaurant verließen und glitten geradezu aus dem Lokal in die warme Sommernacht. Sie konnten ein Stück gemeinsam laufen und waren beide zutiefst glücklich. Sie trennten sich am Marktplatz, unweit von Tinas Wohnung. Es war 00:22 Uhr. Die Nacht lag still und sanft vor ihnen, das Städtchen schlief tief und fest. Die beiden Frauen umarmten sich, bedankten sich für den Abend und gingen in unterschiedliche Richtungen davon. Für Tina war es ein Katzensprung, drei, vier Minuten. Als Tina in ihre Straße einbog, atmete sie die Luft bewusst ein, weil der Fliederbusch selbst nachts lieblich duftete. Selbst wenn sie in diesem Moment zu ihrer Wohnung hinaufgeschaut hätte, hätte sie nichts bemerken können. Denn A. war zu diesem Zeitpunkt längst in ihrer Wohnung und lag bereits auf der Lauer.

Als sie die Wohnungstür hinter sich schloss, war sie umgehend nüchtern. Ratzfatz war sie zurück in der Vergangenheit. Es war nicht sein Plan, auf Tina zu warten. Ursprünglich wollte er sie besuchen, sie aufsuchen, ihr nicht nur zeigen, dass er ihre Adresse rausfinden, sondern auch dass er sich Zugang verschaffen konnte. Er wollte sie erschrecken. Doch als sie nicht zuhause war, setzte er sich aufs Sofa und schaute erstmal fern. Als sie dann noch immer nicht nach Hause kam, wurde er wütend. Er vermutete einen Lover, einen neuen Mann, und so fand sich A. im Schrank, bereit, seiner Ehefrau eine Lektion zu erteilen.

Als Tina die Wohnung betrat, roch sie ihn sofort. Es war kein übler Geruch, er stank nicht, aber es war sein eigener Geruch. Sie rief nach ihm. Er machte keinen Mucks. Sie wusste nicht, ob sie hinein oder hinaus rennen sollte, sie war betrunken, vielleicht ein fieser Trick in ihrer Wahrnehmung. So wie die Flashbacks, die sich nur allzu real anfühlen konnten. Sie zweifelte noch an der Wahrscheinlichkeit, da sprang er auch schon aus dem Garderobenschrank und schrie sie an. Tina schrie ebenfalls. Beide schrien sie, als würde die Welt untergehen. Und im gewissen Sinne tat sie es auch.

Tina rannte vor A. davon ins Wohnzimmer, und A. rannte ihr hinterher. Er griff sie am Handgelenk, sie griff nach Büchern, die sie ihm entgegenschleuderte. Dabei beschimpften sie sich gegenseitig, und weil Tina besoffen war, fiel es ihr schwer, wirklich gut zu treffen, und noch schwerer, wirklich gut seinen geübten Griffen auszuweichen. Sie griff nach der Stehlampe, versuchte sie ihm in den Weg zu schleudern, damit er ausweichen und sie loslassen musste. So schaffte sie es ins Schlafzimmer, die Tür abzuschließen und sich dort zu verschanzen.

Er wechselte plötzlich seinen Modus und bat seine Noch-Ehefrau, das Zimmer zu verlassen, da er doch nichts anderes wollte, als mit ihr zu sprechen. Tina suchte nach einem Ausweg. Tina fand keinen Ausweg. A. hämmerte gegen die Tür. A. erklärte ihr, dass sie ihm keine andere Wahl lassen würde, und er jetzt dafür sorgen müsse, dass sie nicht nur weggesperrt, sondern auch das Sorgerecht verlieren würde. Tina glaubte ihm nicht. Tina versuchte die Polizei anzurufen, aber da fiel ihr auf, dass ihre Handtasche irgendwo im restlichen Teil der Wohnung lag. A. war bereit, seine Macht zu demonstrieren, und rief den Notarzt an. Er konnte sehr überzeugend schildern, dass sich seine Frau im Schlafzimmer eingeschlossen habe und dabei ankündigte, sich umzubringen. Es bestand die akute Gefahr der Selbstverletzung. Und schon nahm alles seinen Lauf.

A. lachte, sagte: »Wirst schon sehen, wohin dich deine Sturheit bringt«, und stellte den Fernseher an. Tina schluchzte. A. rührte in weiser Voraussicht seelenruhig irgendwelche Medikamente mit Wasser. Falls die Notärzte einen Beweis sehen wollen. Sicher ist sicher.

Die Eingeweide schmerzen, als wollten sie zerbersten. Die Ruhe wurde gestört. Jetzt hat sie den Salat. Wenigstens ist sie noch am Leben. Die Grenzen werden verschoben, neu verhandelt, die Zuständigkeiten neu geklärt. Aber Tina ist nicht eingeladen. Ihr wurde die Teilnahme verwehrt. Tina darf zuschauen, wie über sie geurteilt wird. Da sind die ausgefüllten Blätter der Notärzte, da sind die Fragen der Pfleger. Da ist die Erklärungsnot. Der Erklärungsbedarf. In vollen Zügen genießt A. seine Inszenierung. Er fährt selig nach Hause. Dabei hatte er sich diesen Plan gar nicht zurechtgelegt. Es ist ihm alles spontan in den Sinn gekommen. Und Tina soll noch einmal sagen, er denke nicht mit. Das ist ihm prächtig gelungen.

Tina wird in ihr Zimmer gebracht. Die Pflegerin führt sie und hält sie dabei fest am Arm, als vermutete sie, dass Tina jeden Moment loslaufen oder stürzen würde. Die Pflegerin ist ungeduldig, und Tina fügt sich kompromisslos. Sie fügt sich ein in das System und in die Umstände. Jetzt bloß nicht die Nerven in der Nervenheilanstalt verlieren. Das kann nur übel ausgehen.

Die Pflegerin deutet auf ein Bett und verweist auf die Situation der Patientin. Die Patientin sieht sehr traurig aus, findet die Pflegerin, so dass sie einen guten, tiefen Schlaf verdient hat. Sie verabreicht ihr ein Schlafmittel. Tina blickt auf eine Uhr. Es ist 1:55 Uhr. Tina weiß, dass sie frühestens am nächsten Tag einen Arzt sehen wird. Zum Glück liegt kein Wochenende vor ihr. So besteht die Möglichkeit, vielleicht gleich wieder hinauszukommen. Schließlich ist das hier eine Farce. Ein schlechter Scherz. Eine Intrige. Wie viele werden das an diesem Ort schon behauptet haben?

Tina weiß, dass es schwierig wird, die Ärzte davon zu überzeugen, dass sie sich nie umbringen wollte. Tina weiß, dass sie jetzt eine gute Strategie benötigt. Es war schlau, dass sie bisher mäßig bis wenig zum Tathergang sagte. Es war sehr schlau, dass sie vor ein paar Wochen mit der Therapie begann. Die Therapeutin kann ihr sicherlich ein Schreiben aufsetzen. Tina weiß, dass das Leben nicht immer fair ist. Dass es jetzt auch nichts bringt, aufzugeben. Lea wird ihr auch helfen, glaubt Tina. Und die Kinder wollen auch bei ihr bleiben, weiß Tina. Tina möchte sich an alles klammern, was sie weiter fortbringt von A.

Die Tür geht zu. Die Pflegerin hat nicht einmal gute Nacht gesagt. Tina weiß, dass sie gleich sehr lange und sehr tief schlafen wird. Tina weiß, dass das endgültige Aufwachen ihre einzige Hoffnung ist. Tina weiß, dass sie nicht einmal einen Abend mit einer Freundin haben kann, an dem sie leichtsinnig fröhlich ist. Tina weiß, dass das für eine Frau wie sie nicht geht. Eine Frau wie sie muss immer auf der Hut sein. Selbst schuld, Tina. Erst müssen klare Verhältnisse her. Dann darf sich entspannt werden. Aber bald ist es soweit. Dann wird Frieden herrschen. An all das denkt sie noch, ehe die Lider zufallen, die Hände schlaff neben ihr liegen und wieder Ruhe auf der Station einkehrt.

Tina kann gar nicht mitkriegen, wie A. schon seine Schwiegereltern aus dem Schlaf reißt und Lügen verbreitet. Die Schwiegereltern die Krankenhäuser durchtelefonieren, bis sie herausgefunden haben, wo ihre Tochter sich befindet. Die Kinder davon unbehelligt von ganz banalen Dingen träumen. A. sich noch ein Sandwich macht.

Bis sie am nächsten Tag von alldem erfahren wird, schläft sie den Schlaf der Betäubten. Na dann, gute Nacht.

Petra weiß, dass der Geldbesitz weniger Sorgen bedeutet. War sich allerdings nicht sicher, wieviel mehr Geld sie bräuchte, um sehr viel weniger Sorgen zu haben. Die Rechnung ging jedenfalls nicht auf, und Petra ist pleite. Und deshalb müssen jetzt praktische Maßnahmen ergriffen werden. Eine Finanzspritze wär gut. Die Spritze, die ihr die eigene Tante gerne geben würde, wär eine gegen die immer gravierender Furchen ziehende Zornesfalte. Die Zornesfalte kommt doch bestimmt von den Geldsorgen. Eins nach dem anderen. Ursache und Wirkung. Zuallererst sollten also die Sorgen beseitigt werden, bevor sich um die Glätte gekümmert werden kann.

Petras Tante ist Kosmetikerin und Friseurin. Ein Allroundtalent sozusagen. Petras Tante sieht super aus. Die weiß, wie's geht. Petras Tante würde gerne helfen. Aber einer erwachsenen Nichte Geld schenken, das geht selbst ihr zu weit. Schließlich fiebert Petras Tante Bella auch der Rente entgegen. Da kommt Petras Onkel G. ins Spiel. Der will aber gerade nicht spielen, der will sich in Ruhe um seinen Garten kümmern. Denn der hat ein Problem. Der Buchsbaum leidet. Und was wäre ein Garten ohne Buchsbaum? Eben. Ein Schandfleck. Petra will nicht zum Schandfleck der Familie werden. Darum musste sie einige Entscheidungen fällen.

»Warum sind wir denn alle hier?«, fragt der Onkel.

»Ich möchte euch etwas sagen«, sagt Petra.

»Ooooh, so förmlich!«, jauchzt die Tante.

»Betrifft mich das auch?«, fragt der Onkel.

»Ja. Also nein. Es betrifft euch alle gar nicht. Es geht um mich«, sagt Petra.

»Hört, hört«, sagt der Onkel und zwinkert.

»Warten wir, bis deine Eltern da sind«, sagt die Tante.

»Gute Idee«, seufzt Petra.

Während Tante Bella also auf ihrer Terrasse sitzt und ihren hektischen Mann G. dabei beobachtet, wie er die Buchsbäume akribisch untersucht und von einem zum anderen läuft, lehnt sich Petra auf dem Liegestuhl zurück und betrachtet, wie die einzelnen blassen Wölkchen am Himmel vorüberziehen. Petras Tante Bella und Petras Mutter Elle sind Zwillingsschwestern und waren noch nie wirklich voneinander getrennt. Ihre beiden Männer wiederum finden diesen Umstand häufig umständlich und wünschten sich durchaus mehr Distanz. Zumindest nicht jeden Urlaub gemeinsam verbringen zu müssen, wäre doch eine angenehme Alternative zur ansonsten recht ähnlichen alltäglichen Lebenssituation. Petra fand das bisher immer nett und schön. Schön und einigermaßen reich sind beide geworden. Schön werden sie auch bleiben, weil Bella so einige Wunderwaffen in petto hat, und einigermaßen reich hoffentlich auch, denn die haben sich schon alle an einen gewissen Standard gewöhnt. Die Tante Bella belächelt süffisant ihren auf dem perfekt getrimmten Boden kriechenden Mann. Onkel G. seufzt, denn er ist am allerglücklichsten, wenn der Garten und die Verhältnisse schön aufgeräumt sind. Wenn kein Unkraut wächst und im Schwimmteich die Seerosen froh und munter blühen und hin und wieder der Buntspecht vorbeischaut und die Gartenhütte sauber und makellos dasteht, genauso gepflegt wie die Geräte darin.

Petra ist ein paar Häuser weiter aufgewachsen, in einem Haus mit einem Garten, der als verwildert und romantisch bezeichnet werden kann. In dem die Himbeerstauden monatelang Früchte tragen und die Blüten in grellen Farben leuchten und jedes Jahr woanders auftauchen. In dem niemand so recht weiß, was, wie und wann zurechtgestutzt und beschnitten werden soll und die Liegestühle im Regen vergessen werden und die Schoner irgendwann zu schimmeln beginnen. In denen die Maulwürfe Häufchen hinterlassen und die Schnecken gemütlich vor sich hin fressen. Petra kommt gern zu Besuch. Sie wird für immer von hier sein. Gleichgültig wie weit sie reist, es lässt sich nicht aus ihrer Biografie streichen. Dabei hat sie sich schon so angestrengt. Sei es drum. Sie will sich jetzt auf etwas anderes konzentrieren.

»Haaaallloooo, wo steckt ihr denn?«, ruft Mama Elle.

»Na, wo werden wir wohl sein?«, antwortet Tante Bella.

Beide fangen sofort an zu lachen.

»Meine Güte, G., was machst du denn da?«, fragt Mama Elle.

»Ich kontrolliere den Garten«, entgegnet Onkel G.

»Komm doch mal unseren Garten kontrollieren«, sagt Papa J.

»Sehr witzig«, sagt Onkel G.

»Hallo Mama, hallo Papa«, sagt Petra und verteilt die Küsschen auf den Wangen.

»Endlich eine Gartenparty!«, ruft Tante Bella und springt auf.

»Spritz?«, fragt sie.

»Ja«, sagen alle.

»Wie unkompliziert«, kichert Tante Bella.

»Ich helfe«, sagt Petra.

Die Männer betrachten die Buchsbäume, Petra folgt ihrer Tante und betritt das Häuschen, in dem sie sich genauso heimisch fühlt wie im eigenen Elternhaus, und da läuft ihnen auch schon Elle hinterher, um auch etwas beizutragen. Petra holt die Gläser, Bella den Alkohol, Elle schneidet die Orange. Drei Frauen unter sich. In der Küche.

»Deine Tochter möchte uns etwas sagen«, sagt Bella.

»Ach. Was denn?«, fragt Elle.

»Ich sag es euch gleich, wenn wir draußen sind«, sagt Petra.

»Kindchen, wir wissen schon, dass du lesbisch bist«, kichert Elle.

»Oder bist du jetzt bi?«, kichert Bella.

»Oder etwa doch so eine fade Hete wie wir?«, lacht Elle.

»Ihr seid wirklich unmöglich.«

»Na, das weißt du hoffentlich schon länger.«

»Hoffentlich nichts Schlechtes. Ich habe keine Kraft für schlechte Neuigkeiten.«

»Dann finde es halt richtig gut, was ich euch zu sagen habe.«

»Du machst es dir aber einfach.«

»Nein, ganz im Gegenteil!«

»Legt eure Gesichter nicht so in Falten!«

»Wieso, du kannst doch alles richten.«

»Stimmt. Kostet aber.«

»Das spar ich mir lieber.«

Petra weiß, die einzig richtige Strategie ist mitzumachen. Affirmation im Berufsleben und auf Familienfesten. Immer schön nicken und freundlich lächeln. Petra hebt ihr Glas. Es wird angestoßen, gelacht und wieder auf die Terrasse gegangen, wo die Ehemänner schon sitzen und freudig auf die Getränke warten. Sich einer Gruppe wirklich zugehörig fühlen, denkt Petra, ist auch viel wert. Die Familie sitzt um den Tisch herum und schlürft. Plötzlich wenden sich Tante und Mutter Petra zu. Raus mit der Wahrheit. Die Männer zuzeln an den Strohhalmen und schauen neugierig. Hoffentlich sind's gute Neuigkeiten, denkt sich Onkel G., das halte ich sonst nicht aus. Und schaut jetzt schon vorsorglich ganz verstört.

»Also«, sagen sie gleichzeitig, »schieß los!«

»Ich mach es kurz, ich ziehe weg.«

»Ja, aber wohin denn?«

»Ja, aber warum denn?«

»Ja, und wann überhaupt?«

»Hier ist es doch so schön!«

»Raus aus Bayern?«

»Wer will denn raus aus Bayern?«

»Was machst du denn schon wieder?«

»Ist es wegen einer Frau?«

»Na, mit Sicherheit! Oder wegen einem Job?«

»Es ist wegen einer Frau.«

»Ooooh!«

»Aber auch wegen eines Jobs.«

»Aaaaah!«

»Na, das klingt aber vielversprechend.«

»Jackpot?«

»Musst Obacht geben. Ich bin auch wegen einer Frau und einem Job einmal wohin aufgebrochen. Hahahaha.«

»Was soll das denn jetzt heißen?«

»Ja, du, ich dachte nicht, dass ich dann gleich den Rest meines Lebens hier verbringen würde. Hihihi.«

»Na, also jetzt reiß dich aber zusammen.«

»Also, Kindchen, ich wusste doch, dass aus dir noch was wird.«

»Du weißt doch noch gar nicht was.«

»Na, sicher nix Dummes. So haben wir dich schließlich nicht erzogen.«

»Jetzt lass sie halt einmal ausreden.«

»Also: Ich habe eine Stelle in einem größeren Museum angenommen.«

»Ja, wunderbar!«

»Am anderen Ende des Landes.«

»Jessas!«

»Am Meer.«

»Ach so. Na, das ist schon ok.«

»Da können wir schön Urlaub machen.«

»Bayern den Rücken kehren. Das verstehe ich nicht.«

»Wurst, geht auch nicht darum, was du verstehst. Ich wär gern mal rausgekommen.«

»Wir sind doch eh ständig draußen. Im Urlaub da, im Urlaub dort.«

»Ja, aber einmal woanders leben!«

»Warum denn woanders leben, wenn es sich hier so gut lebt?«

»Du verstehst das nicht.«

»Ja, das sag ich doch die ganze Zeit.«

»Jetzt reißt euch mal zusammen, um euch geht es nicht. Es geht um unsere Petra.«

»Also, Schätzchen, wann ziehst du um?«

»Ich bin bereit, Brigitte ist bereit, also jederzeit.«

»Brigitte! Ohoooo!«

»Ich brauch mehr Alkohol!«

»Ich auch!«

»Auf unser Kindchen!«

»Auf dein neues Leben!«

»Danke.«

»Zeig doch mal ein Foto von deiner Brigitte!«

»Jetzt sei doch nicht so neugierig!«

»Ich werd ja wohl noch fragen dürfen, wer jetzt unsere Petra klaut.«

»Die gehört dir nicht. Also kann sie dir auch nicht gestohlen werden.«

»Heute bist aber wieder streng.«

»Und du anstrengend.«

»Hihi.«

»Haha.«

»Auf dich!«

»Kommt ihr uns denn bald besuchen?«

»Ja.«

Es wird angestoßen. Mama und Tante strahlen. Papa umarmt sein Kindchen. Der Onkel grinst amüsiert. Glück gehabt, denken sich alle. Petra betrachtet mit leiser Wehmut den Garten und ihre Familie. Sie ist schon so oft weggezogen, dieses Mal aber fühlt es sich einschneidender an. Es ist nicht die Distanz. Sie lebte schon an wesentlich entfernteren Orten. Sie kann es nicht in Worte fassen. Hat auch keine Zeit mehr, darüber nachzudenken. Denn jetzt wird erst einmal gefeiert. Feste feiern, wie sie fallen. Wer tief fallen möchte, muss erst einmal hoch hinauf. Auffallen ist wesentlich leichter. Petra trinkt ihr Getränk aus. Sie ist sofort betrunken. Sie kichert aufgeregt. Die Tante und die Mutter wollen Fotos von Brigitte sehen. Petra zeigt sie gerne her. Die Männer grillen. Denn wer so schnell trinkt, sollte lieber etwas festes im Magen haben. Bevor noch jemand in den schönen Garten speit. Das wäre zu viel des Guten. Dabei ist das Gute gerade gut genug. Elle hält die Hand ihrer Tochter. Und Petra schaut sie sich entschuldigend an. Sie spürt es auch. Das ist der größte Abschied bisher.

Der Onkel und der Vater servieren das Essen, und die Tante und die Mutter planen bereits den Umzug. Und Petra schreibt ihrer Brigitte eine Nachricht. »So jung kommen wir nicht mehr zusammen!«, ruft die Mama und hebt ihr Glas aufs Neue. Und jetzt kommen die Tränen.

Barbara hat in ihrem Leben gelernt, wenn sich niemand mit ihr beschäftigen will, muss sie sich eben selbst eine Aufgabe stellen. Deshalb war sie im Turnverein, im Rentnerverein, im Tennisverein, im Schützenverein, im Bücherclub. Doch als D. immer schwächer und häuslicher wurde, hatte Barbara eine neue Vollzeitbeschäftigung: die Fürsorge.

Die fürsorgliche Barbara empfand es als eine schöne Aufgabe, betrachtete es als eheliche Pflicht, sich um den kranken Mann zu kümmern und aufopfernd alle eigenen Interessen zu vernachlässigen. Sie gab bereitwillig auf, was sie sich jahrelang aufgebaut hatte. So kam sie aus der Übung und wurde unsicher und letztendlich verschwand sie ganz aus den Vereinen und den Clubs und hatte nichts mehr zu tun, außer das Leben an sich zu meistern. Nach seinem Tod war sie eine andere Frau und kehrte nicht mehr zurück. Als wäre all das, was ihr einst Freude bereitete, in ihrem alten Leben verhaftet und fortan unzeitgemäß, obsolet, passé. »Uff«, stöhnte sie manchmal gelangweilt und beschloss, die Angst zu ihrer neuen Freundin zu machen und zudem Kette zu rauchen.

Und als die Furcht vor einem ebenso grausamen Tod gerade ihren Höhepunkt erreichte, da kam ihr der Hund zugelaufen. Schicksal? Zufall? Entzückende Umstände! Wer hat sich wen als neue Aufgabe ausgesucht? Doch das ist bei weitem nicht genug. Die Frau ist dynamisch, agil, gesund, die will noch was erleben. Der Hund ebenso. Gloria und Barbara – und die Herausforderung, über die Absenz des Mannes D. hinwegzukommen. Ein Mann, der Barbara seit Jahrzehnten begleitete. Einer, der ihr Leben und ihre Existenz mitgestaltete. Wer ist sie nun? Sie kann nicht nur das sein, was er zurückgelassen hat.

Barbara trug tagelang die pinke Trainingsjacke und dazu rosa Turnschuhe. Und eines Tages sogar rosa Lippenstift. Barbara wollte ihn provozieren. Aber er meldete sich nicht. Nicht ein Wörtchen. Der hat sie verlassen. Es war glasklar. Da traf sie eine Entscheidung.

Barbara hat ihren Koffer gepackt, Reiseequipment für Gloria gekauft und fuhr zu Emma, um sich zu verabschieden. Dort fand sie eine aufgelöste Jolie. Eine, die nicht wusste, ob sie vor Freude oder Panik weinte, doch sie weinte, und das war Grund genug, Mutter und Tochter ebenfalls ins Auto zu stecken.

Und so fuhren die drei Frauen und der Hund, der strenggenommen auch eine Frau war, los – in den Urlaub. Und da sind sie nun. An einem Ort, an dem keine von ihnen jemals zuvor war, in einem Hotel, welches niemand empfohlen hatte, mit einem Alltag, der ihnen völlig unbekannt ist.

Barbara war noch nie so weit von zuhause entfernt. Emma war ebenfalls noch nie so weit von zuhause entfernt. Jolie war schon wesentlich weiter weg, jedoch ist sie froh, hier zu sein.

Seit drei Tagen liegen sie nebeneinander auf den Liegestühlen und blicken auf das Meer oder auf die Poolanlage. Je nach Gusto. Und Gloria liegt neben ihrem Frauchen und döst oder lässt sich von einer der Dreien liebkosen.

Sie war grantig. Erst stirbt er, dann schweigt er. Er will sie also nicht mehr. Ist er eifersüchtig auf den Hund, wenn er nicht der Hund ist? Barbara wollte nicht länger auf die Antwort warten. Denn Barbara weiß: Der Tag, an dem dein Leben beginnt, ist der Tag, an dem du entscheidest, dass dein Leben dein Leben ist. Oder so ähnlich. Steht zumindest auf der Wand im Hotelzimmer. Und klingt einleuchtend. Auf jeden Fall reicht's jetzt. Schluss mit lustig. Schauen wir mal, wer am längsten lacht. Barbara ist überhaupt sehr zum Lachen zu mute. Barbara ist nicht mehr furios. Barbara hat trotzdem die Schnauze voll. Die ist ja nicht auf der Brennsuppe dahergeschwommen. Die ist fit im Hirnkastl. Das Fass wurde zum Überlaufen gebracht. Und sie hat sich damit abgefunden.

Die Hand greift ganz automatisch nach einer Packung Vogue. Legt sie wieder zurück. Barbara hat beschlossen, nicht an Krebs zu sterben. Diese Frau krempelt gerade ihr Leben um. Sie räumt so richtig auf. Barbara hat es verstanden. Der Mann ist jetzt fort. Sie hat es ihm schon beinah verziehen. Denn sie kriegt ja was dafür. All das.

Eins der Telefone klingelt.

»Mama, der Papa ruft an.«

»Deiner oder der von deinem Kind?«

»Meiner.«

»Sag ihm, er soll essen gehen, wenn er im Gefrierschrank nichts findet.«

»Sag es ihm doch selbst.«

»Ich kann nicht. Ich entspanne mich.«

»Er will bestimmt nur wissen, wie viel Geld du heute ausgegeben hast.«

»Das geht ihn nichts an.«

»Er sieht's doch eh auf dem Kontoauszug.«

»Er kann doch auch online nachschauen.«

»Er kann auch einfach mal Ruhe geben.«

»Also soll ich nicht abheben?«

»Wenn du nicht mit ihm sprechen magst, nicht.«

»Na gut.«

»Also jetzt geht halt ran. Sonst ruft der noch öfter an. Der hört nicht auf.«

»Beim Thema Geld ist er wirklich unermüdlich.«

»Sonst kriegt er noch einen Herzinfarkt, wie bei der Finanzkrise.«

»Das wollen wir natürlich nicht.«

»Na gut. Dann geh halt ran.«

»Aufgelegt.«

»Sehr gut.«

»Dann soll's so sein.«

»Ich ruf ihn jetzt zurück. Das ist so kindisch.«

»Gut, aber dann gehst da rüber zu den Palmen und lässt uns unsere Ruhe.«

»Willst ihm was ausrichten?«

»Ja! Dass es eine Schande ist, dass wir nie wirklich im Ausland waren.«

»Ok. Ich sag's ihm.«

»Von mir liebe Grüße!«

»Ok, die freuen ihn bestimmt besonders.«

Jolie geht, wie ihr befohlen, unter die Palmen und ruft ihren Vater zurück. Dabei betrachtet sie fremde Menschen im Meer. Das Meer scheint zahm und unbeholfen, wie es so daher geschwappt kommt. Sie fühlt sich ähnlich. Barbara und Emma müssen nichts sagen. Sie halten die Augen hinter ihren großen Sonnenbrillen geschlossen und lauschen den Geräuschen am Strand. Das Meeresrauschen, die kreischenden und lachenden Kinder, die schreienden und lachenden Erwachsenen, die kreischenden und lachenden Möwen, weiter entfernt gelegentliches Hupen und irgendwo eine oder mehrere Baustellen. Die Sonne brennt, der Sand ist heiß, der Sonnenschirm riesig und in der All-inclusive-Buchung beinhaltet. Alles, wofür bezahlt wurde, muss auch genutzt werden. Sie wissen, dass diese Aktion längst überfällig war. Sich darüber aufzuregen, bringt nichts mehr. Die Vergangenheit ist vergangen. Hauptsache, sie wird endlich nachgeholt, die Erholung, die Belohnung. Leisten können sie sich das. Da besteht kein Zweifel. Aus zweifelhaften Gründen waren sie in ihrem Leben noch nie so weit gereist, wurden noch nie den ganzen lieben langen

Tag nach Strich und Faden verwöhnt und haben sich noch nie wirklich entspannt. Wer rastet, der rostet.

Erst wollten sie in die Berge. Sie dachten, das Allgäu würde ihnen schon reichen. Aber als sie in dem Bergstädtchen ankamen, nach nur wenigen Stunden Fahrtzeit, es ist ja alles so nah im idyllischen Bayern, eine schöne Aussicht jagt da die nächste, schien es ihnen nicht genug. Sie wollten weiter. Weiter weg, weiterfahren, weiterfliehen, dem Alten, dem Engen entkommen.

Dann dachten sie darüber nach, Emmas Schwester Annabelle zu besuchen. Doch die lebt in der Schweiz. Das wollten sie sich dann auch nicht leisten müssen. Es war schließlich der erste größere Ausflug.

»Langsam wird sich herangetastet, wer sein Leben lang das Sparen übte«, sagte Emma. Also überquerten sie in Barbaras Auto Berge, Sprach- und Ländergrenzen, bis sie einstimmig beschlossen, dass dies hier der richtige Ort sei, um zu bleiben. Ruhe, Entspannung, Erholung in einem Setting wie aus einem Reisebericht. Wie in einer Illustrierten. Wie auf einer Webseite. Ein Urlaubsparadies, das aussieht wie all jene, von denen sie schon so oft gehört und gelesen und im Fernsehen Berichte darüber gesehen hatten. Überall Palmen, überall Sand und riesengroße Blüten an riesengroßen, wohlduftenden Büschen. La Dolce Vita eben. Außerdem, ehrlich, diese ständigen Wetterwechsel in den Bergen können so einen Urlaub ordentlich vermiesen. Da zieht's einem die Mundwinkel ordentlich hinunter. Denn Klimawandel hin oder her, da regnet's noch. Und was die jetzt brauchen, ist eine hundertprozentige Schönwettergarantie. Das hat Barbara genauso im Reiseprospekt gelesen.

Barbara und Emma winken einem Kellner. Jolie spaziert in Kreisen unter den Palmen und sagt wenig, hört viel zu. Manchmal macht sie hilflose Gesten, doch weder ihre Mutter noch die Frau, die für sie so etwas ist wie die zweite Mutter oder unverwandte Tante, beantworten sie. Der Kellner bringt zwei reichlich dekorierte Cocktails und platziert sie auf einem Tisch zwischen ihren Liegen. Außerdem einen mit Wasser gefüllten Hundenapf. Das Damenduo bedankt sich für die Aufmerksamkeit mit einem kleinen Trinkgeld und wendet sich sofort wieder der Entspannung zu. Tief einatmen und tief ausatmen. Die Schultern hängen lassen. Den Nacken lockern. Das müssen sie jetzt alles nachholen. All die Entspannung, die sie in den letzten Jahren, ach, Jahrzehnten versäumten. Jolie kommt zurück und setzt sich auf die Liege ihrer Mutter, die unfreiwillig Platz schafft. Dass die Kinder sich auch gar nicht lösen können.

»Also, er sagt, wenn du jetzt nicht heimkommst, kauft er sich ein neues Auto, und das Geld geht dann auch anteilig von meinem Erbe ab.«

»Sag ihm, er soll sich das Auto kaufen, wenn er es möchte. Er soll sich endlich was gönnen. Er hat lange genug hart für das Geld gearbeitet.«

»Naja, also ihr habt damals auch reichlich geerbt.«

»Stimmt.«

»Mach dir keine Sorgen Kind, du erbst das Haus und zudem wohl ein neues Auto. Es geht also nichts verloren.«

»Der ist doch eh so geizig, dass der sich jetzt kein zweites Auto kauft.«

»Unterschätz du deinen Vater nicht.«

»Der war schon für einige Überraschungen gut.«

»Also, ich würde vorschlagen, ihr telefoniert selbst.«

»Wenn du deinen Kindsvater anrufst, ruf ich deinen Vater an.«

»Das ist nicht fair.«

»Wie das Leben selbst.«

»Schau, Jolie, jetzt kriegen wir, was wir verdienen, und müssen das genießen, so lang es dauert. Du solltest alles genießen, was geht, so lang es noch geht.«

»Da hast du jetzt auch wieder recht.«

»Nicht vergessen, die Sabrina hat uns heute Abend zum Hummeressen eingeladen.«

»Wie könnte ich das vergessen.«

»Muss ich da mit?«

»Wird dir schlecht beim Gedanken an Hummer?«

»Nein.«

»Dann solltest du mit, wer weiß, wie lang das mit deiner Schwangerschaft noch geht.«

»Als ich mit dir schwanger war, konnte ich überhaupt nichts mehr essen.«

»Das ist der Vorteil, ich konnte mein Leben lang immer alles essen. Und trinken.«

»Die Sabrina hat außerdem einen Sohn in deinem Alter.«

»Der langweilt sich sicher hier im Resort.«

»Ein Schriftsteller. Das wär doch was für dich.«

»Ja, ja. Ganz wunderbar.«

»Du, der schreibt einen Roman übers Hotelleben.«

»Da kannst du ihn gleich inspirieren.«

»Eine Muse sein, ganz toll.«

»Na, jetzt schauen wir uns den erstmal an. Vielleicht ist er auch nichts. Ich meine, wenn der was wäre, wär er dann noch zu haben?«

»Der Papa schreibt, er fährt jetzt ins Autohaus.«

»Sag ihm, er soll Fotos schicken.«

»Richt ihm liebe Grüße aus und viel Spaß.«

»Ich hoffe, er hat Spaß, wenn er das jetzt nur aus Streitlust tut, wird ihm das ewig hinterherhängen.«

»Wieso kommt er nicht einfach auch her und macht mal Ferien?«

»Weil wir ihm das verboten haben.«

»Wir wollen auch mal nur unter uns sein.«

»Das verstehst du noch nicht. Aber Frauen in unserem Alter haben die meiste Zeit ihres Lebens mit Männern verbracht.«

»Kannst du dir eigentlich vorstellen, wie anstrengend das ist?«

»Ja.«

»Na bitte.«

»Dann stell nicht solche Fragen.«

»Freu dich lieber auf den Schriftsteller heute Abend.«

»Ziehst dir was Hübsches an.«

»Hast du was Hübsches dabei?«

»Sonst kauf dir was.«

Emma überlegt, ob jetzt der Moment gekommen ist, ihrem Kind zu sagen, dass sie das Ergebnis eines eher unfreiwilligen Geschlechtsverkehrs ist, um herauszufinden, ob das Baby in ihrem Bauch den gleichen Ursprung hat, entscheidet sich schließlich jedoch dagegen. Im Urlaub müssen solche düsteren Themen wirklich nicht behandelt werden. Im Urlaub will die Seele baumeln, die Sorgen sind daheim geblieben. Sie tätschelt gedankenverloren die Hand ihrer Tochter und spart sich dieses Gespräch für andere Zeiten auf. Wenn sie zurück sind, in der Realität. Außerdem, wenn's so wär, würde die Jolie schon was sagen. Schließlich weiß sie doch, dass sie mit ihrer Mutter über alles reden kann. Wer will denn schon immer vom Schlimmsten ausgehen.

Barbara überlegt, ob jetzt der Moment gekommen ist, ihrer besten Freundin, die so etwas wie eine Schwester ist, zu sagen, dass bis vor kurzem der tote D. noch mit ihr sprach und sie so unerträglich wütend wurde, als er plötzlich verstummte. Sie entscheidet sich schließlich jedoch dagegen, weil manche Geheimnisse besser nicht erzählt werden sollten. Und wieso jetzt den Urlaub vermiesen, mit einer Geschichte, die schon längst vorüber ist? Manche Dinge müssen selbst so alte Freundinnen nicht über und von einander wissen. Barbara ist gut aus der Sache herausgekommen. Ist ja nichts Tragisches passiert. Kein sprechender Toter und keine verrückte Alte. Ende gut, alles gut.

Jolie überlegt, ob jetzt der Moment gekommen ist, F. anzurufen, um ihm zu sagen, dass sie das Kind lieber allein großziehen möchte. Sie entscheidet sich jedoch dagegen, schließlich sind sie hier in den Ferien und Ferien will sie ja auch von ihm machen. Alles andere wäre jetzt kontraproduktiv. Früh genug wird sie ihre Entscheidung mitteilen, dann kann sie immer noch zur Disposition gestellt werden. Das muss wirklich nicht heute sein.

Jolie steht auf, legt ihr Handy in die Tasche und räkelt sich auf ihrem eigenen Liegestuhl. Der Babybauch ist schon sichtbar. Jetzt wird alles schnell gehen. Bald wird sie Mutter sein und sich um den Erhalt eines neuen Lebens kümmern. Und sie wird, wenn sie jemand fragt, antworten können: »Ich bin Mutter«, das wird ebenfalls reichen. Endlich sich selbst genügen.

Da liegen drei Frauen und ein Hund am Strand und sind im Reinen mit sich. Was für ein schöner Moment! Die Sehnsucht nach einem Entkommen, nach einem Ausbruch, konnte gestillt werden. Wer weiß, für wie lange. Stillen wird Jolie bald dauernd. Still betrachten die drei Frauen das Meer. Sie haben bis hierhin alles gegeben. Und das war mehr als genug.

Barbara trägt zum ersten Mal einen Bikini in der Öffentlichkeit. Warum auch nicht, dachte sie sich, hier kennt mich ja niemand. Außer ihrer besten Freundin. Und selbst die ist über die neue Freizügigkeit so erstaunt, dass sie sich gleich selbst im Hotelshop so einen Zweiteiler gekauft hat. Gloria leckt über Barbaras Finger.

»Ich geh eine Runde«, sagt diese und steht auf.

Emma und Jolie nicken.

Barbara leint Gloria an und geht über den Strand in Richtung Meer. Gloria tapst neben ihr und freut sich über die Bewegung. Emma beobachtet ihre Freundin dabei, wie sie immer kleiner wird. Barbara ist stolz, ihr Leben schon so gut in den Griff bekommen zu haben. Sie geht nah am Wasser. Die Wellen umspielen ihre Füße. Gloria braucht jetzt keine Leine mehr, Barbara lässt sie frei. Und der Hund schnappt sich ein Stöckchen. Barbara wirft es, so weit sie kann. Dabei stellt sie sich vor, dass sie jetzt einen Herzinfarkt erleiden könnte. So wie D., plötzlich tot. Es passiert aber nichts. Das Hündchen wird auch nicht fortgespült. Sie gehen einfach weiter am Strand spazieren. Es geht weiter.

Lisa atmet hastig und schwer. Eigentlich weiß sie, selbst wenn das jetzt nicht hinhaut, kann weiterhin gelebt werden. Die Welt wird nicht wegen ihr oder ihrem Liebesleben untergehen. Es werden weder alle Bäume von Käfern oder Raupen zerfressen noch alle Wildtiere erschossen. A bisserl Schwund ist immer. Freilich, manchmal gehen ganze Wälder und ganze Herden rauf. Doch nicht alle. Nicht alle Wälder werden gleichzeitig dahingerafft. Dazwischen können sich einige wieder erholen. Für den nächsten Angriff. Die Launen der Natur. Die Menschen in der Natur sind manchmal eben übel gelaunt, obwohl die Natur so schön ist. Lisa sieht Bäume vor sich und Blumen und sprechende Tiere. Das Tier sagt etwas, Lisa versteht seine Sprache nicht. Schon wieder so ein Manko.

Das Tier kapiert, dass es in einer anderen Sprache mit der Frau sprechen muss. Und es sagt, ganz eindringlich: »Lisa, komm, alles wird gut.«

Lisa beruhigt sich und streichelt das Tier. Sie kann nicht genau erkennen, was es ist. Irgendwas Hübsches jedenfalls.

»Schau, da funkeln die Sterne«, sagt das Tier.

Lisa sieht plötzlich die tiefdunkle Nacht. Lisa sieht Bilder wie im Fernsehen. Oder im Kino. Sie sieht die Natur, die Katastrophen, die Zukunftsaussichten, die Auswege, die Lösungsvorschläge und die Hitze. Schweiß ist überall. Sie wünschte, sie könnte vom Schwitzen dünner werden und dünn bleiben. Aber so funktioniert das leider nicht. Stattdessen klebt ihr Kleid am Körper, und hin und wieder weht der eigene Duft ihr entgegen. Wenn es schon so weit ist, muss es wirklich penetrant sein. Wird sich selbst als erstes oder zuletzt gerochen?

Lisa kann nicht aktiv nachdenken, denn sie befindet sich im Dämmerzustand. Aber das weiß sie nicht. Alles scheint ihr durch die

Finger zu rinnen. Ihre Gedanken bilden ein Rinnsal wie ein Bergbach, und dann löst es sich auf. Lisa ist klar, dass nicht alle Frauen sich in einer Beziehung auflösen. Und nicht alle müssen sich abfinden mit ihrer Situation. Einige schon. Doch nicht alle. Das ist der Unterschied. Manche haben Glück. Unterschiede sind entscheidend. Entscheidend ist, dass manche Frauen ihre Identität behalten können. Manche geben aber ihre eigene Identität ab und nehmen stattdessen einen Kompromiss an.

Lisa sieht den Mond auf- und wieder untergehen in einem ungeheuren Tempo, die Sonne zerfließen wie heiße Lava und alles unter sich verbrennen, die Bäume einknicken und die Blümlein am Wegrand ohne Farbkraft. Lisa will so nicht leben. Das ist ihr zu düster. Das Tier läuft weg. Lisa will hinterher, kann sich jedoch nicht bewegen. Sie spürt, wie sie aus einem Tunnel gezogen wird, wie sie gleich auftauchen wird, obwohl sie gar nicht wusste, dass sie tauchen war.

Lisa kommt zurück. War das eine Nahtoderfahrung? Lisa bewegt ihre Gliedmaßen. Auflösen oder sich tot stellen ist keine Lösung, sie existiert ja schon. Lisa rauscht der Kopf, und in ihren Gedanken seufzt sie laut, als wäre es ihre Pflicht. Pflichtbewusstsein ist ihr eingeschrieben. Sie hat alles im Körper. Der Geruch seines Körpers. Der Geruch seiner Wohnung. Seine Stimme. Seine Wörter. Seine Gestik. Seine Mimik. Seinen Geschmack. Wie geht das?, fragt sie sich, wie kann ich mir all das merken, es abrufen, ohne mich dafür anzustrengen? Keine Zeit für solche Überlegungen. Jetzt ist Aktionismus gefragt. Rumgelegen wird später. Geschlafen wird erst nach dem Tod.

»Hallo! Aufwachen!«

Eine Stimme wie aus einer anderen Dimension holt sie auf den Boden der Tatsachen zurück. Denn dort befindet sie sich. Auf dem Boden. Warum liegt sie in ihrem Büro und warum beugt sich eine Frau über sie, mit einem völlig entgleisten Gesicht, könnte sie sich jetzt fragen. Stattdessen greift sie sich reflexartig an die Stirn, denn da schmerzt's und spürt schon etwas Feuchtes, etwas Nasses daherfließen. Aber Lisa schließt erst mal die Augen und stöhnt. Immer dieses Blut. Was hat diese Frau nur mit dem Ausscheiden von roter Flüssigkeit? Das ist ja schon auffällig penetrant. Die Frau hilft ihr, sich aufzusetzen. Sie wusste nicht sofort, was geschehen war, doch jetzt zählt sie eins und eins zusammen, wie sie das sperrangelweit geöffnete Fenster sieht. Wie peinlich. Ist sie tatsächlich gegen die Scheibe gerannt. Lisa weiß, dass so etwas niemandem wirklich passiert. So etwas geschieht nur in Filmen und Theaterstücken und in Büchern. Lisa spürt, dass dieser Schmerz real ist. Die Platzwunde pocht, und die Frau hält ihr ein Tuch hin. Der Gesichtsausdruck hat sich entspannt. Donna steht auf ihrem Namensschild.

»Donnerwetter!«, schreit Lisa. »Das war ein Schock!«

Donna lacht und hilft der gefallenen Frau auf die Beine.

»Sie tragen schöne Schuhe«, sagt Lisa.

»Danke. Sie auch«, sagt Donna.

»Arbeiten Sie hier?«, fragt Lisa.

»Ja, seit ein paar Tagen«, sagt Donna.

»Na dann, herzlich willkommen«, sagt Lisa.

»Danke. Das hier ist übrigens meine erste Rettungsaktion«, sagt Donna.

»Wurden Sie dafür eingestellt?«, fragt Lisa.

»Unter anderem«, sagt Donna.

»Danke jedenfalls«, sagt Lisa.

»Gern geschehen«, sagt Donna.

»Wir Frauen müssen uns gegenseitig auffangen«, sagt Donna.

»Sonst tut es ja niemand«, sagt Lisa.

»Eben. Wie traurig!«

»Haha!«

Lisa und Donna gehen lachend in die Küche. Niemand sonst hat den Zwischenfall bemerkt. Nicht einmal der Fensterputzer hat hereingeschaut. Und der hat dieses Desaster schließlich zu verantworten. Die Küche ist leer und fensterlos. Immerhin ein Schutzraum. Donna sucht im Verbandskasten nach Desinfektionsspray und Pflaster. Lisa stützt sich am Waschbecken fest und wiegt ihren Kopf von der einen zur anderen Seite. Sie schämt sich für ihre zitternden Hände, greift schnell nach einem Glas. Lisa will keine Verwundbarkeit zeigen. Als Donna endlich fündig wird, ist Lisa nicht mehr schwindelig. Das heftig schlagende Herz hat sich beruhigt. Es ist nur eine kleine Wunde. Trotzdem verzieht Donna ihr Gesicht. Vielleicht gehört sie zu den Schwächeren, zu solchen, die kein Blut sehen können, denkt Lisa.

»Was ist das schon, Haare drüber und so tun, als wär nichts«, sagt Lisa und lacht übertrieben. »Hier können wir uns keine Schwächen erlauben. Das ist die Chefetage!«

»Ich will Sie nur ordentlich verarzten«, sagt Donna und bleibt ernst.

»Haben Sie denn dafür die nötigen Kompetenzen?«, fragt Lisa scherzhaft.

»Zumindest habe ich den Erste-Hilfe-Kurs aufgefrischt«, sagt Donna sichtlich entspannter.

»Vielleicht sollten sie gleich meine Assistentin werden«, schiebt Lisa hinterher.

»Vielleicht. Ohne mich würden Sie das hier nicht überleben«, kontert Donna.

Lisa lacht ein Lachen, das selbst sie nicht kennt und lässt die fremde Frau besonders nahe kommen, riecht ihren Atem, was ihr nicht unangenehm ist, lässt sich freiwillig einsprühen, lässt das Brennen über sich ergehen, lässt sich ein Pflaster auf die Wunde kleben, die Haare richten und sich zurück in ihr eigenes Büro führen. Dabei hat sie ihre Hand um den fremden Frauenkörper geschwungen. Ihr Headset war ihr beim Aufprall hinuntergefallen. Donna hebt es auf, legt es auf den Schreibtisch und verabschiedet sich. Dabei zwinkert sie. Lisa erinnert sich an das Telefonat. War es bereits beendet oder war der Aufprall zu hören? Lisa muss sich erst einmal setzen.

Es ist, als würde sie die Welt aus enormer Entfernung neu betrachten. Als würde sie hier nicht wirklich hingehören. Sie sieht das Büro, fühlt sich ihm allerdings nicht länger zugehörig. Die Sonne knallt durchs Fenster. Erstmal ruhig sitzen bleiben. Und sich schön beruhigen. Alles andere kann warten. Geduld war noch nie ihre Stärke. Sie wiegt ihren Kopf, und da tut sich eine Verspannung auf. Sie untersucht ihren restlichen Körper. Betrachtet den trostlosen Bürofarn. Den Glasschreibtisch. Die personalisierten Kugelschreiber. Das Headset. Sie packt ihre Handtasche. Steht wieder auf, zu schnell, es wird ihr schwarz vor Augen, sie geht trotzdem weiter. Sie wird schließlich nicht fürs Rumsitzen bezahlt.

»Donna!«, ruft sie, »Sie übernehmen!«

»Alles klar, Chefin!«, erwidert Donna.

»Sind Sie erreichbar?«, fragt Donna.

»Wahrscheinlich nicht!«, ruft Lisa.

»Ok!«, antwortet Donna.

»Enttäuschen Sie mich nicht!«, ruft Lisa.

»Ok!«, ruft Donna.

Lisa wirft einen letzten Blick auf ihr Karriere-Moodboard, ehe sie es in eine Papiertonne wirft. Köpfe werden verdreht. Telefonhörer in die Hände genommen. Ein Mann bleibt irritiert beim Kopierer stehen. Dabei kommt just die Praktikantin mit dem Mittagessen. Lisa verlässt das Büro in Eile. Diese Frau kann nicht länger warten. Die Falle ist längst zugeschnappt. Und Lisa ist froh drum. Hat sie ihn oder er sie gefangen? Ach, wer weiß das schon. Jemand ruft ihren Namen, sie hört gar nicht hin. Sie winkt freundlich, bleibt dennoch nicht stehen. Sie muss jetzt etwas anderes erledigen. Sie hat keine Lust mehr. Worauf sie Lust hat, verrät sie nicht. Zu oft hat sie sich schon verraten.

»Rate mal«, wird sie später sagen, »was wir jetzt tun.« Und er wird seine Augen aufreißen und es nicht wissen. Es gehören immer zwei dazu. Wozu? Oder sogar mehr. Wie viele werden benötigt, damit es schön ist?

Lisa fährt mit dem Fahrstuhl hinunter in die Lobby, verabschiedet sich bei der Dame am Empfang. Alle sind sehr freundlich und höflich. Um eine erfolgreiche Position zu erlangen, sind Manieren von Nöten. Vor allem bei Frauen wird Höflichkeit gern gesehen. Wenn Frauen zu bissig, zu intelligent, zu scharfsinnig, zu aggressiv, zu energisch oder zu zynisch auftreten, verschrecken sie die Chefmänner und mit ihnen die guten Möglichkeiten. Die Chefmänner teilen die guten Möglichkeiten meistens lieber mit anderen Männern, die später einmal Chefmänner werden sollen. Da wissen die wenigstens, woran sie sind.

Manche Frauen sind wie Chefmänner, da vergessen die direkt, dass da kein Penis zwischen den Beinen baumelt. Nun geht es aber um die Chefinnen. Wem geben die fortan die guten Möglichkeiten? Möglich ist alles. Lisa hat ihren Job gerade einer wildfremden Person gegeben. Experimente müssen gewagt werden. Früher oder später kommt sie ja wieder. Dann kann sie die Scherben aufklauben, sollte die Frau welche hinterlassen.

Lisa zuckt mit den Schultern, setzt sich die Sonnenbrille auf und verlässt das Bürogebäude. Sie ist in einer Position, in der sie sich solche Spontanitäten erlauben kann. Wer soll sich beschweren? Über ihr ist kaum jemand. Da wird schonmal ein Auge zugedrückt. Sie hat schließlich versprochen, wieder ihr altes Pensum zu schaffen, und

Die Karrierefrau

Ein Hosenanzug macht deutlich: Diese Frau hat Ehrgeiz. Power, also Macht, wird durch Powersuits, Powerfarben und Powerhandtaschen demonstriert. Mode als Power-Tool. Eine Businesspowerpersönlichkeit wird auch durch Kostüme und Single-Blazer mit und ohne Schulterpolster verdeutlicht. Dazu High-Heels oder Stiefel oder Sneaker. Ebenfalls eignen sich Schmuck und Hüte zur Symbolisierung der Machtverhältnisse. Die Karrierefrau ist eine Frau, die eine Karriere macht. Wenn die Karrierefrau zu sexy ist, sollte sie keine enganliegenden Blusen, Röcke oder Pullis tragen, das kann für Irritationen sorgen. Die dürre Karrieristin sollte durchaus ihre Taille betonen, denn mit diesen Reizen muss sie nicht geizen. Zu kleine Karrierefrauen können zu Acht-Zentimeter-Absätzen greifen, die pendeln sich direkt zwischen den Zehn-Zentimeter-Schuhen fürs Ausgehen und den flacheren Schuhen für die Freizeit ein. Bei Frisuren gelten alle klassischen Frisuren und natürliche Haarfarben, wobei das natürlich nicht für blond gilt. Es ist ein schmaler Grat für die Karrierefrau. Es wurden auch schon Frauen entlassen, weil ihre äußere Erscheinung zu attraktiv war. Der Chef fand, sie gefährde seine Ehe. Das Gericht gab ihm Recht. Kleider machen Leute.

es bereits bewiesen. Beweise sammeln bis genügend vorhanden sind, um sich damit die Freiheit zurückzukaufen.

Lisa summt vor sich hin. Die Absätze klappern, und die Handtasche baumelt. Wenn Lisa so durch die Welt stolziert, fühlt sie sich wie in einer Reality-TV-Show. Aber sie ist und bleibt nur eine von den vielen Unbekannten, die über die Straßen dieser Stadt schreiten, gesehen, wieder vergessen werden.

Ihre Blicke sind gestochen scharf. Diese Frau hat etwas vor. Sie streckt sich beim Gehen. Ihre Gelenke knacken. Irgendwo im Hals, irgendwo im Rücken. Als bereite sie sich auf einen Kampf vor. Sie kann bestialisch wirken. Lisa wird jetzt diesen Mann aufsuchen. Dann wird sie ihn mitnehmen und mit ihm verschwinden. Und der Mann wird mitkommen. Weil der Mann weiß, was sich gehört. Und der Rest wird sich ergeben. Lisa plant nicht mehr in die Zukunft. Ein Tag nach dem anderen reicht. Warum ausgerechnet jetzt? Nur weil B. verunglückt ist? Die Person am Telefon klang so aufgebracht. Nur weil einer tot ist? Die Freundin wird wahrscheinlich überleben, ist schwerverletzt, hat die Person gesagt. Oder? Was hat die Person am Telefon tatsächlich gesagt? Warum wurde sie überhaupt kontaktiert? Wo wollten die denn hin? Die Person wusste es nicht. Die Person sagt, Lisa war als Notfallnummer angegeben. Dass B. sie noch mit dem eigenen Ableben nerven muss. Wer wird denn dem Ex hinterhertrauern? Ein Schlussstrich wurde gezogen.

Lisa ruft I. an. Beim Spazieren telefoniert es sich am schönsten. Lisa hat kein Ziel vor Augen. Sie geht. Auch schön, einen Weg einzuschlagen, der noch unsichtbar ist. Aber ihre Augen sind offen. Sie sieht klar in das Unsichtbare hinein. Und I. weiß gar nicht, wie ihm geschieht.

Laura sitzt auf einem sehr bequemen Stuhl und hat neben sich eine Frau stehen, die ihre Hände massiert, und vor sich eine Frau hocken, die ihre Füße behandelt. Die Ganzkörpermassage bereits hinter sich, ist sie jetzt bereit für die Optimierung der äußeren Umstände. Schöne Hände, schöne Füße, schöne Haare, schönes Gesicht. Nur so wird in den neuen Lebensabschnitt gegangen. Laura versucht, sich zu entspannen, in ihrem Hirn rasen die Gedanken jedoch nur so dahin. Der größte Tag im Leben einer Frau. Oder war's im Leben einer Partnerschaft? Jedenfalls wird Laura heute aufgeräumt, wie ihr Vater das nennt. Da werden die Zuständigkeiten und die Verhältnisse geklärt, und Laura wird im Anschluss einen neuen Namen tragen und wissen, wo sie hingehört. Zu ihm nämlich, zum C. Seinen Namen annehmen ist so eine Sache, findet Verena. Aber dann kommt sie gedanklich nicht weiter: Was ist schlimmer – den Namen des Vaters oder des Partners zu tragen? Aussichtslos. Verena schiebt diese Gedanken von sich, denn sie ist von diesem Prozess nicht betroffen. Sie schaut nur zu und hält Händchen, wenn es denn sein muss, und später wird sie eine Träne verdrücken. Oder mehrere. Voller Spott betrachtet sie die fröhlich-grinsende Laura. So etwas Überflüssiges, eine Hochzeit.

Laura freut sich am allermeisten auf das Essen und denkt jetzt schon an die Menüabfolge. Seit Wochen hält sie streng Diät. Sie verzichtete fast vollständig auf die Nahrungszufuhr und nahm lediglich Nahrungsergänzungsmittel in Pulver- und Tablettenform zu sich. Dieser Cocktail hat es in sich, weiß Laura, es stellte sich als ein völlig überraschendes Abnehmwundermittel heraus. Ein absoluter Geheimtipp. Frauen, die diese Kombination über mindestens acht Wochen einnehmen, nehmen wie von selbst ab, sagte Joy und gab ihr gleich zwei der großen Dosen Pulver und drei Päckchen Tabletten mit. Laura war zu allem bereit. Das Letzte, was sie wollte, war, eine hässliche Braut zu sein. Wer schön sein will, muss leiden. Die Mixturen waren nicht lecker, doch auch nicht schlecht. Laura ging auf Nummer sicher. Entweder werde ich dünner wegen dem Mittel oder, weil ich nichts esse. Aber dünn werde ich. Jetzt, so schlank wie schon lange nicht mehr, fühlt sie sich absolut hinreißend – und hungrig. Diese radikale Maßnahme geheim zu halten, gelang ihr gut, denn C. befand sich meistens auf der Arbeit und Verena in ihrem neuen Wohnsitz. Ganz selten, wenn sie mit C. gemeinsam essen musste, stocherte sie in leichten Speisen herum und übergab sich später sicherheitshalber. Ist ja nur für kurze Zeit. Mit dem Tag der Trauung, hat sich Laura selbst versprochen, darf sie wieder anständig genießen. Von so einer kurzen Dauer kriegt niemand Folgeschäden. Heute Morgen war ihr so übel, dass sie den Shake nicht herunterbekam. Egal. Der hätte heute das Kraut nicht mehr fett gemacht. Sie nippt am Champagnerglas. Dünner wird sie nimmer. Sie schaut zu Verena. Verena schaut aus wie immer. Laura ist unsicher, ob das mangelhafte Disziplin oder echte Zufriedenheit bedeutet.

Die Frau zu Lauras Füßen hat die Prozedur abgeschlossen, und Laura bekommt in der Wartezeit eine Gesichtsbehandlung. Heute gönnt sie sich ein Komplettpaket. Sämtliche Angestellte arbeiten sich heute an Laura ab. Denn heute gilt's. Die Friseurin steht in den Startlöchern, und die Visagistin richtet die Utensilien her. Laura nimmt noch einen Schluck und denkt über den schönsten Tag ihres Lebens nach, der schon mal schön beginnt. Da muss sie plötzlich lachen. Sie stupst Verena an, die im Stuhl neben ihr döst. Ein Moment, der für Irritationen sorgt. Verena erschrickt. Sie war in Gedanken ganz woanders und reißt der Frau kurz den Fuß aus der Hand, die seelenruhig wartet, bis ihr der Fuß wieder in die Hände gelegt wird, um weiterzumachen. Das schickt sich nicht, als Trauzeugin, so gar nicht bei der Sache zu sein. Laura lässt den Fauxpas verstreichen und lacht weiterhin laut. Die Angestellten schauen amüsiert. Laura kriegt sich gar nicht mehr ein vor Lachen, und Verena, ohne zu wissen, worum es geht, lacht mit. Zwei kichernde, ja kreischende Frauen in einem Schönheitssalon umzingelt von Angestellten, die wie in einem Parcours einzelne Stationen errichteten und an diesen bereitstehen. Laura fächert sich Luft zu. Wer gackert, muss auch ein Ei legen. Die Angestellten schauen inzwischen eher besorgt als belustigt drein. Endlich kann Laura sich beruhigen. Ihr fällt schier die Maske vom Gesicht. Eine Angestellte assistiert ihr.

»Stell dir einmal vor, das war's jetzt.«

»Wie, das war's jetzt.«

»Ja. Jetzt kommt nichts mehr.«

»Was soll denn kommen?«

»Verliebt, verlobt, verheiratet.«

»Stimmt. Da kommt nichts mehr.«

»Das ist das Ende.«

»Das ist doch kein Ende. Ich dachte, das soll der Anfang sein.«

»Wovon?«

»Ja, weiß ich doch nicht. Das musst du doch wissen.«

»Ich weiß es aber nicht.«

»Was hast du dir denn vorgestellt?«

»Eine Traumhochzeit.«

»Ja, und dann?«

»Ja, nichts. Weiter ging's nicht.«

»Ok. Dann ziehen wir die halt noch durch, oder? Und dann schauen wir weiter.«

»Also ist es das Ende.«

»Wovon?«

»Vom Lied.«

Lauras Augen füllen sich mit Tränenflüssigkeit. Verena würde sie gern streicheln, aber beide Hände stecken fest in einem Gerät zur Verjüngung. Laura schnappt nach Luft. Von rechts wird ihr eine Box Taschentücher gereicht. Die sind das hier gewöhnt. Im Hintergrund dudelt leise schöne Entspannungsmusik. Laura schnäuzt umständlich, um die Gesichtsmaske nicht frühzeitig zu verlieren. Sie hat ihre Eleganz verloren. Verena betrachtet sie missmutig. So was hätte die sich doch vorher überlegen müssen.

»Wird schon, Schatz.«

»Ja. Ich will das ja auch.«

»Ich weiß.«

»Ich wollte nie etwas anderes.«

»Ich weiß.«

»Findest du es falsch?«

»Nein.«

»Würdest du es tun?«

»Nein.«

»Warum nicht?«

Verena lächelt stur. Überlegt, als stünde sie auf dem Prüfstand anstelle der Beziehung. Selbst beste Freundinnen sagen sich am Tag der Hochzeit nicht, dass sie glauben, dass das eine Fehlentscheidung ist. Also das mit der Ehe grundsätzlich. Oder? Verena überlegt hin und her. Verena hält die Klappe. Lauras Mund geht auch wieder zu, denn sie wird an die nächste Station gerufen, zur Neumodellage der Fingernägel. Verena seufzt erleichtert, als die Maschine ihre Hände wieder freilässt und dabei schrill und unangenehm piepst. Die Hände sehen aus wie zuvor. Allerdings sind sie ganz weich. Sie fährt über die Stellen an den Augen, an denen das LED-Licht die Falten reduzierte. Auch die ganz weich. Die Angestellte schaut zufrieden. Ihr Werk ist hier vollbracht. Auf zur nächsten Station. Jede Behandlung bringt die Frauen schließlich näher an ihr Ideal. Und rückt das Ideal gleichzeitig weiter fort. Eine Win-Win-Strategie für alle.

Verena geht direkt weiter zum Haare machen. Ein Blick auf die Uhr. Alles bestens. Heute geht nichts schief, denn auf diesen Tag wurde lange genug hingelebt. Dieser Tag wurde lange genug herbeiphantasiert und organisiert. In einer Stunde werden sie abgeholt und auf das Boot gebracht. Laura fängt sich schon wieder. Verena setzt sich, und die flinken Hände beginnen sofort ihr Haar zu bürsten. Verena blättert in einem Modemagazin, während die Friseurin ihr eine lockere Hochsteckfrisur steckt. Die komplizierte Frisur kriegt nur die Braut. Versteht sich von selbst. Über den Spiegel versucht sie Blickkontakt aufzubauen, aber Laura ist viel zu beschäftigt. Jetzt lächelt sie schon wieder. So ein kleiner Zusammenbruch gehört wohl zur Show, denkt sie sich und ist genervt. Laura wählt cremeweiße Fingernägel mit Perlendekor. Perlen wird sie später auch im Haar und um den Hals tragen. Es wird alles zusammenpassen. Das Highlight wird der Diamantring sein. Ein Einzelstück. Einmalig auf der ganzen Welt. So einmalig wie sie.

Die Chefin stürmt durch den Laden und gratuliert Laura und macht ihr unzählige Komplimente. Laura strahlt. Und kokettiert. Die Chefin ist die schönste Frau im Städtchen. Da sind sich Laura und Verena einig. Laura ist sichtlich stolz. Verena trinkt lieber noch ein Gläschen. Das kann ja heiter werden.

C hat eine Limousine gebucht, die Laura und Verena vom kleinen Provinzstädtchen an den Tegernsee kutschieren sollte – denn nur in der Nähe der Berge heiratet es sich schön auf einem Schiffchen. Für Laura sollte das offiziell eine Überraschung sein, selbstverständlich hat sie längst davon gewusst. Lauras Träume sind käuflich. Und C. hat das Geld, um sie wahr werden zu lassen. Die Fahrt dauert mehr als drei Stunden, weil so eine Limousine umständlich ist, verlief jedoch reibungslos. Reibereien gibt es auch zwischen den Freundinnen keine. Denn heute geht es um die Liebe. Und das wissen beide zu schätzen.

Die Planung ist perfekt: Entspannt aus dem Kosmetiksalon ins Auto hinein und dann ab die Post. Im Auto wartet eine Kleinigkeit zu essen und Champagner, und auf dem Etikett der Flaschen steht »Laura + C.«, das rührt die Braut prompt zu Tränen, und die Trauzeugin verdreht die Augen. Laura erzählt Verena von ihrem Abnehmmanöver, und Verena lobt sie für die Disziplin. Detox ist Trend.

Verena bietet Laura die Hälfte ihres Sandwiches an, weil sie Angst hat, dass ihre Freundin später vor Aufregung umkippt. Wenn die Frau seit Wochen nichts im Magen hat, denkt sie sich, muss die doch völlig neben sich stehen. Vielleicht kriegt die von ihrer Hochzeit gar nichts mit. Verena lacht. Irgendwas daran amüsiert sie prächtig. Sie schauen sich die Landschaft an, wie sie vorbeizieht. Bald müssen sie ankommen. Laura nimmt Verenas Hand. Verena dreht sich zu ihr um.

»Ich habe die Pille abgesetzt.«

»Wow. Ok.«

»Ja. Aber bisher hat es nicht geklappt.«

»Weiß er denn davon?«

»Ja. Ihm ist es egal.«

»Wünscht du es dir?«

»Ja. Also, schon, glaube ich.«

»Warum denn jetzt?«

»Na, du, wann denn sonst?«

»Ich weiß nicht. Später?«

»Warum warten?«

»Um noch irgendein Leben ohne Kinder zu haben?«

»Ganz ehrlich, Verena, sind wir die Frauen, die die Welt verändern? Sollen wir auf Kinder verzichten, weil wir irgendetwas Tolles machen oder erforschen oder beitragen?«

»Hm.«

»Eben!«

»Wenn du es dir wünscht, hoffe ich, dass es klappt.«

»Ich auch. Ich glaube, dann wär wirklich alles perfekt.«

»Perfektion ist eine Illusion.«

»Haha. Ich finde das hier schon ziemlich perfekt.«

Endlich biegen sie nach Tegernsee ab. Sie fahren durch den Ort. Laura und Verena werden nervös. Sie stoßen noch schnell mit einem Vitaminshot an. Gleich ist es soweit.

Sie starren beide aus dem Fenster. Das Hotel sieht schön aus. Laura hält die Luft an. Just als die Limo über den Hotelparkplatz fährt, auf dem die Eltern bereits sehnsüchtig auf die Braut warten und mit kleinen Taschentüchern freudig winken, steigt C. aus seinem Auto.

Laura wirft sich im Schock schreiend auf den Boden der Limousine, um nicht gesehen zu werden, obwohl sie ihr Hochzeitskleid noch gar nicht trägt. Verena prustet und muss darauf achten, der Freundin nicht ins Gesicht zu spucken, der Fahrer erschrickt so dermaßen, dass er das Auto in mehrere Blumenkübel lenkt. Der Airbag geht auf. Die Eltern erschrecken. C. rennt zur Limo und reißt die Tür auf, und Laura blickt ihm verschämt und schuldbewusst ins Gesicht. C. lacht. Lauras Mutter boxt ihn geradezu aus der Tür, um das Wohlergehen ihrer Tochter zu überprüfen. Schon ist der große Auftritt gelungen. Der Fahrer springt aus dem Auto und flucht, und Laura entschuldigt sich während eines weiteren Lachanfalls. Das ist doch die reinste Witznummer. Der Fahrer ruft seinen Arbeitgeber an, der will mit Laura telefonieren, und C. beschwichtigt den Fahrer mit dem Wedeln seiner Kredit- und Visitenkarte. Von so einem kleinen Unfall wird sich doch niemand den Tag vermiesen lassen. Schließlich wird heute geheiratet! Der Fahrer wird zur Hochzeit eingeladen. Auf einen mehr oder weniger kommt's nicht mehr an. Der kommt an den Tisch mit den Singlefrauen. Laura freut sich, dass C. so kompetent ist.

Laura, Verena, Lauras Mutter, deren Schwester, deren Tochter, deren Freundin und C.s Mutter gehen gemeinsam ins Hotel. C., dessen Bruder, deren Vater, dessen Bruder, Lauras Vater, dessen Bruder und dessen Sohn bleiben beim Limousinenfahrer, um das Geschehene möglichst schnell ungeschehen zu machen. Geld spielt keine Rolle. Da fällt dem Vater der Braut ein, dass er auch bald keine Rolle mehr spielen wird, und schaut traurig. Sein Bruder bemerkt den konsternierten Blick und schlägt ihm kameradschaftlich auf die Schulter. Jetzt wird der doch nicht sentimental werden. »Wird schon!«, sagt C.s Vater zum Fahrer und wünscht ihm eine gute Rückreise. Der hat nämlich keine Lust auf die Hochzeit. Und während die Limo davonfährt, gehen auch die Männer vom heißen Parkplatz ins angenehm kühle Hotel. Jetzt kann es losgehen. Allen Widrigkeiten zum Trotz.

Die Frauen befinden sich in einem pompös dekorierten Zimmer, in dem später das Brautpaar ihre Hochzeitsnacht verbringen wird. Die Blumengestecke sind groß und prall und duften verheißungsvoll. Die kitschigen Luftballons kleben an der Decke und Geschenke stehen schön verpackt auf einem Sideboard. Lauras und C.s Mutter fächern sich Luft zu und setzen sich aufs Bett. Laura hängt ihr Hochzeitskleid auf und begutachtet sich im Spiegel. Das Make-up sitzt, die Frisur hat es überlebt, und in wenigen Stunden wird sie eine neue Identität annehmen und bald sogar eine neue Steuerklasse.

Sie wird eine neue Frau sein und es endlich geschafft haben. Ja, was denn eigentlich? Zum Glück hat Laura keine Zeit, sich auf Zukunftsängste einzulassen. Sie muss jetzt ins Brautkleid passen, und Verena öffnet eine Flasche Schampus, um die Gemüter zu beruhigen.

Die Mütter sind ganz aufgebracht. Während sich alle, die nichts weiter zu tun haben, auf die Häppchen stürzen, öffnet Laura vorsichtig den Kleidersack, betrachtet das Traumkleid in Weiß und den zugehörigen Schleier und wird von einem warmen, schönen Gefühl durchzogen. Jetzt gilt's. Glücklicherweise haben sie sich für ein Korsagenkleid entschieden – das beinhaltet wesentlich mehr Spielraum.

Ihre Mutter betrachtet sie mahnend. Sie hat oft erwähnt, dass ihre Figur im Alter ihrer Tochter wesentlich besser war. Dass sich die jungen Frauen so gehen lassen, denkt sie sich, ich hätte mich so geschämt, dass ich das Haus nicht verlassen hätte. Lauras Mutter ist erbarmungslos, hält sich heute dennoch zurück. Wer möchte, darf die Narben an ihrem Körper betrachten. Sie hat früh verstanden, dass der Erhalt eines begehrenswerten Körpers eine arbeitsreiche Aufgabe ist, und sich lieber gleich in die Hände der Spezialisten begeben. Sie konnte und wollte sich nicht sich selbst überlassen. Das Gesicht glatt, die Nase gerade, der Bauch straff, der Busen prall und auch die Oberschenkel von allen unansehnlichen Dellen befreit, steht da eine Frau, deren Alter schwer einzuschätzen ist. Lauras Mutter trägt orangen Lippenstift, der selbst beim Angestrengtaufeinanderpressen nicht verschmiert. Was sie vor sich sieht, gefällt ihr nicht, dabei gibt es noch gar nichts zu sehen. Sie hat sich noch extra das Gesicht auffrischen lassen mit einem Säurepeeling und einer Botox-Spritze. Hoffentlich lässt sich das Ruder noch rumreißen. So ein Aufwand soll sich schließlich lohnen. Wenn die Braut nicht spektakulär aussieht, wird auch die Hochzeit nicht spektakulär. Laura atmet ein und zieht sich aus.

Beim Anblick der Tochter in Unterwäsche entfleucht sogar der Mama ein Lob. So ist's recht! Weiter geht's! Laura steigt in ihr Kleid, Verena eilt zu Hilfe und zieht und schnürt und zupft herum, bis alle zufrieden sind, und so wendet sich die Frau, um die sich heute alles dreht, den Anwesenden zu, die gerührt und vor Begeisterung in die Hände klatschen. Die Mama ist stolz und nickt gönnerhaft. Ideal! Was soll da noch schief gehen? Laura strahlt und begutachtet sich vor dem Spiegel, während ihre Gäste ebenfalls in die Outfits schlüpfen, sich Lider, Lippen und Wangenknochen nachziehen und die allerletzten skeptischen, überprüfenden Blicke in den Spiegel werfen. Sie machen sich gegenseitig Komplimente. Das hier ist schließlich kein Wettbewerb. Die Siegerin ist längst entschieden.

Ein Stockwerk weiter unten schlüpfen C. und all jene Männer, die vorher noch gemeinsam auf dem Parkplatz standen und die Dellen in der Limousine begafften, in ihre Anzüge.

C. ist dafür in das Zimmer seines Trauzeugen ausgewichen und streift sich sein Jackett glatt. Er schnürt sich stumm seine Anzugschuhe, und sein Trauzeuge nickt unentwegt. Beide verlassen wortlos das Zimmer. Dann sagt er: »Jetzt wird's ernst!«, und beide lachen. C. hat sich oft überlegt, wie es wäre, jetzt nicht hier zu sein. Nicht die mit Teppich bezogenen Holztreppen hinunter zu gehen, durch den Speisesaal auf die Terrasse zu treten und erst recht nicht dieses Boot zu besteigen. Er hat sich gefragt, ob er etwas vermissen oder ob dieser Tag einen erheblichen Mehrwert bringen würde. Ein konstantes Abwiegen hat ihn beherrscht. Soll und Haben. Für und Wider. Wochenlang hat er an die Möglichkeit, im letzten Moment alles absagen zu können, gedacht. Auf die Frage mit »Nein« zu antworten. Dann hat er realisiert, dass das hier das Beste ist, was er erlangen kann. Mehr gibt es nicht. Auch seine Optionen sind limitiert. Seitdem ist er etwas enttäuscht. Vor allem aber beruhigt.

Es ist vorab vereinbart worden, dass die Zusammenführung des Brautpaares auf der Terrasse stattfinden soll, um diesen aufregenden Moment nicht noch länger hinauszuzögern, und der Bruder des Bräutigams, der stolze Hotelbesitzer, hat dafür nicht nur einen Champagnerbrunnen aufstellen, sondern auch ein Buffet errichten lassen. Schließlich ist jetzt Mittagszeit, und wer bitte möchte hungrige, besäuselte Hochzeitsgäste auf einem Boot sitzen haben? Noch mehr Herzchenluftballons schweben an Stuhllehnen, sind an Palmen und Säulen geknotet, üppige Blumensträuße säumen den Terrassenbereich. Die Freunde des Brautpaares warten bereits mit einem Gläschen in der Hand und sind sichtlich aufgeregt, sämtliche Hotelgäste, die nicht zur Hochzeit eingeladen sind, sondern hier bloß ihre Zeit verbringen, werden vom Neid ergriffen, so schön ist das.

Unten am Steg wartet bereits das Boot mitsamt dem Standesbeamten. Der Kapitän sieht aus wie aus einem Heimatfilm oder Bilderbuch und schaut satt und zufrieden auf die hübsch dekorierte Terrasse vom hübsch modernisierten Hotel. Im Garten des Hotels sitzen Fremde. Ein Mann liest eine Zeitung und will sich von der Romantik nicht beeindrucken lassen. Ein Vogel sitzt über ihm im Baum und scheißt ihm auf die Seite, die er gerade liest. Jetzt wird der gleich doppelt bestraft. Wie unfair. Verärgert knüllt er die Zeitung zusammen und schaut auf den See.

Laura lässt sich noch fotografieren. Einzelportrait, Gruppenfoto, auf das Bett drapiert, auf dem Balkon, Schnappschüsse vor dem Spiegel, mit der eigenen Mama, mit der eigenen Mama und der Schwiegermutter, mit Verena. Auf so eine Braut kann durchaus gewartet werden. Sie kann es kaum erwarten, in das schöne Gesicht ihres Mannes zu starren, wenn er sie das erste Mal in diesem Kleid sieht. Sie kann es kaum erwarten, die schönen Fotos von sich, dem schönen Paar später zu teilen und die Herzchen einzuheimsen. Laura ist schon gar nicht mehr hier, sie lebt bereits in der Zukunft. Für sie ist die Ehe quasi schon vollzogen. Die Sache in trockenen Tüchern. Eingetütet.

Die Frauen wedeln sich mit den schönen Fächern, die Verena besorgt hat, die nötige Luft zu und verlassen leise, fast andächtig die Suite. Die Tür wird hinter ihnen geschlossen. Jetzt gibt es kein Zurück mehr. Laura, die Frau der Stunde, schreitet voran. Die wenigen Menschen, die ihnen auf ihrem Weg begegnen, lassen ihr den Vortritt – denn so eine Braut ist was Besonderes. Und wenn die Braut mit einem so großen, feschen Gefolge daherkommt, muss es sich erst recht um eine besondere Frau handeln. Niemand will so einer Frau jetzt den Tag vermiesen. Wer weiß, wie viele so schöne Tage sie bisher hatte und wieder bekommen wird. Schließlich kann niemand in fremde Leben schauen. Und so ein Brautkleid ist ein klares Signal: Da geht's jetzt um was. Die wagt den Schritt. Die hat jetzt eine neue Zukunft. Na, hoffentlich hat die sich das gut überlegt. Schließlich ist jede selbst für ihr Glück verantwortlich. Und für ihr Unglück ebenso. Hoffentlich schlägt jetzt die Stunde der Frauen.

Mithu Sanyal
Identitti

- Bedruckter fester Einband, farbiges Vorsatzpapier, Lesebändchen
- 432 Seiten
- NR 172763

Was für ein Skandal: Prof. Dr. Saraswati ist WEISS! Schlimmer geht es nicht. Denn die Professorin für Postcolonial Studies in Düsseldorf war eben noch die Übergöttin aller Debatten über Identität – und beschrieb sich als „Person of Colour". Mit dieser Enthüllung beginnt eine Jagd nach „echter" Zugehörigkeit. Während das Netz gegen Saraswati hetzt und auf Demonstrationen ihre Entlassung gefordert wird, stellt die Studentin Nivedita ihrer Professorin intimste Fragen. Als Bloggerin und selbsternannte „Mixed-Race Wonder Woman" geht Nivedita dem Skandal auf den Grund. Ein Roman wie ein Schleudergang, in beglückend selbstironischer Sprache und herrlich gewitzt.

Bernardine Evaristo
Mädchen, Frau etc.

- Booker Prize 2019
- Aus dem Englischen von Tanja Handels
- Bedruckter fester Einband, Lesebändchen
- 512 Seiten
- NR 172844

Die Dramatikerin Amma steht kurz vor dem Durchbruch. In ihrer ersten Inszenierung am Londoner National Theatre setzt sie sich mit ihrer Identität als schwarze, lesbische Frau auseinander. Ihre älteste Freundin Shirley hingegen ist nach der Arbeit an unterfinanzierten Schulen ausgebrannt. Carole verdankt ihrer ehemaligen Lehrerin Shirley viel, sie arbeitet inzwischen als Investmentbankerin. Caroles Mutter Bummi gründet eine Reinigungsfirma, um auf eigenen Füßen zu stehen ... Auch wenn diese Frauen, ihre Rollen und Lebensgeschichten sehr unterschiedlich sind, ihre Entscheidungen, ihre Kämpfe, ihre Fragen erzählen alle von dem Wunsch, einen Platz in dieser Welt zu finden.

Iris Wolff
Die Unschärfe der Welt

- Solothurner Literaturpreis 2021
- Fester Einband mit Schutzumschlag, Lesebändchen
- 216 Seiten
- NR 172496

Die Geschichte einer Familie aus dem Banat, deren Bande so eng geknüpft sind, dass sie über Grenzen hinweg nicht zerreißen.
Hätten Florentine und Hannes den Reisenden aus der DDR auch dann die Tür geöffnet, wenn sie geahnt hätten, welche Rolle der Besuch noch spielen wird? Hätte Samuel seinem Freund auch beigestanden, wenn er das Ausmaß seiner Entscheidung überblickt hätte? Hier verbinden sich die Lebenswege von sieben Personen, die sich trotz Schicksalsschlägen und räumlichen Distanzen stetig aufeinander zubewegen. Vor dem Hintergrund des zusammenbrechenden Ostblocks erzählt Wolff über Freundschaft und das, was wir bereit sind, für das Glück anderer aufzugeben.

Anna Katharina Hahn
Aus und davon

- Leinen mit Schutzumschlag, farbiges Vorsatzpapier, Lesebändchen
- 312 Seiten
- NR 172240

Ein weites Panorama zwischen den Generationen, die einander immer weniger zu sagen haben – der Familienroman des 21. Jahrhunderts. Um Himmels willen, wo bleibt der Junge? Als ihr kleiner Enkel Bruno nicht zum Essen kommt, meint Elisabeth, die Kontrolle über ihr Leben zu verlieren. Ihre Tochter Cornelia hat sich von ihrem Mann getrennt und nimmt eine „Auszeit" in Pennsylvania. Stella, Brunos ältere Schwester, treibt sich in der Stadt herum. Und Bruno ist einfach weg. Unerreichbar. Einmal noch wollte Elisabeth Verantwortung übernehmen, Cornelia alles abnehmen. Doch seit dem Schlaganfall ihres Mannes ist der alte Schwung hin, und helfen kann ihr keiner.

Berit Glanz
Pixeltänzer

- Bedruckter fester Einband, farbiges Vorsatzpapier, Lesebändchen
- 256 Seiten
- NR 171716

Eine wunderbare literarische Verknüpfung der unendlichen Potenziale von Technik und Kunst. Elisabeth, von allen nur Beta genannt, arbeitet in einem Start-up. Ihr Alltag wird von Pitches und Teambuilding bestimmt. Als ein Fremder unter dem seltsamen Alias Toboggan sie über eine App kontaktiert, ändert sich ihr Leben. Der Unbekannte schickt sie auf virtuelle Spurensuche. Sie führt Beta zum Künstlerpaar Lavinia und Walter, das in den 1920er-Jahren in Ganzkörpermasken Tanztheater aufführte und mit bürgerlichen Konventionen brach. Je mehr Beta erfährt, desto stärker wird die Sehnsucht, aus ihrem eigenen Dasein auszubrechen.

Helene Bukowski
Milchzähne

- Bedruckter fester Einband, farbiges Vorsatzpapier, Lesebändchen
- 224 Seiten
- NR 17099X

Eines Tages steht das Kind plötzlich da, die Haare feuerrot leuchtend inmitten des Kiefernwaldes, und gehört zu niemandem. Skalde nimmt es mit zu sich, obwohl sie weiß, dass die anderen Bewohner der abgelegenen Gegend das nicht dulden werden. Skalde und ihre Mutter Edith gehörten selbst nie richtig zur Gemeinschaft, seit Edith vor mehr als zwei Jahrzehnten plötzlich triefend am Ufer des Flusses stand. Mutter und Tochter müssen in dieser verrohten Welt mehr denn je zusammenhalten, da immer klarer wird, dass das Leben des Kindes – und ihr eigenes – in Gefahr ist ... Ein modernes Märchen und ein atemberaubender Debütroman von brisanter Aktualität!